Bill Johnson / Randy Clark

Berufen zu heilen I

BILL JOHNSON / RANDY CLARK

Berufen zu heilen

BAND 1

GRUNDLAGEN UND PRAXIS DES GEBETS FÜR KRANKE

GLORYWORLD-MEDIEN

2. Auflage 2013

© der deutschen Ausgabe 2012 GloryWorld-Medien, Bruchsal, Germany

Alle Rechte vorbehalten

Bibelzitate sind, falls nicht anders gekennzeichnet, der Elberfelder Bibel, Revidierte Fassung von 1985, entnommen.

Weitere Bibelübersetzungen:

LUT: Lutherbibel, Revidierte Fassung von 1984
SLT: Schlachter 2000
REÜ: Einheitsübersetzung in neuer Rechtschreibung, 2004
NGÜ: Neue Genfer Übersetzung, 2009
NEÜ: Neue evangelistische Übersetzung, 2012.

Das Buch folgt den Regeln der Deutschen Rechtschreibreform. Die Bibelzitate wurden diesen Rechtschreibregeln angepasst.

Übersetzung: Esther Middeler
Lektorat/Satz: Manfred Mayer
Umschlaggestaltung: Kerstin & Karl Gerd Striepecke, www.vision-c.de
Foto: photocase
Druck: Schönbach-Druck GmbH, Erzhausen

Printed in Germany

ISBN: 978-3-936322-69-9

Bestellnummer: 359269

Erhältlich beim Verlag:

> GloryWorld-Medien
> Postfach 4170
> D-76625 Bruchsal
> Tel.: 07257-903396
> Fax: 07257-903398
> info@gloryworld.de
> **www.gloryworld.de**

oder in jeder Buchhandlung

STIMMEN ZUM BUCH

Ich empfinde es als Vorrecht, *Berufen zu heilen* zu empfehlen. Die Autoren sind zwei sehr gute Freunde von mir und echte Glaubenshelden. Sie bahnen den Weg für Tausende, die unbedingt erleben wollen, dass sich die Wunder-Geschichten des Neuen Testaments heute wiederholen und dass dadurch Menschen und christliche Dienste verändert werden. Mit diesem Buch ändern sich die Spielregeln. Es wird Sie verwandeln und Ihr Leben und Ihren Dienst revolutionieren.

John Arnott,
„Catch the Fire Ministries", Toronto

Berufen zu heilen ist ein hervorragendes Lehrwerkzeug, das uns nicht nur Gottes Kraft vor Augen führt, sondern auch das Wesen Jesu. Heilungen und Wunder offenbaren, wie groß Gottes Herz der Liebe ist. Lesen Sie dieses Buch und erleben Sie, wie Gott durch Sie Wunder wirkt.

Heidi Baker,
Gründerin und Leiterin von „Iris Global"

Randy Clark und Bill Johnson legen ein solides biblisches Fundament und bieten uns ihre praxisbezogene und fundierte Weisheit dar, die sie sich in ihren vollmächtigen Heilungsdiensten erworben haben. Randy erläutert den historischen und theologischen Hintergrund für Heilung und die Gaben des Heiligen Geistes. Bill öffnet uns die Augen dafür, wie Gott durch uns, den Leib Christi, den Himmel auf die Erde bringen will. Ich empfehle dieses Buch ausdrücklich.

Gary S. Greig,
ehemaliger Dozent für Altes Testament und Hebräisch,
„School of Divinity", Regent University

Gott wirkt häufig ganz anders, als wir es erwarten. Auch wenn wir oft unterschiedlicher Meinung sind, wie die Dinge im Einzelnen zu verstehen sind, so fordern uns die Erfahrungen in diesem Buch doch heraus, mehr über Gottes Kraft und seine liebevolle Fürsorge für die Leidenden zu lernen.

Craig Keener,
Professor für Neues Testament,
Theologisches Seminar Asbury

Randy Clark und Bill Johnson sind, wenn es um die Theologie und Praxis christlicher Heilung geht, die führenden Lehrer unserer Zeit. *Berufen zu heilen* ist ein wertvolles Geschenk an uns alle, die wir uns wünschen, dass durch Gebet vermittelte Heilung in die nachweisorientierte Medizin integriert wird.

Martin Moore-Ede, M.D., Ph.D.,
Vorsitzender des „Global Medical Research Institute",
ehemaliger Professor der Harvard Medical School

Randy Clark and Bill Johnson besitzen eine Leidenschaft für Heilung und haben weltweit unzählige ganz normale Christen inspiriert und angespornt, für Kranke zu beten und Heilung zu erwarten. Bill und Randy berichten ehrlich von ihren Kämpfen im Streben nach Heilung. Dies ermutigt uns alle, Neues zu wagen und zuerst nach dem Reich Gottes zu trachten, Heilung inklusive.

David Zaritzky, M.D.,
High Point, North Carolina

Berufen zu heilen wird Sie fesseln – sowohl durch die sehr klar dargelegte theologische Grundlage für Heilung als auch durch die Anwendung in der Praxis. Einige Aspekte von Heilung bleiben ein Geheimnis Gottes, aber wir wissen, dass Gott seine Geheimnisse seinen Freunden offenbart. Randy und Bill sind als Freunde Gottes bekannt. Das erklärt, warum sich so viel Weisheit und Offenbarung in einem Buch versammeln.

Steve Mory, M.D.,
Nashville, Tennessee

Berufen zu heilen ist ein wertvoller Beitrag für Gottes Heilung. Das wahrhaftige Herz der Liebe Christi für die Leidenden zieht sich durch das ganze Buch hindurch. Es ist ein absolutes Muss für alle Pastoren und Leiter.

Andrew Sung Park,
Professor für Theologie und Ethik,
„United Theological Seminary", Dayton, Ohio

Berufen zu heilen erfüllt die in den Titel gesetzten Erwartungen. Beide Autoren haben große Gaben im Bereich Heilung und liefern fundierte biblische, historische und logische Argumente für ihre Erfahrungen. *Berufen zu heilen* ist schlicht das ausgewogenste, sachkundigste und nützlichste Buch über Heilung, das ich kenne.

Jon Mark Ruthven,
em. Professor für Theologie der Regent University

Bill Johnson und Randy Clark haben auf kompetente Weise die wesentlichen Punkte festgehalten, wie man Gläubige so ausbilden kann, dass sie sich effektiv und zuversichtlich im Heilungsdienst engagieren. *Berufen zu heilen* wird viele Menschen motivieren, sich voller Glauben und Leidenschaft auf den Weg zu machen, den Aufruf Jesu, die Kranken zu heilen, zu erfüllen.

Paul L. King, D.Min., D.Th.,
Professor an der Oral Roberts University

INHALT

Widmung und Danksagung 11

Einleitung 13

TEIL 1: WIE WIR HEILUNG ERLEBT HABEN

1. Randys Geschichte 17

2. Bills Geschichte 39

TEIL 2: HEILUNG THEOLOGISCH BETRACHTET

3. Die Gaben des Geistes heute (Randy) 57

4. Ungläubige Gläubige und glaubende Ungläubige (Randy) .. 87

5. Heilung und das Reich Gottes (Bill) 111

6. Heilung und die Autorität des Gläubigen (Bill) 127

TEIL 3: HEILUNG PRAKTISCH

7. Eine Kultur des Glaubens schaffen (Bill) 141

8. Die Kraft des Zeugnisses (Bill) 157

9. Heilung und eine Seele, der es gut geht (Bill) 169

10. Worte der Erkenntnis für Heilung (Randy) 185

11. Der beziehungsorientierte Gebetsleitfaden
    in fünf Schritten (Randy) 207

Über die Autoren 235

Widmung und Danksagung

Ich widme dieses Buch den Mitarbeitern und Studenten der „Bethel School of Supernatural Ministry" (Schule für den übernatürlichen Dienst der Bethel-Gemeinde). Der Preis, den sie dafür bezahlt haben, diese Kultur und diese Salbung zu den Nationen dieser Erde zu bringen, ist mehr als inspirierend. Ihre Bereitschaft, Jesus um jeden Preis nachzufolgen, war für mich eine große Ermutigung. Danke.

Ich bin John Wimber und Randy Clark zu großem Dank verpflichtet. Als ich John Wimber 1987 sprechen hörte, wurde mir klar, dass ein übernatürlicher Lebensstil auch für einen normalen Menschen möglich ist. Dies spornte mich an, den Versuch zu wagen, den Kranken auch außerhalb eines Gottesdienstes oder einer Evangelisation zu dienen. Öffentliche Plätze wurden somit zum Rahmen, in dem ich mehr über die wunderwirkende Kraft Jesu lernte. John selbst habe ich jedoch nie persönlich getroffen. Ich lernte alles aus der Ferne, bis ich Randy Clark traf. Randy hat am meisten zu meinem Verständnis und meiner Erfahrung des übernatürlichen Lebensstils beigetragen. Bevor er nach Redding kam, erlebten wir wöchentlich Wunder. Nach ein paar Tagen mit Randy häuften sie sich, bis sie sich täglich ereigneten. John und Randy gebührt viel Anerkennung dafür, dass sie auf so liebevolle Weise ihr Leben mit uns geteilt haben.

Weiterhin möchte ich James Goll für seinen prophetischen Dienst für den Leib Christi als Ganzes honorieren und ihm danken. Er war derjenige, der mir prophezeite, dass ich mit meinem lieben Freund Randy Clark ein Buch schreiben würde. Das vorliegende Buch ist eine Antwort auf dieses Wort. Vielen Dank außerdem an Mary Bereck für ihre Hilfe beim Erfassen meines Materials und an Pam Spinosi für ihre Arbeit als Lektorin.

Bill Johnson

Ich widme dieses Buch meiner wundervollen Frau DeAnne. Würde sie mir nicht erlauben, 225 Tage im Jahr unterwegs zu sein, wäre ich nicht in der Lage, das zu tun, was ich tue. Sie hat vollen Anteil an all der Frucht meines Dienstes und ihre Belohnung im Himmel wird groß sein.

Ich widme dieses Buch auch John Wimber und Blaine Cook, von denen ich so viel in Bezug auf die Prinzipien und die Sprache gelernt habe, die ich heute im Heilungsdienst verwende. Ich werde ihnen für immer dankbar dafür sein, dass sie mich in die Worte der Erkenntnis für die Heilung von Kranken eingeführt haben. Ein großer Teil der Konzepte, die ich benutze, stammen von John Wimber. Sowohl er als auch Blaine beteten für mich, dass ich eine Übertragung ihrer Gaben[1] erhielt.

Ich möchte Bill Johnson, meinem besten Freund und Partner im Dienst, danken. Er war für mich eine beständige Quelle der Ermutigung und hat mich angespornt, noch mehr und größere Heilungen zu erwarten.

Zum Schluss bleibt mir noch zu sagen, dass Trish Konieczny, meine engagierte und talentierte Lektorin, mir ein großer Segen war. Sie hat mich während dieses Projekts auf Kurs gehalten und war für Bill und mich eine große Bereicherung. Ohne ihre Lektoratsarbeit hätte dieses Buch vermutlich sechshundert Seiten. Ich möchte auch der Cheflektorin Jane Campbell bei *Chosen* dafür danken, dass sie mit großem Engagement die Gliederung entwickelt, viele Vorschläge gemacht und den Text lektoriert hat. Ohne sie wäre dieses Projekt wohl nie zustande gekommen. Es war mir wirklich ein Vergnügen, mit Jane zu arbeiten ebenso wie mit Tim Peterson, dem Chef der Marketingabteilung, und dem Rest des Chosen-Teams.

Randy Clark

---

[1] Anmerkung des Herausgebers: Mit „Übertragung" ist hier gemeint, dass geistliche Gaben oder Fähigkeiten von einer Person an eine andere weitergegeben werden, so wie Timotheus etwas von Paulus empfing: *„Um dieser Ursache willen erinnere ich dich, die Gnadengabe Gottes anzufachen, die in dir durch das Auflegen meiner Hände ist"* (2 Tim 1,6).

EINLEITUNG

Randy Clark

Es ist mir ein Anliegen, Sie als Leser gleich zu Anfang wissen zu lassen, dass ich dieses Buch nicht aus einer unvoreingenommenen, neutralen, leidenschaftslosen Position heraus schreibe. Nein, beim Thema Heilung bin ich ganz leidenschaftlich. Ich glaube an Heilung und habe selbst sowohl körperliche als auch emotionale Heilung erlebt. Und Gott hat mich dafür gebraucht, Tausenden anderen Menschen Heilung zu bringen.

Überdies möchte ich mich nicht dafür entschuldigen, in meiner Meinung über das Thema Heilung voreingenommen zu sein. Dieses Thema kann man nicht aus der abgeklärten, unparteiischen Position eines Reporters verstehen oder erfahren. Um Heilung wirklich zu verstehen, muss man sie erleben. Wissen ohne Erfahrung zählt hier nicht viel.

Dieses Buch ist von zwei Autoren geschrieben. Mein Name ist Randy Clark. Ich habe dieses Buch gemeinsam mit Bill Johnson verfasst. Unsere Hintergründe und Erfahrungen sind sehr verschieden, doch der Heilige Geist hat uns miteinander verbunden. Wir lieben und achten einander und haben uns im Heilungsdienst sehr viel gegenseitig ermutigt. Jeder von uns hat einige Kapitel geschrieben, die zusammen das Buch ergeben, das Sie jetzt in Händen halten.

Das Hauptziel dieses Buches ist es, Sie in dem Glauben zu bestärken, dass Gott Sie gebrauchen kann, um für Kranke zu beten und ihnen Heilung zukommen zu lassen. Die enthaltenen Geschichten von Menschen, die geheilt wurden, sollen Sie inspirieren, und wir werden uns nicht nur damit befassen, wie man für

Heilung beten kann, sondern auch wie man in Bezug auf Heilung Worte der Erkenntnis empfangen kann.

Wir hoffen, dass jeder von Ihnen nach dem Lesen dieses Buches damit anfängt, für Kranke um Heilung zu beten, und dass einige von Ihnen dabei entdecken, dass Gott Ihnen eine Gabe der Heilung gegeben hat.

Wir glauben, dass „mehr Menschen geheilt werden, wenn mehr Menschen für Heilung beten".

In diesem Buch legen wir ein biblisches Fundament sowohl für die Praxis des Heilungsdienstes als auch für die Überzeugung, dass alle Christen zugerüstet sein sollten, für Kranke zu beten. Wir laden Sie ein, mit uns die Bibel zu studieren und somit das zu tun, was die Leute aus Beröa in der Apostelgeschichte taten: *„Die Einwohner Beröas waren offener als die Leute in Thessalonich und hörten die Botschaft Gottes mit Interesse an. Tag für Tag forschten sie in den Schriften nach, um zu prüfen, ob Paulus und Silas tatsächlich die Wahrheit lehrten"* (Apg 17,11).

Betrachten Sie mit uns die biblischen Wahrheiten und die theologische Basis für den Glauben, dass das Heilen der Kranken Teil der guten Nachricht ist, dass das Reich Gottes nahegekommen ist. Und aufgrund der Wahrheit, dass das Reich Gottes nahegekommen ist, muss sich unser Denken darüber ändern, was alles möglich ist.

TEIL 1

Wie wir Heilung erlebt haben

Wir erzählen im Folgenden unsere persönlichen Geschichten, wie wir in unserem Glauben für Heilung gewachsen und in den Dienst gerufen worden sind. Außerdem gehen wir darauf ein, wie wir zu der Überzeugung gelangt sind, dass das Wirken der Gaben des Heiligen Geistes heute zum Ausdruck bringt, dass Gottes Reich auf die Erde gekommen ist.

KAPITEL 1

Randys Geschichte

Randy

Als ich wieder zu Bewusstsein kam, stellte ich fest, dass ich irgendwo im Dunkeln war und hinaus ins Licht sah. Ich befand mich in einem Krankenwagen und mein Blick fiel durch die hintere Tür, die noch offen stand. Ein Schulfreund war neben mir.

Ich fragte: „Was ist passiert?"

Er antwortete: „Du hattest einen schrecklichen Unfall."

Ich fragte: „Geht es allen gut?"

Er antwortete: „Es war ein schrecklicher Unfall. George wurde nicht schwer verletzt, aber du und auch Marge und Joe."

Ich wurde in unser Kreiskrankenhaus gefahren, wo ich geröntgt und an Stirn, Augenbraue, Jochbein und unter meinem Kiefer genäht wurde – mit sechzig Stichen. Mein Knochen unter der linken Augenbraue und mein linker Wangenknochen waren schlimm gebrochen. Mein mehrfach gebrochener Kiefer musste gerichtet werden und an meiner Stirn waren drei Stellen am Haaransatz eingedrückt. (Später fand ich heraus, dass die Ärzte darüber diskutiert hatten, ob sie in meinen Kopf eine Platte einsetzen sollten. Gott sei Dank haben sie das nicht getan.) Ich hatte entsetzliche Schmerzen. Es fühlte sich an, als hätte mir jemand mit einem langen Messer in den Rücken gestochen.

Die Ärzte fuhren mich schnell im Krankenwagen zu einem größeren Krankenhaus in einem anderen Bezirk. Während der Fahrt verlor ich immer wieder das Bewusstsein. Meine Mutter und meine Großmutter väterlicherseits waren mit mir im Krankenwagen. Als ich einmal ich wieder zu Bewusstsein kam, sagte mir meine Großmutter, ich hätte Glück, dass ich noch am Leben sei. Ich antwortete, indem ich mit meinem Finger zum Himmel zeigte. Vor lauter Schmerzen konnte ich nicht sprechen. Ich weiß noch, dass ich dachte: *Ich bin wirklich froh, dass ich Gott vor vier Tagen erneut mein Leben gegeben habe. Ich habe keine Angst vor dem Tod, weil ich weiß, dass ich geistlich gesehen bereit bin, Gott zu begegnen.* Ich erinnere mich auch, dass ich dachte: *Das hier sähe ganz anders aus, wenn ich immer noch abgefallen wäre. Es wäre wirklich Furcht einflößend, dem Tod so nah und nicht mit Gott im Reinen zu sein.*

Die nächsten Tage erlebte ich nur verschwommen. Immer wieder verlor ich das Bewusstsein. Die Ärzte steckten mir einen Schlauch durch die Nase, um meinen Magen auszupumpen, da mein Darmtrakt gelähmt war. Sie legten mir ein Katheter an, da meine Nieren nicht richtig arbeiteten. Tagelang hatte ich Blut in meinem Urin. Nahezu rund um die Uhr wurde ich aufgrund der Intensität der Schmerzen mit Medikamenten ruhiggestellt. Alle drei Stunden bekam ich 50 mg Demerol[1], doch durch die Nebenwirkungen des Medikaments wachte ich immer wieder auf und bat um eine weitere Spritze, um den Schmerz zu betäuben. Mein Gesicht war schlimm angeschwollen und meine Augen waren einige Tage lang komplett zugeschwollen.

Während dieser Zeit sagten die Ärzte meinen Eltern, ich würde sieben bis elf Wochen im Krankenhaus bleiben müssen. Abgesehen von meinen anderen Verletzungen hatte ich eine gebrochene Rippe und Schäden an Bandscheiben und Wirbelsäule. Die Wucht des Unfalls hatte meine Wirbelsäule um 10–15 Prozent zusammengestaucht. Ich wurde gleichzeitig von drei Spezialisten behandelt: einem Internisten, einem Orthopäden und einem Neurologen. (2008 wurde bei mir wegen eines anderen Rückenproblems ein MRT durchgeführt. Der damals behandelnde Arzt fragte mich,

---

[1] Ein Opioid, d.h. Betäubungs- und Schmerzmittel [Anm. d. Übers.].

was ich mit meinem Rücken gemacht hätte, da auf dem MRT alte Brüche an fast jedem Wirbel zu sehen waren. Ich sagte ihm, sie kämen von einem Autounfall vor achtunddreißig Jahren.)

Ich wurde angewiesen, mich nicht zu bewegen, da nach einer Wirbelsäulenverletzung die Schwellung über mehrere Tage hinweg dauerhafte Schäden verursachen kann. Sie sagten mir, ich könnte querschnittsgelähmt werden oder für den Rest meines Lebens an Muskelkrämpfen leiden. Wenn ich mich bewegen musste, drehten mich drei Schwestern wie einen Baumstamm um – eine an meinen Schultern, eine an meiner Hüfte und eine an meinen Knien. Ich konnte noch nicht einmal ein Kissen benutzen.

Trotz all meiner Verletzungen war ich optimistisch. Ich sagte den Leuten, ich würde rechtzeitig das Krankenhaus verlassen, um an einer evangelistischen Veranstaltungsreihe teilzunehmen, die vier Wochen später in meiner Heimatgemeinde, der „First General Baptist Church" in McLeansboro, Illinois, stattfinden sollte. Dabei war ich mir einiger meiner Verletzungen zu der Zeit gar nicht bewusst.

Einige Tage vergingen, bevor man mir sagte, dass Joe Barker, mein zweitbester Freund, gestorben war, weil er bei dem Unfall sein Genick gebrochen hatte. Als meine Eltern mir von Joes Tod erzählten, zeigten sie mir auch Bilder von dem Auto, in dem wir gesessen hatten. Als es mit einem anderen Auto zusammenstieß, das gerade mit hoher Geschwindigkeit aus einer überhöhten Kurve kam, hatte es sich überschlagen, einen Telefonmast getroffen und war kopfüber in einer Grube gelandet. Als ich sah, wie das Auto nach alldem aussah, dachte ich: *Es ist ein Wunder, dass ich überlebt habe! Gott hat mein Leben verschont – er muss einen Plan für mich haben.* Ich weiß noch, dass ich gebetet hatte: „Gott, du hast mein Leben verschont. Ich gebe es dir zurück. Ich werde für den Rest meines Leben tun, was immer du willst."

Da ich nicht wusste, wie gravierend meine Verletzungen waren, war ich sicher, ich würde das Krankenhaus rechtzeitig verlassen, um an den kommenden evangelistischen Veranstaltungen teilnehmen zu können. In einer Baptistengemeinde nannte man dies damals „Erweckung". Und Gott heilte mich – ich verließ das Krankenhaus nach zwanzig Tagen.

Wie wurde ich geheilt? In Etappen. Zuerst heilte Gott die Lähmung meines Verdauungssystems. Ich war aufgrund der Lähmung bereits für den Transport zum größten Krankenhaus in St. Louis angemeldet. Aber in der Nacht vor der Verlegung beteten meine Freunde aus der Gemeinde um Mitternacht für mich. Sie empfanden einen großen Frieden und hatten den Eindruck, es würde alles gut mit mir werden. Als die Ärzte mich am nächsten Morgen untersuchten, arbeitete mein Verdauungssystem wieder und der Schlauch wurde entfernt.

Als Nächstes kam einer der Spezialisten, um meinen Kiefer zu richten. Er sagte: „Beißen Sie Ihre Zähne zusammen. Tun Sie's noch mal – noch mal – noch mal!" Dann sagte er: „Ich verstehe das nicht! Auf dem Röntgenbild sah man, dass Ihr Kiefer gerichtet werden musste, aber er ist bereits gerichtet."

Diese Worte ließen mich erkennen, dass Gott mich tatsächlich heilte. Zwei meiner drei größten Probleme waren bereits geheilt, obwohl ich immer noch entsetzliche Schmerzen hatte und nach wie vor alle drei Stunden 50 mg Demerol bekam. Pastoren besuchten mich, um für meine Heilung zu beten. Mein Großonkel, ein Pfingstprediger, kam zum Beten. Mein Pastor und seine Frau besuchten mich, um zu beten. Einmal, nach einer überaus schmerzerfüllten Nacht, wachte ich auf und stellte fest, dass ich keine Schmerzen mehr spürte. An diesem Morgen dachte ich: *Gott hat meinen Kiefer geheilt, indem er ihn richtete, und ich glaube, dass er mich jetzt von den schlimmen Schmerzen geheilt hat!*

Dann kam mir ein anderer Gedanke in den Sinn: *Steh auf und gehe.*

Ich dachte bei mir: *Die Ärzte haben deutlich gesagt, dass ich meinen Rücken nicht bewegen soll. Ich soll meinen Kopf nicht vom Bett hochheben. Sie haben mir noch nicht einmal erlaubt, ein Kissen zu benutzen. Sie sagten, wenn ich mich bewege, könne ich querschnittsgelähmt werden oder mein Leben lang Muskelkrämpfe in den Beinen haben …*

Dann kam der Gedanke wieder: *Gott hat mich geheilt. Ich sollte ihm vertrauen und versuchen zu gehen.*

Ich glaubte, dass Gott mich ermutigte aufzustehen und zu gehen. Ich glaubte es so sehr, dass ich mich langsam im Bett aufrichtete, die Seitensicherung herunterließ, meine Füße über die Seite gleiten ließ und dann auf den Boden trat. Ich hielt die Rückseite meines nach hinten offenen Krankenhaushemdes zu und fing an zu gehen.

Ich lief hinaus auf den Flur. Das war nicht schlau! Die Schwestern waren sehr verärgert. Sie schrien mich an und sorgten dafür, dass ich wieder ins Bett ging. Aber ich stieg immer wieder aus dem Bett heraus. Ich glaubte, dass Gott mich geheilt hatte. Schließlich kam die Oberschwester des katholischen St. Joseph Krankenhauses, um mit mir zu sprechen. Sie sagte mir, wie dumm ich sei, eine dauerhafte Lähmung zu riskieren.

Ich sagte zu ihr: „Ich werde nicht gelähmt sein. Gott hat mich geheilt und er hat einen Plan für mein Leben."

Sie appellierte weiterhin an meinen gesunden Menschenverstand. Eine Zeit lang argumentierten wir hin und her und schließlich fragte ich sie: „Sie glauben an Gott, oder?"

„Ja, natürlich", antwortete sie.

„Ich auch", sagte ich, „und ich glaube an Heilung. Gott hat mich geheilt."

Der Arzt entließ mich am zwanzigsten Tag und wies mich an, nach Hause zu gehen und mich ins Bett zu legen.

Ich sagte ihm: „Ich werde mich nicht ins Bett legen. Gott hat mich geheilt und ich werde in die Gemeinde gehen, um Zeugnis davon zu geben, was Gott getan hat."

An diesem Abend, einem Mittwoch, ging ich zur Gemeinde und erzählte meiner Jugendgruppe, was Gott getan hatte. Ich war damals achtzehn. Meine Heilung und Joes Tod trugen schließlich dazu bei, dass am darauffolgenden Sonntag in meiner Gemeinde eine Erweckung ausbrach. Sie begann eine Woche vor den evangelistischen Veranstaltungen. Die Gegenwart Gottes war so stark, dass unser Pastor den Evangelisten anrief und ihn fragte, ob er bereits am nächsten Abend kommen und das fortführen könne, was wie der Ausbruch einer Erweckung unter den Schülern anmutete.

Der Evangelist kam und unsere Veranstaltungen fanden zweiundvierzig Abende hintereinander statt. Wir befanden uns inmitten der Jesus-People-Bewegung und Hunderte Schüler aus vier umliegenden Landkreisen nahmen daran teil. Auch ein großer Prozentsatz der Schüler meiner eigenen High School kam zu dieser kleinen Baptistengemeinde, die eine echte Erweckung erlebte. Elf junge Männer zwischen sechzehn und dreiundzwanzig Jahren wurden während dieser Veranstaltungen in den Dienst berufen. Ich war einer von ihnen – aber damit greife ich vor. Zunächst möchte ich zeitlich noch weiter zurückgehen und von einigen anderen Erlebnissen erzählen, die meinen Glauben an Heilung wachsen ließen.

Wie ich dazu kam, an Heilung zu glauben

Ich erlebte drei Dinge, die mein Interesse an Heilung weckten, und eine Sache, die mich etwas daran zweifeln ließ. Zuerst erzählte mir meine Großmutter mütterlicherseits die Geschichte ihrer Heilung, als ich vier oder fünf Jahre alt war. Ich liebte und respektierte meine Großmutter und sah sie als sehr geistlich an. Bei ihrer Arbeit sang sie ständig Kirchenlieder und sie liebte es, zur Gemeinde zu gehen, wo sie zu den „Rufern" gehörte. Sie saß immer auf der linken Seite der Kanzel bei anderen weiblichen „Rufern" und ich saß mit meinem Großvater auf der rechten Seite, in der „Amen"-Ecke mit den anderen Männern. Viel später kam ich erst dahinter, warum sie ständig christliche Radiosendungen hörte: Sie war Analphabetin.

Großmutter erzählte mir, sie habe einmal im Schlafzimmer ihres kleinen Vierzimmer-Betonhauses die hörbare Stimme Gottes vernommen. Er sagte ihr, sie solle in das andere Schlafzimmer gehen und beten, dann würde er sie heilen. Sie hatte einen großen Kropf an ihrem Hals. Zu der Zeit hatten die Ärzte noch nicht entdeckt, dass man so etwas mit Jod behandeln kann. Sie ging in den anderen Raum, betete gehorsam und spürte, wie sich eine Art heiße Hand ihren Hals hinunterschob. Ihr Kropf verschwand. Diese Heilung hinterließ einen immensen Eindruck auf meinem kleinen Herz und meinem jungen Verstand.

Die zweite Sache, die mich dazu brachte, ganz stark an Jesus, den Himmel und das Übernatürliche zu glauben, ereignete sich, als ich sechs Jahre alt war. Sie grenzt an die Art übersinnlicher Erlebnisse, die einige Leser vielleicht etwas verstörend finden. Ich glaube jedoch, dass meine Mutter dadurch wirklich eine tiefe Erfahrung mit Gott machte. Sie hatte an einem Treffen mit Lobpreis und

Zeugnissen in einem Privathaus teilgenommen. Das Treffen war nicht besonders gefühlsbetont und sie machte sich still auf ihren Nachhauseweg. Auf dem Weg zum Auto hatte sie plötzlich das Gefühl, als sei sie in einen Wirbelwind geraten. Sie wurde bewusstlos und spürte, wie ihr Geist ihren Körper verließ. Ihr Geist passierte mehrere Male schwierige Stellen, auf die wieder friedliche folgten, und dann befand sie sich im Himmel. Jesus kam und zeigte ihr, dass alles in ihrem Leben gut werden würde. Das Erlebnis wiederholte sich, bis sie wieder in ihrem Körper war. Dann kam sie wieder zu sich.

Ich habe meine Mutter diese Geschichte oft erzählen hören. Ich dachte nicht, dass es sich dabei um einen psychischen Vorfall handelte, sondern vielmehr um ein sehr echtes, reales Erlebnis. Über vierzig Jahre lang konnte meine Mutter nicht darüber sprechen, ohne dabei die Fassung zu verlieren, weil sie schon von dem Gedanken an ihren Besuch im Himmel völlig überwältigt war. Als ich im College war, schrieb ich eine Arbeit über das Erlebnis meiner Mutter. Ich interviewte die beiden Männer, die sie auf dem Gehweg gefunden hatten, während sie sich außerhalb ihres Körpers befand. Zu dem Zeitpunkt, als ich sie befragte, waren sie beide Geistliche, obwohl sie es zur Zeit dieses Vorfalls nicht gewesen waren. Sie erzählten mir, sie hätten keinen Puls ertasten können und meine Mutter sei kalt und klamm gewesen. Sie hatten gedacht, sie sei gestorben.

Die Erfahrung meiner Mutter, so ungewöhnlich sie manchen auch erscheinen mag, ließ den Himmel für mich realer werden. Jesus hatte im Himmel mit meiner Mutter geredet! Das war für mich der Beweis, dass er von den Toten auferstanden war, dass er immer noch lebte und immer noch Menschen heilte.

Die dritte Sache, die meinen Glauben an Heilung bestärkte, war eine Erfahrung meiner Sonntagsschullehrerin. Man hatte in ihrem Bauch einen Tumor in der Größe einer Wassermelone diagnostiziert. Unsere Gemeinde betete für sie am Abend vor ihrer Operation. Als die Operation durchgeführt wurde, war der Tumor bereits auf die Größe einer Orange geschrumpft. Darüber hinaus hatte er keine anderen Organe befallen und konnte leicht entfernt werden. Damals war ich etwa dreizehn Jahre alt, und sie lebte danach noch über vierzig Jahre.

Mit sechzehn erlebte ich etwas, das meinen Glauben an Heilung eine Zeit lang zurückwarf. Mein Großvater mütterlicherseits starb im Alter von zweiundsechzig Jahren an Krebs. Ich hatte mit ihm in der „Amen-Ecke" der Kirche gesessen und konnte nicht verstehen, warum er nicht geheilt worden war. Dieselbe Gemeinde, die für meine Sonntagsschullehrerin gebetet hatte, hatte auch für ihn gebetet. Viele Gemeinden beteten für ihn, und doch starb er. Das versetzte mir einige Zweifel. Ich war kurz vorher, am Sonntag vor meinem sechzehnten Geburtstag Christ geworden und verlor im selben Jahr meinen Opa an den Krebs. Das war hart, und ich war schon vorher durch eine schwierige Zeit gegangen. Neben einigen persönlichen Problemen, mit denen ich zu der Zeit kämpfte, befanden wir uns kurz vor dem Höhepunkt des Vietnamkrieges. Die ehemaligen Vorbilder aus meiner Schule kehrten ohne Beine nach Hause zurück. Ein junger Mann, der nur eine Klasse über mir gewesen war, kam im Leichensack nach Hause. Es war ein schlechter Zeitpunkt, ein Mann zu werden. Aus Zorn über den Krieg und Trauer über eine zerbrochene Beziehung fing ich an, fast täglich Marihuana zu rauchen, und das zehn Monate lang. Ich wollte herumexperimentieren und begann in die Drogenszene samt ihrer Musik und was sonst noch dazugehörte abzurutschen. Wie der verlorene Sohn in der Bibel wollte ich das „ferne Land" besuchen – aber nur besuchen. Ich hatte nie die Absicht, dort zu bleiben, und so blieb ich auch in der Gemeinde, obwohl ich wusste, dass ich ein großer Heuchler war. Dennoch hatte ich Angst davor, nicht mehr in die Gemeinde zu gehen, weil ich befürchtete, ich würde mich sonst so tief in die Sünde verstricken, dass ich nicht mehr in der Lage gewesen wäre, meinem selbst gebauten Schweinestall zu entfliehen und nach Hause zurückzukehren.

Der ältere Bruder einer Freundin von mir war Methodistenprediger. Er war der Erste, den ich dabei erlebte, wie er eine Heilungsveranstaltung in einer Gemeinde abhielt, und ich mochte und respektierte ihn. Gott gebrauchte ihn, um mich zu überführen. Nachdem er mich eine Zeit lang nicht gesehen hatte, ließ er gegenüber meiner Mutter die Bemerkung fallen, dass ich nicht mehr der Randy zu sein schien, an den er sich erinnerte. Über diese Bemerkung dachte ich viel nach. Vier Tage vor dem geschilderten

Unfall, der geschah, als ich achtzehn war, kam ich über meine Zweifel hinweg und gab Gott erneut mein Herz.

Die Berufung in den Dienst

Ich habe bereits kurz erwähnt, dass ich während der Erweckung, die auf meinen Autounfall folgte, mit achtzehn einen Ruf in den Dienst erhielt. Darauf möchte ich hier noch etwas näher eingehen. Eine Heilung war das ausschlaggebende Ereignis, dass ich öffentlich meine Berufung zum Prediger verkündete. Ich hatte Gott um einige Zeichen gebeten, um meine Berufung zum Prediger zu bestätigen, und er antwortete sofort auf zwei „Vliese", die ich vor ihm ausgelegt hatte. Das dritte Zeichen, das er mir gab, war die Heilung.

Fred, mein Jugendpastor, der auch Lobpreisleiter in der Gemeinde war, bekam mitten in der Erweckung einen Schlaganfall. Er war dreiunddreißig. Für mich ergab das keinen Sinn. Warum bekam er einen Schlaganfall, wenn er doch eine solch zentrale Rolle in einer Erweckung spielte, die so viele Jugendliche erfasste? Nachdem er aus dem Krankenhaus entlassen worden war und sich zu Hause erholte, schaute ich einmal nach dem Gottesdienst bei ihm vorbei, um mit ihm zu reden. Ich fragte ihn, ob er seine linke Hand bewegen könne. Der Schlaganfall hatte seine linke Seite betroffen. Er konnte die Hand bewegen, aber nur mit viel Mühe. Ich ging nach Hause und betete: „Gott, wenn du Fred morgen Abend in der Gemeinde ohne Schmerzen Klavierspielen lässt, werde ich sofort aufstehen und dort meine Berufung zum Prediger verkünden." (Ich wollte sichergehen, dass die vorherigen zwei Zeichen nicht zufällig eingetreten waren.)

Am nächsten Tag sah ich Fred wieder. Er konnte seine Hand immer noch nicht normal bewegen, aber er kam an diesem Abend zur Gemeinde. Das Gebäude füllte sich mit jungen Menschen, bis es keinen freien Platz mehr gab – die Leute standen überall. Ich hörte jemanden Klavier spielen und drehte mich um. Fred saß dort am Klavier und spielte. Ich dachte: *Er spielt wohl irgendwie mit einer Hand.* Aber die Musik klang zu gut dafür.

Nach dem Lobpreis war direkt vor mir noch ein freier Platz, in den sich gerade noch eine Person hineinquetschen konnte. Das war seltsam, wenn man bedenkt, wie voll die Gemeinde war. Fred setzte sich dorthin und ich tippte ihm auf die Schulter und sagte: „Fred, beweg mal deine Hand für mich."

Fred hob seine Hand und konnte sie frei bewegen, nicht mehr so, wie es noch vor nur einer halben Stunde gewesen war.

Ich fragte ihn: „Fred, warum hast du dich entschlossen, Klavier zu spielen?"

Er antwortete: „Als ich auf der Bank saß, hatte ich den starken Eindruck, dass der Herr mir sagt: ‚Wenn du versuchst, Klavier zu spielen, werde ich dich heilen.' So setzte ich mich ans Klavier, und als ich die Tasten berührte, war ich sofort geheilt."

Meine letzte Frage lautete: „Fred, hattest du dabei irgendwelche Schmerzen?"

Er antwortete: „Nein, überhaupt nicht. Der ganze Schmerz verschwand in dem Moment, in dem ich die Tasten berührte."

Ich stand sofort auf. Als der Pastor mich bemerkte, machte ich mein Versprechen wahr und verkündete meine Berufung zum Prediger. Es war der 22. November 1970. Seit der siebten Klasse wollte ich eigentlich Geschichtslehrer werden, aber diesen Plan gab ich auf, um Gottes Berufung für mein Leben zu erfüllen. Als ich zwei Monate später auf das Oakland City College wechselte, wählte ich Religionswissenschaft als Hauptfach. Ich wollte alle Brücken hinter mir abbrechen, die sich nicht mit dem Predigen befassten.

Während ich an meinem ersten Tag an der Uni einige Lehrbücher kaufte, bekam ich einen starken Impuls von Gott. Ich habe ihn nicht vergessen, selbst bis heute nicht, über vierzig Jahre später. Er lautete: „Dein Lebensthema wird der Heilige Geist sein."

Das war ein merkwürdiges Wort für einen Baptisten, der an einem Baptisten-College studierte. Das erste Buch, das ich mir nach den erforderlichen Lehrbüchern kaufte, hatte deshalb den Titel „Der Heilige Geist". Dieser Impuls sollte sich als wirklich von Gott erweisen. Wahrscheinlich hat kein anderer Absolvent dieses Colleges mehr Kontroversen über den Heiligen Geist und sein Handeln erlebt als ich.

1974 schloss ich das College ab und 1977 das theologische Seminar. Im Jahr 1982 hielt ich nicht nur eine Reihe von Predigten über das Thema Heilung, sondern ich betete auch für die Kranken.

Zu dieser Zeit geschah etwas, das mich fast vom Heilungsdienst abbrachte. Eine Frau, die vorgab, geheilt zu sein, täuschte mich. Sie hatte ihre Krankheit erfunden und ich kam nicht dahinter, bis ich sie in der Gemeinde Zeugnis über ihre Heilung geben ließ. Als sie dann eine andere Heilung vortäuschte, wurde ich misstrauisch. Ich fand heraus, dass die erste Heilung ein Schwindel gewesen war. Ich ging hart mit mir ins Gericht und wandte mich vom Thema Heilung ab. Eineinhalb Jahre lang predigte ich nicht mehr darüber. Ich war so enttäuscht von meinem eigenen Urteilsvermögen, so beschämt, weil ich mich hatte täuschen lassen, dass ich für niemanden mehr beten wollte. Doch Gottes Plan sah anders aus.

Als Nächstes geschahen zwei Dinge, die alles veränderten und in einer Reihe von Veranstaltungen gipfelten, die mein Leben für immer verändern sollten. Das ist keine Übertreibung – diese Dinge stellten tatsächlich die Weichen für den Kurs meines restlichen Lebens. Als Erstes betete ich in meinem Büro: „Gott, ich danke dir, dass ich nicht liberal bin. Ich glaube, dass Jesus das tat, was in der Bibel steht. Und danke, dass ich kein Cessationist[2] bin. Ich glaube, dass er heute immer noch tut, was er damals getan hat."

Ich erwartete ein „Recht so, du tüchtiger und treuer Knecht, an dem ich Wohlgefallen habe". Aber stattdessen hörte ich, wie der Herr sagte: „Na und?"

„Was meinst du mit ‚na und'?", fragte ich ihn sofort.

Ich hörte ihn sagen: „Du könnest auch liberal oder ein Cessationist sein. Es reicht nicht, zu sagen, du glaubst, dass ich immer noch das tue, was ich damals tat. Wenn du nicht weißt, wie du meine Gaben anwenden kannst, wirst du auch nicht mehr tun können als ein Liberaler oder ein Cessationist."

Diese Botschaft vom Heiligen Geist erschütterte mich. Ich entschloss mich auf der Stelle, dass ich lernen wollte, wie man die Gaben des Heiligen Geistes anwendet.

Nicht lange danach hatte ich das zweite lebensverändernde Erlebnis. Ich lud einen jungen Mann von meinem College zum Predigen ein. Er predigte über die blutflüssige Frau (vgl. Mk 5,25-34)

---

[2] Jemand, der glaubt, dass Zeichen und Wunder nach den Aposteln bzw. nach der Kanonisierung des Neuen Testaments aufhörten. Auf diesen Begriff und die Definition wird in Kapitel 4 ausführlich eingegangen.

und machte seine Sache gut, doch statt über Heilung zu predigen, vergeistlichte er den Text und seine Ausführungen zur praktischen Anwendung hatten nichts mit Heilung zu tun. Ich hatte das Gleiche vorher selbst viele Male getan. Während ich zuhörte, hatte ich ein Erlebnis mit Gott, das nichts mit dem Prediger oder der Predigt zu tun hatte. Heiße Tränen strömten über meine Wangen und ich weiß noch, dass ich überlegte: *Was passiert hier? Warum weine ich? Das hat nichts mit der Predigt zu tun.* (Später erkannte ich, dass dies geschah, weil ich eine Begegnung mit dem Heiligen Geist hatte.) Dann hörte ich, wie der Herr mir stark einprägte: „Ich möchte, dass du darüber lehrst, dass ich heute noch heile. Ich möchte, dass du in dieser Gemeinde eine Konferenz über Heilung abhältst. Ich will, dass du anders predigst. Keine Dreipunktepredigt plus Gedicht mehr. Ich möchte, dass du mehr von meinen Worten in deiner Predigt verwendest und weniger von deinen eigenen. Ich will, dass du eine Reihe von Predigten über meine Taten und meine Worte, meinen Dienst und meine Botschaft hältst."

Am nächsten Tag sprach ich mit Dr. Larry Hart von der Oral-Roberts-Universität (ORU). Ich fragte ihn, ob er für mich eine Konferenz über Heilung abhalten könne. Er sagte mir, die beste Person, die er an der ORU je über die Zurüstung von Menschen für Heilung habe sprechen hören, sei John Wimber. Ich hatte noch nie von John Wimber gehört und war nicht begeistert davon, jemanden zu der Konferenz einzuladen, der mir unbekannt war. Am nächsten Morgen sah ich jedoch John Wimber im Fernsehen und mir gefiel sehr, was ich sah. Beeindruckt rief ich ihn an. Er sagte mir, er könne nicht selbst kommen, könne aber in drei Monaten ein Team zu uns schicken. Ich war einverstanden, sagte aber, dass es in sechs Monaten besser passen würde, da ich so meine Reihe „Die Worte und Werke Jesu" beenden könne.

Ich begann zu planen, wie ich die Anweisung vom Herrn, anders zu predigen, umsetzen konnte. Ich entschloss mich, alle vier Evangelien zu nehmen, ihren chronologischen Ablauf zu rekonstruieren und in meine Predigtreihe alles einzubeziehen, was ich in ihnen fand. Ich rechnete aus, dass es etwa sechs Monate dauern würde, um über dieses Material zu predigen. Außerdem bat ich die Gemeindediakone zu einem monatlichen Extratreffen, um mit mir die Gaben des Heiligen Geistes und die Taufe im Heiligen Geist zu erörtern. Mein Plan ging auf. Ich führte die besonderen Treffen mit den Diakonen zu Ende und lehrte dann meinen Standpunkt (den jetzt alle Diakone verstanden und unterstützten) in den Hauskreisen der Gemeinde. Dies geschah sechs Wochen vor der Konferenz mit dem Team von John Wimber in unserer Gemeinde.

Während dieser Vorbereitungszeit geschahen zwei weitere Dinge von entscheidender Tragweite in meiner Erfahrung mit Heilung. Zuerst fuhr ich im Januar 1984 nach Dallas und hörte dort John Wimber. Zum ersten Mal in meinem Leben erlebte ich aus nächster Nähe, wie die Kraft Gottes Menschen körperlich berührte und sie zittern und/oder umfallen ließ. Ich war absolut begeistert. Alles, was ich zuvor erlebt hatte, war, dass Gott jemanden emotional berührt hatte. Ich hatte gesehen, wie Menschen von ihrer Sünde überführt weinten oder wie sie Tränen vergossen, weil sie nach ihrer Bekehrung von Gottes Liebe berührt wurden. Und als Kind hatte ich einmal miterlebt, wie Leute in der Baptistengemeinde, in der ich aufgewachsen war, vor Freude lachten. Dies jedoch war anders.

Während der Veranstaltung in Dallas kam es dazu, dass John Wimber für mich betete. Ich hatte Angst davor, dass er mir durch die Gabe der Prophetie alles Falsche in meinem Leben offenbaren könnte, aber stattdessen sagte er mir sehr viele ermutigende Dinge. Am deutlichsten erinnere ich mich daran, dass er sagte: „Gott sagt, du bist ein Prinz im Reich Gottes."

Einige Zeit später erzählte mir der Vizepräsident von John Wimbers „Vineyard Ministries International", Gott habe bei den ersten beiden Malen, als ich John begegnet war, hörbar zu ihm gesprochen und ihm gesagt, ich würde eines Tages durch die Welt reisen und Pastoren und geistlichen Leitern die Hände auflegen, um geistliche Gaben auf sie zu übertragen und in ihnen anzufachen. John selbst sagte mir dies erst viel später. Einige Tage nach dem Beginn der Toronto-Erweckung sagte er mir, ich würde jetzt mit dem beginnen, was Gott ihm zehn Jahre zuvor über mich gezeigt habe.

Die zweite Sache geschah, als ich einige Wochen bevor das Team aus Anaheim zu unserer Konferenz kam, dort anrief und mit

Lance Pittluck sprach. Er hatte vor Kurzem die Denomination der Presbyterianer verlassen und sammelte nun unter Begleitung eines Mentors praktische Erfahrung bei Vineyard. Ich fragte ihn, ob er mir irgendetwas nennen könne, wodurch unsere Salbung für die Heilung von Kranken zunehmen würde. Er fragte, ob ich an Worte der Erkenntnis glaubte. Dies ist allerdings eine Geschichte für sich, zu der ich Ihnen in Kapitel 10 mehr erzählen werde. Unser ganzes Telefongespräch eröffnete mir eine neue Dimension des Dienstes, die mir völlig neu war.

Die Heilungskonferenz

Als die Konferenz in meiner Baptistengemeinde begann, war ich überrascht, wie viele Pastoren und Leiter gekommen waren. Ich hatte einen Brief an alle amerikanischen Baptistenpastoren in Illinois, Wisconsin und Missouri geschrieben, ebenso an alle Baptisten-, Methodisten-, lutherischen und anderen evangelikalen Pastoren im südlichen Illinois und einige Pastoren in Missouri. In dem Brief stand: „Wenn Sie wie ich genug davon haben, ins Krankenhaus zu gehen und zu beten: ‚Gott führe die Hand der Ärzte bei der Operation', lade ich Sie zu einer Heilungskonferenz ein. Ich habe ein Team der Vineyard-Gemeinde aus Anaheim eingeladen, die viele Heilungen erleben und uns helfen können zu lernen, wie wir effektiver für Kranke beten können."

Ich werde nie meine ersten Eindrücke auf dieser Konferenz vergessen. Blaine Cook, der Leiter des Teams aus Anaheim, war enorm begabt mit Worten der Erkenntnis. Am ersten Morgen gab er bestimmt zwanzig solcher Worte weiter. Die Menschen kamen nach vorne zum Gebet und viele wurden geheilt. Der Pastor der „First Baptist Church" in Chillicothe, Illinois, fiel vor den Füßen meiner Frau zu Boden. Als er wieder aufstand, war er von einer gravierenden Rückenverletzung geheilt, die er sich bei einem Autounfall zugezogen hatte. Er nahm die zentimeterhohe Einlage aus seinem Schuh heraus und warf sie weg. Die Tauben hörten, Sehvermögen wurde in großem Maße wiederhergestellt und viele Menschen wurden von Schmerzen geheilt.

Es fanden nicht nur Heilungen statt, sondern auch Gabenübertragungen. Viele Leute aus meiner Gemeinde bekamen Gaben der

Heilung, die Zungensprache und Worte der Erkenntnis. Viele wurden im Heiligen Geist getauft, einige wurden sogar betrunken im Geist und mussten nach Hause gefahren werden. Viele schüttelten sich vor Lachen, andere erlebten tiefen Frieden, bei einigen manifestierten sich Dämonen und wieder andere empfingen übernatürliche Heilungen. Ich selbst erhielt eine Gabenübertragung, die einen großen Anstieg in Worten der Erkenntnis und Heilungen zur Folge hatte. Eine Reihe von Gemeindemitgliedern bekam eine noch größere Salbung als ich.

Während ich diese Gabenübertragung empfing, hatte ich das Gefühl, es würde mich ein starker Strom durchfließen, und ich fing heftig zu zittern an. Meine Frau empfing emotionale Heilung, körperliche Heilung und begann, Worte der Erkenntnis zu erhalten. Unter der Kraft Gottes fiel sie zu Boden. Dies war etwas, gegen das sie eine große Abneigung hatte. Wenn in einer christlichen Fernsehsendung jemand unter der Kraft zu Boden ging, sagte sie immer: „Wenn du glaubst, dass das echt ist, bist du der größte Dummkopf, den ich kenne!" Sie glaubte nicht, dass es echt war – bis sie es selbst bei sich erlebte.

Am nächsten Abend kam eine junge Frau namens Tammy Ferguson auf mich und John Gordon – einen anderen Mann aus meiner Gemeinde – zu und wollte Gebet. Er hatte bereits in einem Gottesdienst vorher für sie gebetet, aber sie benötigte mehr Heilung. Sie war mit einem offenen Rücken (Spina Bifida) geboren worden, weshalb sie keine Kontrolle über ihre Blase hatte. Nachts trug sie deshalb Windeln. Sie hatte außerdem einen Wasserkopf und bereits zwölf Operationen hinter sich, bei denen Abflüsse in ihren Kopf gelegt worden waren, um die Flüssigkeit abzuleiten. Wir beteten und Tammy war geheilt! Nie wieder musste sie danach Windeln tragen. Ebenso wenig benötigte sie danach noch einen Abfluss, denn nun floss die Flüssigkeit in normaler Weise in ihrer Wirbelsäule. Sie wurde auch noch von epileptischen Anfällen geheilt, von denen sie uns gar nicht erzählt hatte. Wir hatten dafür nicht gebetet, aber sie wurde dennoch von ihnen geheilt. Nun brauchte sie nicht mehr elf verschiedene Medikamente dagegen zu nehmen.

Im September nach der Konferenz hatte ich meinen Job als Pastor der Baptistengemeinde aufgegeben. Ich hatte den Eindruck, Gott habe mich in eine andere Stadt berufen, um dort eine neue

Gemeinde zu gründen. Da ich noch nicht wusste wo, sagte ich einigen Leuten, die sich eine andere Art von Gemeinde wünschten, ich würde sie pastoral betreuen, bis ich wüsste, wo es hinging. Nach vier Monaten wusste ich, wohin ich berufen wurde: St. Louis. Doch es dauerte noch einmal ein Jahr, bis ich dort zu arbeiten begann. Dieses Jahr war für mich wie ein Sabbatjahr. Mit den Leuten, die sich nach etwas Neuem sehnten, gründete ich die erste Vineyard-Gemeinde in Illinois. Wir erlebten viele Heilungen, und ich weiß nicht, ob ich seither nochmals erlebt habe, dass eine Gruppe die Gaben so vollmächtig auslebte wie diese, die die Baptistengemeinde verlassen hatte, um mit mir die Vineyard-Gemeinde zu gründen.

Eine der denkwürdigsten Heilungen geschah an einem Sonntagabend. Tom Simpson, mein ehemaliger Co-Pastor in der Baptistengemeinde, war mir bei der Gründung der Vineyard-Gemeinde gefolgt. Er und seine Frau Sandy hatten die Gabe empfangen, Worte der Erkenntnis und ebenso die Gabe der Zungenrede weiterzugeben. Sie erlebten außerdem, dass durch ihr Gebet Menschen geheilt wurden. Auch die Gabe der Prophetie hatten sie empfangen. An diesem speziellen Sonntag hatte Tom eine offene Vision gehabt. (Eine offene Vision ist etwas anderes als ein geistiges Bild. In einer offenen Vision verliert man sein Gesichtsfeld und sieht die Vision, als würde man sie auf einem großen Breitbildfernseher betrachten.) In dieser offenen Vision sah er einen kleinen Jungen, der vielleicht elf oder zwölf Jahre alt war. Er war nackt. Die Muskeln an der linken Seite des Jungen waren verkümmert. Während Tom ihn beobachtete, begann auch die rechte Seite des Jungen dahinzuschwinden.

Tom wusste nichts mit dieser Vision anzufangen. Er war völlig im Unklaren über ihre Interpretation. Er wusste nicht, ob es ein Zeichen dafür war, dass die neue Gemeinde verkümmern und sterben würde oder ob es eher wörtlich als symbolisch interpretiert werden sollte. Aufgrund dieser Unklarheit gab er die Vision während unseres Morgengottesdienstes nicht weiter. Am Nachmittag trafen er und seine Geschwister sich im Haus seiner Eltern mit allen Enkelkindern. Im Laufe dieses Tages mit der Familie erlebte er die Vision noch einmal als offene Vision. Wieder war er dadurch verwirrt. Im Abendgottesdienst kam die Vision dann ein drittes Mal. Diesmal kam Tom auf mich zu und erzählte mir davon. Er sagte mir, es sei das dritte Mal, dass er diese Vision habe, und er wisse nicht, wie er sie interpretieren solle. Ich teilte die Vision der Gemeinde mit und fragte, ob sie für jemanden der Anwesenden Sinn ergab.

Eine Frau, die aus einer anderen Gemeinde im Ort stammte, sagte: „Ich weiß, für wen das ist! Es ist für einen Jungen, der von einer seltenen Krankheit betroffen ist. Sie bewirkt, dass die Muskeln in der linken Seite seines Körpers verkümmern. Er soll morgen ins Krankenhaus kommen, damit weitere Tests durchgeführt werden. Die Ärzte sagen, dass sich die Krankheit langsam auf die rechte Seite ausdehnen wird und die dortigen Muskeln daher auch verkümmern werden."

Die Frau rief die Mutter des Jungen an und forderte sie auf, ihre Hände auf ihren Sohn zu legen. Dann beteten wir als Gemeinde für seine Heilung. Als man ihn am nächsten Tag untersuchte, sagte der Arzt: „Ich weiß nicht, wie ich es erklären soll, aber die Krankheit ist verschwunden! Es ist nicht nur so, dass die rechte Seite nicht mehr betroffen ist, sondern auch die Muskeln in der linken Seite sind dabei zu heilen!"

Dies war nur eines der zahlreichen Wunder, die wir in dem Jahr erlebten. Von März 1984 bis Januar 1986 fuhren die Leiter, die mir bei der Gründung dieser ersten Vineyard-Gemeinde in Illinois geholfen hatten, viermal nach Texas, um entweder John Wimber oder Blaine Cook zu treffen. Wir fuhren auch nach Michigan, Ohio, Nord-Illinois und Nashville, um von den Vineyard-Leitern mehr darüber zu lernen, wie man in den Gaben des Geistes wirkt und für Kranke betet.

Das große Experiment

Im Januar 1986 schied ich als Pastor aus dieser Vineyard-Gemeinde aus und nahm einen Job bei einer Donut-Kette in St. Louis an, um dort eine neue Gemeinde gründen zu können. Von Januar bis November arbeitete ich in 80 Kroger-Filialen und bildete Leute in der Bäckerei aus. Sonntags fuhr ich immer ins Umland von St. Louis, nahm mir ein Hotel und fuhr dann freitagabends wieder nach Hause. Diese Strecke von etwa 400 km fuhr ich jedes Wochenende.

Meine Frau DeAnne und unser Sohn Josh fingen bald an, mich zu begleiten und mit mir im Hotel zu wohnen. DeAnne war zu der Zeit schwanger mit Johannah, unserem zweiten Kind, das im Juli geboren wurde. Wir konnten uns erst ein Haus kaufen, als unser Haus in Süd-Illinois verkauft war. Im November kauften wir schließlich eine Eigentumswohnung im Umland von St. Louis.

In der Anfangszeit musste ich um 3 Uhr morgens aufstehen, um Donuts zu frittieren. Es machte mir keinen Spaß, da ich ein Nachtmensch war und früher um diese Zeit oft erst ins Bett gegangen war. Weil die Arbeit so langweilig war und weil ich darüber gepredigt hatte, dass auch die nicht theologisch ausgebildeten Leute meiner Gemeinde außerhalb von Gemeindeveranstaltungen für Kranke beten sollten, suchte ich nach Möglichkeiten, für Menschen auf der Arbeit zu beten.

Ich sagte zu Gott: „Herr, ich werde nicht mehr darüber predigen, dass die Leute für die Leute auf der Arbeit beten sollen, wenn es nicht funktioniert. Ich will ihnen keine Last auflegen. Das wird jetzt mein großes Experiment. Ich werde niemandem sagen, dass ich Prediger bin. Stattdessen werde ich, wenn du mir ein Wort der Erkenntnis gibst oder wenn jemand sagt, dass er krank ist, oder ich es bemerke, zu ihm sagen: ‚Ich bin Christ. Ich habe erlebt, dass einige Menschen geheilt wurden, wenn ich für sie gebetet habe, aber nicht alle. Ich verspreche Ihnen nichts, aber wenn es okay ist für Sie, würde ich gerne für Sie beten.'"

Das große Experiment funktionierte! In dem Jahr erlebte ich, dass mehr Leute im Supermarkt geheilt wurden als in unserer Gemeinde oder in den Hauskreisen. Gerne erzähle ich Ihnen eine der denkwürdigsten Geschichten. Ich arbeitete im Kroger-Markt in Centralia, Illinois, als ich einmal bemerkte, dass die Chefin der Bäckerei ziemlich nervös war. Nachdem ich ihr Team angelernt hatte, räumte ich meinen Kram auf und spülte die Pfannen. Als sie zu mir herüberkam, sagte ich zu ihr: „Sie brauchen nicht nervös zu sein. Ich arbeite nicht für Kroger, sondern für eine andere Firma. Ich bin hier als Techniker, um Ihnen und Ihren Mitarbeitern dabei zu helfen, Ihre Arbeit noch besser zu machen. Sie brauchen also nicht nervös zu sein."

Sie antwortete: „Ich bin nervös, weil ich eine schlimme Ohrenentzündung habe und mein Ohr so verstopft ist, dass ich nur die Hälfte von dem verstehe, was Sie sagen."

Ich sagte: „Ich bin Christ. Ich habe erlebt, dass Menschen geheilt wurden, wenn ich mit ihnen gebetet habe, wenn auch nicht immer. Ich würde gerne für Sie beten, wenn Sie möchten."

„Ja, das wäre mir lieb", sagte sie. Ich fragte sie, wann sie gern Gebet hätte, und sie erwiderte: „Jetzt würde es gut passen."

Wir gingen zurück ins „Allerheiligste", wo eine Rauchwolke den ganzen Raum erfüllte (will heißen, dass der Pausenraum voller Zigarettenqualm war). Wir setzten uns und ich sagte: „Niemand wird überhaupt mitbekommen, dass wir beten. Ich werde mit geöffneten Augen beten und Sie brauchen Ihre nicht zu schließen. Die Leute werden denken, dass wir uns unterhalten. Wenn Sie spüren, dass sich etwas tut, sagen Sie es mir bitte."

Als ich zu beten begann, schloss sie trotzdem ihre Augen. Ich betete: „Herr, ich segne Janes (Name geändert) Ohr und befehle ihm, sich zu öffnen."

Sofort öffnete sie ihre Augen und sah mich erschrocken an.

Ich sagte: „Ihr Ohr hat sich gerade geöffnet, nicht wahr?"

Jane hatte Tränen in den Augen. Ich sah ihr an, dass sie geschockt war.

Sie antwortete: „In dem Moment, als Sie meinem Ohr befahlen, sich zu öffnen, tat es genau das, und jetzt höre ich vollkommen klar."

Ich war in der Tat überrascht davon, wie schnell sie geheilt worden war. Ich fragte, wie sie sich nun fühle. Ich fragte sie auch, ob sie Christin sei.

Sie entgegnete: „Ich ging früher in die Kirche und hatte sogar Leitungsaufgaben. Aber vor Jahren wurde ich dort verletzt, und seitdem gehe ich nicht mehr hin."

Ich fragte sie: „Aber was empfinden Sie jetzt, da Gott Ihr Ohr geheilt hat, ihm gegenüber?" Dann sagte ich ihr, sie solle eine gute Gemeinde finden und dorthin gehen. Sie sagte mir, das werde sie tun. Diese Bäckerei-Chefin war von der Kraft Gottes erfasst worden.

Wir kehrten in die Backstube zurück. Ich war gerade dabei, die Pfannen vollends abzuwaschen, als mein Ohr sich verstopfte. Es geschah ganz plötzlich und war sehr seltsam. Ich drehte mich zu Jane hin und fragte: „Hat sich Ihr Ohr gerade wieder verstopft?"

Sie antwortete: „Ja! Woher wissen Sie das?"

Ich sagte ihr, dass ich manchmal weiß, was Gott tun möchte, indem ich das Problem spüre, das der andere hat. Ich wusste, dass das Problem diesmal nicht eine natürliche Infektion des Ohrs war, sondern ein Krankheit hervorrufender Geist. Ich fragte sie, ob wir noch einmal beten könnten. Sie sagte ja. Ich fragte: „Wo können wir beten?"

„Im Kühlraum", sagte sie.

Wir gingen in den Kühlraum und ich betete. Ich befahl dem Krankheit hervorrufenden Geist, ihr Ohr zu verlassen. Sie begann zu zittern. Ich war mir nicht sicher, ob das am Heiligen Geist oder an der Kälte im Kühlraum lag. Der Schmerz verschwand jedoch. Bald darauf war ich mit meiner Arbeit fertig und verließ den Laden.

Einige Monate später kehrte ich für eine weitere Schulung in diese Filiale zurück. Als ich Jane sah, erzählte sie mir, dass sie ihr Leben neu Gott geweiht hatte und einer Gemeinde beigetreten war. Außerdem sagte sie, ihre Ohreninfektion sei nie wieder zurückgekehrt.

Ich könnte noch viele weitere Geschichten von Menschen erzählen, die in den Kroger-Filialen geheilt wurden. Niemand lehnte jemals mein Angebot ab, für Heilung zu beten, und fast jede Person, für die ich betete, ging in keine Gemeinde. Die meisten waren noch keine Christen, und doch war ich erstaunt, wie offen sie für Gebet waren.

In den Hauskreistreffen und Sonntagsgottesdiensten war die Situation eine andere. Einige Menschen wurden geheilt, aber viele nicht. Ich hatte mit dieser merkwürdigen Situation echte Probleme. Mir kam es vor, als stimmte etwas nicht an diesem Bild. Warum war es einfacher, Heilung unter den „glaubenden Ungläubigen" zu erleben als unter den „ungläubigen Gläubigen"?

Die Antwort auf diese Frage ist der Grundstein für Kapitel 4 („Ungläubige Gläubige und glaubende Ungläubige"). Darin gehe ich auf die Wurzel des Problems ein und stelle einige Faktoren vor, die dazu beigetragen haben, dass der Glaube der Menschen an Heilung zurückging. Bevor wir jedoch weitergehen, wollen wir uns noch ansehen, wie Bill von Gott in den Dienst der Erweckung und Heilung geführt wurde.

KAPITEL 2

Bills Geschichte

Bill

Ich bin Pastor in der fünften Generation väterlicherseits und in der vierten Generation mütterlicherseits. Meine drei Kinder sind nun die sechste Pastoren-Generation. Ich wuchs in einem sehr guten gläubigen Elternhaus auf und hatte damals eine gewisse Ehrfurcht vor Gott. So unattraktiv ich die Hölle fand, so ansprechend war für mich die Vergebung der Sünden. Und obwohl ich nie eine Phase der offenen Rebellion durchmachte, war ich auch nicht als leidenschaftlicher Nachfolger Jesu bekannt.

Der Gedanke, Pastor zu werden, kam mir nie in den Sinn. Ich machte mir nichts aus Menschenmengen, und vor Leuten zu sprechen machte mir Angst. Meine Eltern sprachen mit mir auch nie über diese Möglichkeit für meinen Lebensweg. Sie dachten, mein Bruder würde vielleicht Pastor werden, aber nicht ich. Ihr Ziel für mich war, dass ich es in den Himmel schaffen würde.

Am Ende meiner Schulzeit zogen wir vom Raum Los Angeles nach Redding in Kalifornien um. Meine Eltern nahmen dort die Pastorenstelle der Bethel-Gemeinde an. Die Jesus-People-Bewegung und die charismatische Bewegung waren gerade auf ihrem Höhepunkt. Wir schrieben das Jahr 1968.

Als der Heilige Geist im Jahr 1970 anfing, mächtig zu wirken, ging es richtig los in der Gemeinde in Redding. Während dieser Zeit kamen viele Gastsprecher zu uns. Ich war jedes Mal berührt, aber nie so sehr wie bei Mario Murillo. Vor unserem Umzug hatte er das Junior College in Redding besucht, was ihn in der Stadt sehr beliebt machte. Zudem wurde mein Dad ein enger persönlicher Freund und eine Ermutigung für ihn – so sehr, dass ich Mario 2004 bat, auf der Beerdigung meines Vaters zu sprechen. Er nannte meinen Vater seinen „Kompass".

Marios Botschaft war einfach: Gib dich Christus völlig hin. Er traf bei mir genau den richtigen Ton. Wenn er in der Stadt war, verpasste ich keine Veranstaltung. Obwohl ich noch nicht „mit Haut und Haaren dabei war", sprach er tief in mir drin etwas an. An einem Samstagabend gab ich Gott schließlich ganz allein mein Ja – das uneingeschränkte Ja. An diesem Abend veränderte sich alles für mich. Am nächsten Sonntagmorgen kam ich gewappnet mit Bibel und Notizbuch in der Hand in die Gemeinde, bereit zu lernen. Ich fing an, die Bibel und weitere Bücher zu verschlingen, besonders Bücher über Gebet. Mein Freund und Jugendpastor Chip Worthington versorgte mich unablässig mit Nachschub. Es waren eigentlich diese Bücher, die in mir einen Hunger nach Gottes Wort weckten. Wenn ich die Erkenntnisse verschiedener Autoren las, dachte ich: *Ich muss auch die Bibel studieren und lernen, zu dem zu gelangen, was sie haben.* Von meinem Verstand her hatte ich gewusst, dass Gott zu seinen Leuten durch sein Wort spricht, aber jetzt lernte ich es mit dem Herzen.

Normal vs. besonders

Ich liebte es, Mario Murillo in Aktion zu sehen. Er predigte mit einer sehr starken Vollmacht. Oft geschahen Wunder in seinen Veranstaltungen. Das Größte waren natürlich die Massenbekehrungen. Aber auch Wunderheilungen waren normal. Seine Worte der Erkenntnis waren das Eindrücklichste, was ich je erlebt hatte. Einmal sah ich, wie er auf eine Frau zeigte und sagte: „Sie haben einen Tumor genau hier in Ihrem Bauch." Er zeigte auf die betreffende Stelle an seinem eigenen Bauch. Dann sagte er ihr, sie habe davon noch nicht einmal ihrem Mann etwas erzählt. Wenn sie nun jedoch ihre Hand auf die Stelle legte, an der der Tumor sich befand, werde sie sehen, dass er verschwunden sei. Sie begann zu weinen, als sie merkte, dass ihr „geheimer Tumor" tatsächlich verschwunden war. Es erübrigt sich eigentlich zu sagen, dass sie von Gottes Kraft und Liebe völlig überwältigt war.

Mario wurde mir ein Vorbild. Er war mir vom Alter her näher als einige der anderen Geistlichen, die ich erlebt hatte, und es waren die vielen Leute bei seinen Veranstaltungen, die mich davon überzeugt hatten, dass ich Jesus mein ganzes Sein geben konnte. Die meisten waren junge Leute, die Jesus von ganzem Herzen liebten. Sie übten einen göttlichen Gruppenzwang aus. Aufgrund des Vorbilds der anderen um mich herum wurde mir klar, dass ich Gott von ganzem Herzen lieben konnte. Aber ich wusste auch, dass ein übernatürlicher Lebensstil für mich außer Reichweite lag. Ich wusste, dass Mario ein sehr besonderes Werkzeug Gottes war, während ich normal war – und daher für einen solchen Lebensstil nicht qualifiziert.

Ein paar mal erlebte ich auch Kathryn Kuhlmann – eine absolut großartige Erfahrung. Doch ich wusste, dass auch sie für Gott etwas sehr Besonderes war. Ihre Erfahrungen waren gewaltig und einzigartig, was mir aufzeigte, dass die Salbung, die sie hatte, nur für besondere Leute war.

Tief in mir war der Hunger nach einem vollmächtigen Evangelium angelegt, trotz meiner falschen Vorstellungen über einen vollmächtigen Dienst. Der Same hierfür war bereits früh in meinem Leben gelegt worden. Meine Großeltern mütterlicherseits lebten den größten Teil meines Lebens bei uns. 1901 und 1903 waren sie im Heiligen Geist getauft worden. Wunder waren für sie eine Normalität und sie erzählten mir viele Geschichten. Sie hatten eine beträchtliche Zeit lang von Aimee Semple McPersons Dienst profitiert. Mein Großvater hatte sogar alle möglichen speziellen Malerarbeiten in ihrem Haus durchgeführt. Neben normalen Malerarbeiten am Haus war er ein echter Künstler und bekannt für seine besondere Gestaltung von Decken und Ähnlichem. Er malte, während er als Pastor arbeitete, und auch in den Zeiten dazwischen.

Meine Großeltern erlebten auch den Dienst von Smith Wigglesworth. Opa liebte es, mir von diesen Zeiten zu erzählen, doch fügte er immer hinzu: „Nicht jeder liebte Wigglesworth." Smith war sehr kühn in seinem Eifer für Gott und seinem Hass gegenüber Krankheit. Natürlich liebt man ihn heute – weil er tot ist. Jetzt kann er niemanden mehr mit seinem extremen Verlangen, Gott mit seinem Glauben Freude zu machen, vor den Kopf stoßen. Auch das Volk Israel liebte all seine toten Propheten.

Ich dachte immer, diese geistlichen Vorbilder seien etwas Besonderes, während es nichts gab, was mich für ein Leben voller Wunder qualifizierte. Ich war in meinen Augen ungebildet, da ich weder eine Bibelschule oder ein theologisches Seminar besucht noch einen anerkannten College-Abschluss hatte. Ich war ein schlechter Schüler und infolgedessen fehlten mir viele der praktischen Fähigkeiten, die andere in meinem Alter typischerweise auszeichneten. Vor Menschenmengen konnte ich nicht sprechen, und offen gesagt, wollte ich es auch nicht. Aber ich hatte Gott mein absolutes Ja gegeben, was bedeutete, dass letztlich alles von mir gefordert werden konnte. Das war okay. Ich wäre nie auf die Idee gekommen, dass ich predigen könnte. Das steckte nicht in mir.

Eine noch wichtigere Rolle aber als der Mangel an Ausbildung oder dass ich niemand hatte, der mich in das Übernatürliche einführte, spielte für mich, dass ich nie etwas erlebt hatte, was ich eine vollmächtige Begegnung mit Gott nennen möchte. Fast jeder, dem ich begegnet war und der einen übernatürlichen Dienst hatte, konnte von einer besonderen Begegnung mit Gott erzählen, in dem seine *Berufung von Gott* erhielt. So etwas hatte ich nie erlebt. Nichts Vergleichbares. Ich war dankbar für die leise Stimme des Herrn und auch, dass er durch sein Wort zu mir sprach. Doch gab es nichts, was an meiner Beziehung mit Gott besonders oder eindrucksvoll war. Trotzdem betete ich ab und zu für die Kranken oder versuchte sogar, zu prophezeien. Doch es geschah nie etwas Bedeutendes. Ich versuchte angestrengt, von Gott etwas auf übernatürliche Weise zu hören, doch auch das nützte nichts. Dennoch liebte ich ihn sehr und Lobpreis sprudelte nur so aus mir heraus.

Ein Herz für den pastoralen Dienst

Unter der Leitung von Chip Worthington begannen wir irgendwann eine Straßenarbeit in Redding, um der Jugend unserer Stadt und einigen der Hippies zu dienen, die die Westküste entlang reisten. Auch waren wir eine Art Jüngerschaftsschule für die Jesus-People-Bewegung. Ich lebte damals im sogenannten „Salt House" (Salzhaus), einem Zentrum, in dem Bibelgruppen und missionarische Aktionen für junge Leute angeboten wurden. Ich stand morgens früh auf und ging abends spät ins Bett, um einfach nur zu beten. Ich verbrachte so eine beachtliche Zeit im Gebet, aber die Gebete drehten sich hauptsächlich um mich. Wie natürliche Kinder sind geistliche Kinder sehr selbstbezogen. Ich weiß, dass Gott meinen aufrichtigen Eifer, wie Christus zu sein, schätzte. Es sollte allerdings noch einige Zeit dauern, bis ich lernte, dass Transformation nicht geschieht, wenn man sich nach innen wendet.

Sehr viele von Dämonen geplagte Menschen fuhren zu dieser Zeit per Anhalter durch das Land, und es kam mir vor, als würden sie alle bei uns Station machen. Ich bemühte mich sehr darum, ihnen Befreiung zu bringen. Soweit ich mich erinnern kann, gab es aber nur eine Person, die frei wurde. Chip und seine Frau Linda beteten in einem Nebenraum für sie, während zehn oder fünfzehn von uns im Wohnzimmer Fürbitte taten. Damals erkannte ich nicht, dass der Mangel nicht auf Gottes Seite der Gleichung zu suchen ist, wenn unsere Erfahrungen nicht mit dem übereinstimmen, was die Bibel verheißt. Unser Bewusstsein für den Mangel ist für gewöhnlich das, was er benutzt, um uns in eine tiefere Erfahrung mit ihm zu ziehen. Aus dieser tieferen Erfahrung fließt echte Vollmacht.

Meine Jahre im „Salt House" machten mir bewusst, dass ich ein Herz für Menschen sowie den Wunsch zu lernen und zu lehren hatte. Es dauerte etwas, bis ich es mir eingestehen konnte, aber ich erkannte, dass ich das Herz eines Pastors hatte. Niemand war von dieser Entdeckung mehr überrascht als ich selbst. Bald übernahm ich andere Aufgaben, die mir die Chance gaben, herauszufinden, zu was ich berufen war. Die meisten dieser Aufgaben lagen in Bereichen, in denen ich nicht allzu gut war, aber die

Bethel-Gemeinde brauchte Hilfe und ich ließ es gern auf einen Versuch ankommen.

1978 lud man mich ein, Pastor der „Mountain Chapel" in Weaverville, Kalifornien, zu werden. Ich sagte zu meinem Vater, dem Hauptpastor in Redding, dass ich solch eine Einladung nicht annehmen würde, wenn sie als Beförderung verstanden würde. Das hatte für mich keinen Reiz. Für mich war allein von Bedeutung, dass das, was ich tat, Gottes Auftrag war und dass die Leiterschaft in Redding das anerkannte und mich und meine Familie aussandte. Das taten sie. Siebzehn wunderbare Jahre lang dienten wir in Weaverville.

Für meine Suche nach mehr war es hilfreich, John G. Lake zu lesen. Seine Einsichten in das geisterfüllte Leben sind die besten, die ich jemals irgendwo gesehen habe. Seine Erkenntnisse und Erlebnisse hinterließen bei mir einen tiefen Eindruck. Aber immer noch quälten mich Gefühle der Unzulänglichkeit. Meine vielen Gebete für andere schienen zu bestätigen, dass ich für Wunder nicht qualifiziert war. Niemals geschah etwas.

Und trotzdem verließ mich der Gedanke, dass Wunder Teil des Evangeliums waren, nicht. Wunder waren Teil der Schrift. Ich kämpfte mit dem Gedanken, ich sei nicht gut genug, um Wunder zu erleben. Doch der Ruf in meinem Herz nach einer vollmächtigen Ausdrucksform des Evangeliums wurde schließlich lauter als mein Ruf der Unzulänglichkeit. Manchmal müssen wir mehr Angst vor Mangel als vor Auswüchsen haben, wenn wir wirklich einen Durchbruch wollen.

Ich habe es schon erwähnt: Lobpreis und Anbetung waren der Ankerpunkt meines Lebens mit dem Herrn. Viele Jahre zuvor hatte mein Vater uns über Lobpreis gelehrt. Ich weiß noch, dass ich meinen Kopf zum Gebet neigte, nachdem er uns den Unterschied zwischen dem Dienst des inneren Vorhofs und dem Dienst des äußeren Vorhofs aufgezeigt hatte. Ich betete: „Gott, ich gebe dir den Rest meines Lebens, damit du mir beibringen kannst, wie mein Leben ein priesterlicher Dienst für dich sein kann."

In Weaverville lag die Gegenwart des Herrn sehr stark auf uns als ganzer Gemeinde. Wir dehnten unsere Zeiten immer mehr aus, in denen wir in unseren Gottesdiensten und Gebetstreffen Gott anbeteten und verherrlichten. Die Folge war, dass wir mit der

Salbung des Heiligen Geistes vertraut wurden. Dieser Zusammenhang mit der Gegenwart Gottes war später ein wichtiger Baustein in meinem Lernprozess, wie der Heilige Geist wirkt, wenn es um andere Dinge wie z.B. Heilung oder Prophetie geht.

Der große Download

Den größten Durchbruch in meinem Dienst erlebte ich 1987, als ich an zwei von John Wimber initiierten Konferenzen teilnahm. Dabei entmutigte mich der erste sogar etwas. Ich hatte schon an vielen großartigen Konferenzen teilgenommen, aber auf dieser hörte ich zum ersten Mal nichts Neues. Gott hatte mir wirklich eine Falle gestellt. Jede Lehre, die ich in dieser Woche hörte, hatte ich zuvor schon einmal selbst gehalten bis hin zu einigen der verwendeten Beispiele und Geschichten. Es war so komisch. Ich hatte gedacht, die Beispiele stammten ursprünglich von mir. Dieser entmutigende Teil brachte mich schließlich dem Durchbruch näher: Ich fuhr nach der Konferenz mit der Erkenntnis nach Hause, dass meine Theologie in Ordnung war, dass aber diese Sprecher Erfahrungen über das vorweisen konnten, was sie glaubten.

Während der Konferenz legte John Wimber zu keiner Zeit anderen die Hände für eine Gabenübertragung auf, und dennoch wurde etwas auf uns übertragen. Als ich nach Hause kam, wusste ich, dass es an der Zeit war, „Anspruch zu erheben" auf das, was ich glaubte. Meine Risikobereitschaft musste in Einklang mit der Kühnheit meiner Glaubensüberzeugungen gebracht werden, und ohne mir dessen bewusst zu sein, war ich mit einem größeren Mut zu Risiken nach Hause gekommen. Ich ging sie ein, und sofort veränderte sich mein Dienst.

Jetzt war alles anders. Ich beschloss, unter der Woche einen Kurs über Heilung anzubieten. Obwohl mir bewusst war, dass ich nun wirklich kein Experte darin war, wusste ich, dass man bekommt, was man predigt. Wir sahen uns Videoaufnahmen an und versuchten, das nachzumachen, was wir sahen. Die Lehrer auf den Videos waren völlig unterschiedlich: Charles und Francis Hunter, John Wimber und Mario Murillo. Wenn wir von jemandem hörten, der eine Heilungssalbung besaß, ahmten wir ihn nach. Ich erinnere mich noch an die Geschichte über einen berühmten Musiker. Er sagte, seine Versuche, neue und originelle Musik zu schreiben, hätten völlig fehlgeschlagen, bis er sich wieder mit dem beschäftigte, was andere erfahrene Musiker geschrieben hatten. Manchmal finden wir durch die Nachahmung anderer heraus, wie unsere Gabe funktioniert.

Zum ersten Mal in meinem Leben als Christ erlebte ich, dass Wunder in unserer Gemeinde geschahen. Es war dramatisch und aufregend. Es war genau das, wovon ich gelesen hatte und was immer so lang her oder weit weg erschienen war. Jetzt passierte es bei mir! Und es geschah fast ohne großes Trara. Es schien, als hätte ich den Schlüssel gefunden, der das Unmögliche möglich machte, aber ich hätte nicht sagen können, worin er bestand. Ich wusste nur, dass jetzt alles anders war. Obwohl ich nie wie andere den „Ruf-Gottes"-Moment gehabt hatte, hatte ich doch die Aufforderung der Schrift, die Kranken gesund zu machen (vgl. Mt 10,8). Und das war genug.

Das erste große Wunder, bei dem Gott mich gebrauchte, geschah sogar an einem öffentlichen Ort. Es war in einem Geschäft, dessen Besitzer ich kannte. Er erzählte mir, er wäre aufgrund seiner schlimmen Arthritis gezwungen, in Rente zu gehen. Er konnte seine Werkzeuge nicht mehr richtig halten oder die Kartons aus den Regalen holen. Als wir uns unterhielten, waren noch andere Leute im Geschäft, sodass ich nicht das Gefühl hatte, jetzt für ihn beten zu können. Ich kehrte noch einmal zu ihm zurück, als der Laden leer war. Als nur wir zwei anwesend waren, kam er noch einmal auf seine Krankheit zu sprechen. Diesmal sagte ich ihm, ich glaubte, Gott wolle ihn heilen, und fragte, ob ich für ihn beten dürfe. Er war einverstanden. Ich legte meine Hände auf seine Hände und Ellenbogen, lud den Heiligen Geist ein zu kommen (wie John Wimber es mir vorgemacht hatte) und befahl der Arthritis zu verschwinden. Sie verschwand. Der Besitzer des Ladens war schockiert – völlig schockiert. Und ich genauso! Dies war der Beginn des Durchbruchs.

Der Toronto-Effekt

Bei weiteren Menschen setzte Heilung ein. Ab und zu gingen Leute unter der Kraft Gottes zu Boden, wenn ich für sie betete. Dies war eine ganz neue Erfahrung. Am meisten ermutigte mich, dass unter denen, die Heilung empfingen, auch Kinder waren. Heilung sprang auf die Straßen unserer Stadt über. Eines der stärksten Treffen, an denen ich bis zum heutigen Tag teilgenommen habe, fand mit einigen Dutzend Kindern zwischen fünf und zwölf Jahren statt. Der Heilige Geist kam mit solcher Macht, dass ein achtjähriger Junge ein paar Stunden lang nicht mehr sprechen konnte. Seine Mutter rief uns ganz aufgelöst an und fragte, was geschehen sei. Sie erzählte, ihm würden jedes Mal die Tränen kommen, wenn der Name Jesus erwähnt werde. Ich sagte ihr, ihr Sohn würde eine Berührung von Gott erleben und sie solle einfach beobachten, was Gott tue. Die Sprachlosigkeit des Jungen hielt nur eine Nacht an, aber sie prägte ihn für sein ganzes Leben.

Während der nächsten neun Jahre – zwischen 1987 und 1995 – kam und ging diese Ausgießung des Heiligen Geistes. Ich wusste nicht, wie man sie am Brennen halten oder zum Wachstum anregen konnte. Damals erkannte ich nicht, dass es zur Zeit des Alten Testaments immer Gott war, der das Feuer auf dem Altar entzündete, dass es aber die Priester waren, die es am Brennen hielten – und dass somit auch jede Erweckung durch Gott beginnt, aber durch den Menschen endet. Mir war nie der Gedanke gekommen, dass ich eine Rolle dabei spielte, eine Bewegung Gottes zu erhalten und zu verstärken. Irgendwie dachte ich, es sei Gottes souveräne Entscheidung, wenn etwas zu Ende ging. Seitdem habe ich erkannt, dass der Souveränität Gottes das Ende vieler großartiger Dinge zugeschrieben wird.

Unsere Gemeindefamilie wuchs in der Salbung für Heilung und verschiedene Arten des geisterfüllten Dienstes. Der Lobpreis wurde noch vollmächtiger. Auch der prophetische Charakter der Gemeinde verstärkte sich erheblich, vor allem, seit Kris Vallotton begonnen hatte, den prophetischen Ruf Gottes für sein Leben wahrzunehmen und auszuleben.

Irgendwann hörte ich davon, dass Gott auch in einer Gemeinde in Toronto in Kanada mächtig am Wirken war, und traf Vorbereitungen, sie im Februar 1995 zu besuchen. Was ich sah, überwältigte mich. Das Meiste davon war bereits 1987 auch in unserer kleinen Gemeinde geschehen, aber Gott unter Tausenden von Menschen wirken zu sehen, ist etwas völlig anderes. Es war die totale

Reizüberflutung. Wenn ich meine Augen schloss, konnte ich erkennen, dass es derselbe Heilige Geist war, den wir in Weaverville vollmächtig in unserer Mitte hatten wirken sehen. Während meiner Tage in Toronto übte ich mich darin, die Augen zu schließen und so alles auszublenden, was ich sah, damit ich die Gegenwart, die den Raum erfüllte, neu entdecken konnte. Manchmal sehen wir mit geschlossenen Augen mehr.

Auf dem Weg nach Toronto hatte ich gebetet: „Gott, wenn du mich wieder berührst, werde ich nie wieder das Thema wechseln. Ich werde nicht das, was du tust, dem hinzufügen, was wir tun. Ich werde das, was du tust, zu unserer einzigen Agenda machen." Dieses Gebet entsprang der Erkenntnis, dass einige Dinge nur enden, weil wir nicht zu den Menschen werden, die er benötigt, um uns noch mehr zu geben. Ich wollte mehr, und jedes Mal, wenn in Toronto Gebet angeboten wurde, ergriff ich die Gelegenheit. In der Tat erhielt ich am ersten Abend gleich fünfmal Gebet. Im Scherz sage ich oft, selbst wenn sie einen Aufruf für schwangere schwarze Pastorenfrauen gemacht hätten, wäre ich nach vorne gegangen. Tatsächlich ist das recht nah an der Wahrheit. Ich *musste* einfach von Gott berührt werden.

Trotz all der Gebete geschah nichts Bedeutendes – zumindest nichts, was ich bemerkt hätte. Ich hatte die Geschichten von Leuten gehört, die während ihres Besuchs in Toronto tiefe Begegnungen mit Gott erlebt hatten. Es schien, als würden viele Tausende mächtig berührt. Doch auch ohne diese Erfahrung war ich dankbar. Ich wusste, ich befand mich mitten in etwas, von dem ich zuvor nur gelesen hatte.

Obwohl ich zuvor miterlebt hatte, dass Gott bei uns zu Hause mächtig gewirkt hatte und dass sogar einige Wunder passiert waren, wusste ich nun, dass es noch so viel mehr gab. Eine heilige Unzufriedenheit erfasste mich. Kürzlich sagte mir Mario Murillo, dass auf die gleiche Weise, wie Hannas Unfruchtbarkeit von Gott gebraucht wurde, um in ihr eine verzweifelte Sehnsucht nach einem Durchbruch zu bewirken – einem Kind (vgl. 1 Sam 1) –, Gott meine geistliche Unfruchtbarkeit gebraucht habe, um in mir eine Leidenschaft für das Unmögliche zu entfachen. Diese Art von Leidenschaft habe dazu geführt, dass Hanna für ihr Kind bereit und befähigt war, und auf die gleiche Weise habe sie mich auf genau das vorbereitet, wonach ich mich sehnte. Ich glaube, damit hat Mario recht. Gott formte mich durch Hunger. In Sprüche 27,7 heißt es: *„Der Satte tritt Honig mit Füßen; aber dem Hungrigen ist alles Bittere süß."* Viele Menschen verpassen das Wirken Gottes, weil sie nicht hungrig genug sind. Nur die Verzweifelten glauben, dass eine unvollkommene, mit Fehlern behaftete Bewegung Gottes etwas Wunderbares ist. Hungernde halten einen Brotkrumen für eine Mahlzeit, doch die meisten Menschen scheinen sich ein Wirken Gottes ohne Probleme oder Durcheinander zu wünschen. Aber Bewegungen Gottes geschehen nicht auf diese Art.

Das Unscheinbare ergreifen – und mehr

Während meiner Tage in Toronto erlebte ich die Gegenwart Gottes so lieblich, so friedvoll. Die Begegnung anderer mit Gott schien fast schon gewaltsam zu sein, dagegen mutete meine Erfahrung eher ereignislos an. Aber sie war real und sie genügte. Manche Antworten kommen in Form eines Samenkorns: *„... eine Wolke, so klein wie die Hand eines Mannes"* (1 Kön 18,44). Ich dankte Gott und sagte ihm, ich würde mein Leben gerne für die Ausgießung des Geistes aufgeben.

Nach meiner Rückkehr begann die Ausgießung fast augenblicklich. Und doch war es ein kaum wahrnehmbarer Anstieg, fast wie meine Erfahrung in Toronto. Ich fing an, Tag und Nacht zum Herrn zu rufen. Das ging acht Monate lang. Mein Gebet lautete: „Gott, ich will um jeden Preis mehr von dir! Ich werde jeden Preis bezahlen!" Manchmal weckte ich mich sogar selbst auf, weil ich (im Schlaf) betete. In meinem Herzen war eine solch starke Sehnsucht nach mehr. Dies war Hannas Last für das Unmögliche – eine unerklärliche Last, mit der ich nicht so recht umzugehen wusste.

Im Oktober 1995 hatte ich eine Begegnung mit Gott, die mein Leben für immer prägen sollte. Dick Joyce, ein lieber Freund und Prophet, diente in unserer Gemeinde in Weaverville. Wir waren gemeinsam nach Toronto gereist. Obwohl er bereits seit Jahren vollmächtig gedient hatte, verliehen ihm die Erfahrungen dort zusätzlich eine neue Frische. Die Treffen, die er bei uns abhielt, waren wirklich verrückt. Es war sozusagen Toronto in den Bergen von Kalifornien. Im ganzen Saal erlebten die Leute schnelle und dramatische Veränderungen. An einem Abend kam ich erst sehr spät ins Bett, was in solchen Zeiten normal ist. Ich schlief tief und fest, als ich mit einem Mal hellwach wurde mit einem Gefühl, als strömten Tausende Volt durch meinen Körper. Ich sah auf die Uhr und es war Punkt 3 Uhr. Interessanterweise hatte ich am Abend zuvor für einen Freund gebetet und ihm gesagt, ich hätte den Eindruck, Gott werde ihn überraschen. Es könne mitten am Tag geschehen oder auch mitten in der Nacht. Ich hatte gesagt, es könne auch um 3 Uhr morgens geschehen. Sobald ich also die Uhr sah, erinnerte ich mich an meine Worte und sagte: „Gott, du hast mich reingelegt!" Meine Arme und Beine schossen in lautlosen Explosionen nach oben bzw. unten, während diese Kraft durch meine Hände und Füße freigesetzt zu werden schien. Je mehr ich versuchte, es zu stoppen, desto intensiver wurde es. Ich dachte sogar, dass durch diese Kraft „eine Sicherung in meinem Körper durchgebrannt war" und ich mich womöglich nie wieder davon erholen würde. Das klingt jetzt vielleicht komisch, aber darin bestand in diesem Moment meine Angst.

Einige der wichtigsten Dinge, die wir erleben, sind anderen am schwierigsten zu erklären. Dennoch sind sie ohne Zweifel von Gott. Mir war diese Erfahrung peinlich und ich spürte, wie ich rot wurde. Ich hatte keine Kontrolle über meinen Körper. Ich konnte meinen Kopf zwar von einer Seite zur anderen bewegen, aber das war auch das Einzige. Es war herrlich, aber nicht angenehm.

Während diese unkontrollierbare elektrische Kraft durch meinen Körper floss, kamen mir bestimmte Szenen in den Kopf. In der ersten sah ich mich bei dem Versuch, in diesem Zustand zu unserer Gemeinde zu sprechen, und erkannte dabei, dass niemand glauben würde, es sei von Gott. In der nächsten Szene sah ich mich vor meinem Lieblingsrestaurant in der Stadt. Die ganze Stadt würde mich auslachen. Ich sah aus, als hätte ich ernste körperliche und seelische Probleme. Dann erinnerte ich mich daran, dass Jakob mit dem Engel gekämpft und den Rest seines Lebens gehinkt hatte. Maria hatte eine Begegnung, von der nicht einmal Joseph glaubte, dass sie von Gott war. Ein Engel musste ihn davon überzeugen, dass der Geist Gottes wirklich über sie gekommen war und sie das Jesuskind zur Welt bringen würde. Während ihres ganzen Lebens haftete an Maria das Stigma der „Mutter eines unehelichen Kindes".

Interessanterweise wird sie in der Schrift *Begnadete* genannt. Doch manchmal bewirken Gnade oder Gunst vom Himmel Probleme auf der Erde.

Ich fragte mich wirklich, ob ich jemals wieder wie ein normales menschliches Wesen funktionieren würde. Es schien, als würde ich den Rest meines Lebens im Bett verbringen müssen, wenn ich in dieser Erfahrung Gott mein Ja gäbe. Die Tränen strömten mir die Wangen herunter, während er mir „den Preis" für mehr vor Augen führte. Ich gab mich voller Freude hin und rief: „Mehr, Gott. Mehr! Ich brauche um jeden Preis mehr von dir! Wenn ich mein Ansehen verliere und stattdessen dich bekomme, tausche ich gern. Gib mir nur mehr von dir!"

Die Wellen von Kraft hörten nicht auf. Sie hielten die ganze Nacht an, während ich weinte und betete: „Mehr, Herr, mehr. Bitte gib mir mehr von dir." Dann, um 6:38 Uhr, hörte es auf. Ich stand auf und war vollkommen erfrischt. Diese Erfahrung wiederholte sich die nächsten beiden Nächte und begann jeweils nur Augenblicke, nachdem ich mich ins Bett gelegt hatte.

Keiner meiner Freunde hätte gesagt, dass Menschenfurcht für mich ein Problem dargestellt hätte. Über die Jahre hatte ich mehrere schwierige Entscheidungen getroffen, die deutlich machten, dass ich Gott und nicht Menschen fürchtete. Aber Gott sah, was sich wirklich in mir verändern musste, damit er mir das *Mehr* anvertrauen konnte, um das ich ihn gebeten hatte. Ich keine Ahnung, was mir und meiner Familie in den nächsten Monaten bevorstand. Dieses Ja zu Gott machte das, was folgte, viel leichter.

Die Bethel-Gemeinde und Randy Clark

Die Bethel-Gemeinde in Redding, also die Gemeinde, die uns nach Weaverville ausgesandt hatte, war in dieser Zeit ohne Pastor. Die Leute dort baten uns, zurück zu unserer „Muttergemeinde" zu kommen. Dies geschah nur wenige Monate nach diesen nächtlichen Begegnungen. Die Leiter der Gemeinde hatten von der Ausgießung in der „Mountain Chapel" gehört, und weil sie großen Hunger nach Erweckung hatten, wollten sie, dass wir kommen. Wir nahmen die Einladung unter der einen Bedingung an: Ich war für Erweckung geboren – dies war nicht verhandelbar. Erweckung musste in den Herzen der Menschen sein und die Leiterschaft musste dies uneingeschränkt unterstützen. Sie sagten ja.

Als wir nach Bethel kamen, begann die Ausgießung beinahe sofort. Doch sie begann klein, fast wieder wie in Samenform. Die Gemeinde war müde von den hinter ihnen liegenden acht Monaten ohne Pastor. An einem Sonntagabend bat ich alle, zum Gebet nach vorn zu kommen. Ich lud den Heiligen Geist ein, in Kraft auf sie zu kommen, und das tat er. Er kam vollmächtig auf eine Person. Meine Frau Beni und ich sahen uns an und sagten: „Wir haben es. Nun kann es niemand mehr aufhalten!"

Manchmal warten wir darauf, dass Dinge reifen und ausgewachsen sind, bevor wir sie als das anerkennen, was sie sind. Ein Apfel, der gerade zu wachsen beginnt, ist genauso ein Apfel wie einer, den man bereits essen kann. Er braucht nur Zeit. Wenn wir Dinge in ihrem Anfangsstadium ehren, werden wir erleben, dass mehr Dinge zur Reife kommen. In der Schrift heißt es, dass wir den Tag kleiner Dinge nicht verachten sollen, da der Herr sich über den Anfang eines Werkes freut (vgl. Sach 4,10).

Diese Ausgießung nahm während der folgenden Wochen enorm zu. Heilung wurde zu einem normalen Teil davon. Zahlreiche Wunder und Befreiungen geschahen während des Lobpreises oder während der Gebetszeiten à la Toronto. Während der Predigt an einem Sonntagmorgen war ein Mann völlig frustriert, weil seine Bibel so verschwommen aussah. Als er nach Hause kam, nahm er seine Brille ab und stellte fest, dass er geheilt worden war und sie nicht mehr brauchte.

Eine Frau hatte Speiseröhrenkrebs. Während des Lobpreises wurden ihre Hände heiß. Sie wertete es als Zeichen und sagte zu ihrem Mann, Gott habe sie gerade geheilt. Als sie zum Arzt ging, sagte er ihr, dass diese Art von Krebs nicht verschwinden würde. Aber als er sie untersuchte, stellte er fest, dass sie nicht nur keinen Krebs, sondern eine ganz neue Speiseröhre hatte.

Solche Dinge geschahen nun regelmäßig. Einmal erlebten wir, wie innerhalb von acht Wochen sechs Fälle von Krebs oder Tumoren verschwanden. Für uns war das etwas Gewaltiges, insbesondere weil wir uns nicht auf Heilung konzentrierten. Wir merkten mit der Zeit, dass einige der Dinge, für die wir so hart arbeiten, in Wirklichkeit mit der Gegenwart Gottes einhergehen. Um eine

Zunahme an Zeichen und Wundern zu erleben, ist es am besten, wenn wir Raum dafür schaffen, dass Gott tun kann, was er möchte, und uns dann mit ihm eins machen.

Randy Clark, mein Co-Autor, prägte entscheidend mit, in welche Richtung unsere Gemeinde sich während dieses Wirkens Gottes entwickelte. Ich hatte ihn viele Male in Videos aus Toronto gesehen, war ihm aber zuvor noch nie selbst begegnet. Ich wusste, dass ich ihn treffen musste, und ein gemeinsamer Freund arrangierte dies für uns bei einer seiner Konferenzen, zu der Beni und ich flogen. Wir hatten zwanzig Minuten für unser Treffen mit Randy vor seinem nächsten Termin, einem Abendessen mit einem der Sprecher. Ich sagte ihm, ich wolle die Salbung, die auf seinem Leben läge. Er erwähnte, dass es am letzten Abend der Konferenz die Gelegenheit dazu geben würde. Ich erzählte ihm auch von den Wundern, die wir erlebten, und dass wir ihn gern bei uns in Redding zu Gast hätten. Er sagte zu.

Am letzten Abend dieser Konferenz kam es zu einer großartigen Zeit der Gabenübertragung. Nachdem Randy mir die Hände aufgelegt hatte, lag ich eine erhebliche Zeit am Boden. Ich genoss die Gegenwart Gottes und bat ihn, noch tiefer in mir zu wirken. Gott hat versprochen, über unser Bitten und Verstehen hinaus zu wirken, aber alles „gemäß der Kraft, die in uns wirkt" (Eph 3,20). Damit er beständig über unser Bitten und Verstehen hinaus wirken kann, müssen wir ihm erlauben, *tief* in uns wirken.

Randy kam 1997 für vier Tage nach Redding. Vor seinem Kommen waren wöchentlich Wunder geschehen, doch während der vier Tage, in denen er bei uns war, wurden mehr als vierhundert Menschen geheilt. Das war mehr, als er je in einem solchen Zeitraum in den Vereinigten Staaten erlebt hatte. Ein Grundstein war gelegt worden, der die Richtung für uns als Gemeinde und schließlich auch für unsere Jüngerschaftsschule bestimmte.

Heute

Heilungen und Wunder gehören für uns heute zum Alltag. Ich freue mich sehr darüber. Die Mehrzahl davon geschieht in der Öffentlichkeit. Jesus heilte zwar nicht alle, die zu seiner Zeit lebten, aber er heilte alle, die zu ihm kamen. Sein Standard ist der einzige, dem es sich nachzueifern lohnt.

Da wir im Bereich der Wunder einen gewissen Ruf bekommen haben, fliegen jede Woche Menschen nach Redding in der Hoffnung, dass Gott sie berührt. Manchmal besuchen einige Hundert Menschen Bethel, alle mit großen Nöten. Ich freue mich, sagen zu können, dass viele uns gesund und heil wieder verlassen. Doch viele verlassen uns auch im selben Zustand, in dem sie gekommen sind. Ich weigere mich, Gott dafür verantwortlich zu machen, als hätte er eine Absicht mit ihrer Krankheit. Und ich weigere mich auch, den Maßstab der Bibel auf meine Erfahrungsebene herabzusetzen, damit ich mich gut fühlen kann. Es geht mir nicht darum, mich gut zu fühlen. Mir geht es darum, wie Jesus zu sein. Ich muss ihn exakt repräsentieren, bis ich ihn exakt *re-präsentieren* kann. Und schließlich lasse ich nicht zu, dass Schuld oder Scham mein Leben aufgrund eines offensichtlichen Mangels auf meiner Seite der Gleichung bestimmen. Wenn wir „selbst-zentriert" werden, wirkt das der Salbung entgegen, die er auf uns legt, um andere mit seiner Gnade zu berühren.

Man sagt oft, dass Heilung rätselhaft ist. Dem stimme ich zu. Aber Jesus ist nicht kompliziert. Er drückte seinen Willen sehr einfach aus: „*Wie im Himmel, so auf Erden*" (Mt 6,10). Wenn Menschen zu mir kommen, um geheilt zu werden, und so gehen, wie sie gekommen sind, bete ich Folgendes: „*Vater, sie kamen zu mir in der Erwartung, Jesus zu begegnen, und alles, was sie trafen, war ich. Keinen von uns hat das beeindruckt. Du musst tiefer in mir wirken, sodass die großen Mengen, wenn sie zu uns kommen, mehr als eine Begegnung mit Bill haben.*"

All dies begann damit, dass wir nicht-öffentlich (im Privaten) zu Gott gerufen haben und öffentlich Risiken eingegangen sind. Diese beiden Dinge sind in Bezug auf Heilung wesentlich, und das hat sich in all den Jahren nie verändert. Persönlich Verantwortung dafür zu übernehmen, das Unmögliche zu tun, ist die einzige Art, wie ich wirklich meiner Verantwortung gerecht werde, Jesus zu repräsentieren. In Matthäus 10,8 forderte Jesus uns nicht auf, für die Kranken zu *beten*. Er wies uns an, sie zu *heilen*.

TEIL 2

Heilung theologisch betrachtet

Der Dienst des Heilens gründet sich – sowohl in der Vergangenheit als auch in der Gegenwart – auf ein festes biblisches und theologisches Fundament. Wir befassen uns intensiv mit den biblischen Wahrheiten und den theologischen Grundlagen für den Glauben, dass die Gaben der Heilung auch heute noch die gute Nachricht von Gottes Reich veranschaulichen. Wir erörtern zudem zahlreiche Erkenntnisse über Heilung, die andere von der Zeit der Urgemeinde bis ins letzte Jahrhundert hinein gut dargelegt haben. Diese werden durch einige neue Einsichten von unserer Seite ergänzt.

KAPITEL 3

Die Gaben des Geistes heute

Randy

Eines Tages betete meine Frau DeAnne für unseren Sohn Joshua. Er war zu diesem Zeitpunkt nur drei Jahre alt und hatte einen Asthma-Anfall. Sie betete mit großer Ernsthaftigkeit, da wir ihn einmal aufgrund solch eines Anfalls fast verloren hatten, zumindest hatte uns das die Oberschwester der Lungenstation am Kinderkrankenhaus von St.-Louis gesagt. Damals hatten sich seine Lippen blau gefärbt und er hatte die Kontrolle über seine Blase verloren. Die Schwester sagte uns, das Nächste wäre ein Herzstillstand gewesen. Von da an nahmen wir Asthma-Anfälle sehr ernst. Über Jahre hinweg wachten wir nachts um 3 Uhr auf, weil Josh wieder einen Anfall hatte.

An dem besagten Tag schaute er DeAnne an und sagte: „Bete nicht so, Mami. Bete auf die andere Art!"

Sie fragte: „Was meinst du?"

Josh entgegnete: „Du weißt schon, Mami – wenn du Worte benutzt, die ich nicht verstehe."

DeAnne fragte: „Warum, Josh?"

Er erwiderte: „Weil es besser funktioniert."

Etwa dreizehn Jahre später erlebte ich mein erstes schöpferisches Wunder, als eine Frau von fortgeschrittenem Parkinson geheilt wurde. Da ich gerade unterwegs war, rief ich DeAnne am nächsten Morgen an, um ihr von dem Wunder zu erzählen. Bevor ich irgendetwas sagen konnte, fragte sie: „Gestern ist bei dir etwas sehr Gewaltiges passiert, stimmt's?"

Ich sagte: „Ja, ein unglaubliches Wunder. Aber woher wusstest du das?"

DeAnne entgegnete: „Geschah es um Mitternacht herum?"

„Ja, genau!", antwortete ich. „Woher wusstest du das?"

DeAnne erzählte mir von ihrem Erlebnis mit unserem jüngsten Sohn Jeremiah, der zu diesem Zeitpunkt zwischen ein und zwei Jahren alt war. Etwa um Mitternacht war er schreiend aufgewacht und es schien, als hätte er schreckliche Ohrenschmerzen. DeAnne wachte mit ihm bis 5 Uhr morgens. Sie erzählte mir, solange sie in Zungen gebetet habe, habe er nicht geweint, doch immer dann, wenn sie ins Englische wechselte, sei der Schmerz so schlimm geworden, dass er wieder zu weinen begann.

Wenn wir einen großen geistlichen Durchbruch erlebten, war es mehr als einmal passiert, dass ein Gegenangriff in irgendeiner Form auf uns kam. Geistliche Kampfführung ist real, und als Familie sind wir immer darauf vorbereitet, sie durchzustehen. Deshalb waren Jeremiahs Ohrenschmerzen für DeAnne ein Hinweis darauf, dass ich eine großartige Heilung erlebt hatte. Es war auch das einzige Mal, dass er während seiner Kindheit Ohrenschmerzen hatte!

Diese beiden Geschichten sind keine theologischen oder biblischen Argumente dafür, dass die Zungenrede heute existiert, und ich versuche nicht, irgendjemanden dazu zu bringen, in Zungen zu reden. Ich wollte Ihnen damit lediglich den praktischen, nicht den theologischen Wert einer Gabe des Heiligen Geistes vor Augen führen und darauf hinweisen, wie hilfreich diese Gabe für meine Frau und meine Söhne gewesen war. Ich glaube nicht, dass man in Zungen beten muss, um mit dem Heiligen Geist erfüllt oder getauft zu sein, aber ich glaube, dass diese Gabe praktische Anwendungen hat. Seit fast vierzig Jahren spreche ich mittlerweile in Zungen und habe dabei festgestellt, dass es eine nützliche Gabe ist, die mir im Leben und bei Problemen weiterhilft.

Was ich damit sagen will: In diesem Kapitel geht es mir darum, dass wir verstehen, dass die Gaben der Segen von Gottes Kraft sind, um uns im Leben zu helfen. Sie sind Zeichen für das Einbrechen seines Reiches und sie helfen, seine Herrschaft aufzurichten, indem die Mächte der Finsternis, Krankheit und Dämonie zurückgedrängt werden. Ein „Einbrechen des Reiches" geschieht, wenn die Kraft Gottes auf der Erde freigesetzt wird, um Zeichen, Wunder oder Heilung geschehen zu lassen. Hierbei manifestiert der Heilige Geist das Königreich Gottes auf der Erde. Es ist ein konkretes Beispiel dafür, dass „das Haus des Starken geplündert wird" (vgl. Lk 11,17-22), aufgrund dessen, dass Jesus den Teufel durch seine Kreuzigung, Auferstehung, Himmelfahrt und die Ausgießung des Heiligen Geistes besiegt hat.

Die Frage, die sich uns hier stellt, ist, ob es die „Zeichen-Gaben"[1] – also die Zungensprache, die Auslegung der Zungensprache, Prophetie, Gaben der Heilung und das Wirken von Wundern – immer noch gibt. Viele stellen im theologischen Sinn die Frage, ob die „Zeichen-Gaben" für Christen heute verfügbar und wirksam sein sollten oder nicht. Durch meine beiden einführenden Geschichten ist klar, dass ich glaube, dass sie es sind. Sie haben einen großen Wert, genauso wie die anderen Gaben des Geistes.

Diese Frage lässt sich u. a. dadurch klären, dass man fragt, ob die Zeichen-Gaben als Beweis oder zum Nutzen gegeben wurden. Besteht ihr Sinn und Zweck darin, die Botschaft der Apostel zu bestätigen oder sollen sie den Menschen selbst als Teil der Guten Nachricht helfen? Anders gesagt: *Belegen sie das Evangelium oder bringen sie es zum Ausdruck? Bestätigen sie die richtige Lehre oder offenbaren sie die Barmherzigkeit Gottes?*

Ich glaube, dass diese Gaben Teil des Evangeliums sind und zeigen sollen, dass das Reich Gottes nahe ist. Sie offenbaren Gottes Barmherzigkeit und Liebe für sein Volk und sind daher mehr zu unserem Nutzen denn als Beweis für die richtige Lehre gedacht. Ich glaube, sie sind sichtbare Belege der Gnade Gottes und einer von ihm kommenden Befähigung.

Vielen Christen wurde beigebracht, nicht daran zu glauben, dass die „Zeichen-Gaben" für heute gedacht sind. Warum? Weil ihre Pastoren entweder als Liberale ausgebildet wurden, die nicht an das Übernatürliche glauben – Punkt – oder weil sie als „Cessationisten"

---

[1] Engl.: „sign gifts"; dieser Begriff wird in Kapitel 4 näher erläutert.

ausgebildet wurden, d.h. sie glauben, dass Gott aufgehört hat, Wunder zu tun, nachdem der Kanon der Bibel festgelegt worden war. Die letztere Ansicht basiert auf dem Ansatz, dass der Zweck der Wunder darin bestand, dem, was die Apostel schrieben, Glaubwürdigkeit zu verleihen und somit auch die Bibel zu rechtfertigen, weil die Wunder im Leben der Apostel, die das Neue Testament schrieben, auftraten. Das Problem dieses Ansatzes ist, dass ein großer Teil des Neuen Testaments nicht von den Aposteln geschrieben wurde und dass viele Apostel gar nicht am Schreiben des Neuen Testaments beteiligt waren. Daher ergibt es keinen Sinn, die Schriften der Apostel durch beweiserhebliche Wunder für rechtens zu erklären, da diese nur etwas mehr als die Hälfte des Neuen Testaments umfassen. Auf diesen Umstand verwies Dr. Jon Ruthven in einer E-Mail an mich, nachdem er die Autorenschaft des Neuen Testaments untersucht hatte. Um zu bestimmen, welcher Anteil von den Aposteln geschrieben wurde, nahm er sich den griechischen Text des Neuen Testaments vor und strich Verszählung, hinzugefügte Überschriften usw. heraus, sodass nur der eigentliche Text übrig blieb. Nach der konservativsten Zählweise – bei der das Matthäusevangelium, die Pastoralbriefe und die Offenbarung als „apostolisch" oder direkt von Aposteln geschrieben angesehen werden – ergab sich Folgendes:

- Die Apostel schrieben 81.628 Worte oder 59 Prozent des Neuen Testaments.
- Nicht-Apostel schrieben 56.392 Worte oder 41 Prozent des Neuen Testaments.

Dr. Ruthven fragte sich – wie ich –, warum von den etwa 89 Aposteln, die im Neuen Testament aufgelistet werden (die 72, die in Lukas 10 in Verbform „apostoliert" werden, eingerechnet) nur drei oder vier die Bibel schrieben, wenn ihre Hauptaufgabe darin bestand, die Bibel zu schreiben? Warum eigentlich wurde ein so großer Anteil am Verfassen des Neuen Testaments Nicht-Aposteln anvertraut?

Ich behaupte, dass die Wunder und Heilungen nicht dazu dienen sollen, etwas zu beweisen oder die Schriften der Apostel zu bestätigen. Weder das Neue Testament selbst noch die Art seiner Entstehung stützen diese Lehre. Die Zeichen und Wunder geschahen, weil

Gott abermals das Schreien seines Volkes vernahm und sie von ihren Zuchtmeistern befreite – diesmal nicht von den ägyptischen Zuchtmeistern, sondern den Dämonen und Krankheiten. Denn Jesus kam, um Menschen freizusetzen, alle, die *„von dem Teufel überwältigt waren"* (Apg 10,38). Aus diesem Grund bekräftigte der britische neutestamentliche Forscher Alan Richardson vor Jahren in seinem Buch *The Miracle Stories of the Gospel* (Die Geschichten von Wundern im Evangelium): „Wunderheilungen sind sozusagen symbolische Beispiele für Gottes Vergebung in Aktion" (SCM Press, 1941, 61-62).

In diesem Kapitel werden wir die Bibel auf drei Fragen untersuchen. Erstens: Lehrt die Bibel, dass die Zeichen-Gaben unbefristet sind und bis zu Jesu Wiederkehr anhalten, oder war vorgesehen, dass diese Gaben mit dem Tod der Apostel oder der Fertigstellung der Bibel enden? Zweitens: Wie wichtig ist Vollmacht bzw. Kraft für das tatsächliche Predigen des Evangeliums? Und drittens: Waren die Apostel die einzigen im Neuen Testament, die Zeichen und Wunder wirkten? Lassen Sie uns gute Beröaner sein (vgl. Apg 17,11) und untersuchen, was die Bibel über diese Dinge lehrt.

Als Randnotiz für diejenigen, die daran interessiert sind, sofort etwas über das Wirken und den praktischen Einsatz der Gaben zu lesen: Sie können direkt mit Teil 3 dieses Buches fortfahren, in dem wir uns mit den konkreten „Wie-Fragen" von Heilung beschäftigen. Danach können Sie zu dem wichtigen Kapitel hier zurückkehren. Auf den folgenden Seiten lege ich ein biblisches Fundament für Heilung. Ich führe auch vor Augen, wie die Kirche sich im Verlauf der Geschichte von einer biblischen Sicht der „Zeichen-Gaben" entfernt hat mit dem Ergebnis, dass wir heute so viele ungläubige Gläubige haben. Auf der einen Seite die Bibel und auf der anderen Seite die Kirchengeschichte zu studieren, wird uns dabei helfen, unser Denken wieder in die richtige Richtung zu lenken. Wir können unseren Glauben an Heilung zurückgewinnen und erkennen, dass die „Zeichen-Gaben" für uns heute gedacht sind – und für jeden Tag bis zum zweiten Kommen Jesu.

Die Gaben sind unbefristet

Zuerst wollen wir uns die Bibelstellen ansehen, die darauf hinzu-
deuten scheinen, dass die Gaben – alle von ihnen – fortbestehen,
bis Jesus zurückkehrt und sein Reich auf der Erde vollendet.

Matthäus 28,18–20 ist eine der wichtigsten:

> *Und Jesus trat zu ihnen und redete mit ihnen und sprach: „Mir
> ist alle Macht gegeben im Himmel und auf Erden. Geht nun hin
> und macht alle Nationen zu Jüngern, und tauft sie auf den Na-
> men des Vaters und des Sohnes und des Heiligen Geistes, und
> lehrt sie alles zu bewahren, was ich euch geboten habe! Und
> siehe, ich bin bei euch alle Tage bis zur Vollendung des Zeital-
> ters."*

Dieser Abschnitt deutet darauf hin, dass Menschen, die Christen
geworden sind, darin unterrichtet werden sollen, das zu tun, was
Jesus seinen Jüngern beigebracht hatte. Die Liste wird davon angeführt, die Kranken zu heilen und Dämonen auszutreiben, und
nichts deutet darauf hin, dass diese Dinge nur getan werden sollten, bis der Kanon der Bibel festgelegt worden war. Solange wir
im Namen des Vaters, des Sohnes und des Heiligen Geistes taufen,
sollen wir auch damit fortfahren, die Neugetauften darin zu lehren, die Kranken zu heilen und Dämonen auszutreiben.

Die Gleichnisse vom Reich Gottes, die Jesus in Matthäus 13 erzählt, scheinen die Ansichten des Dispensationalismus[2] zu entschärfen, der die Gemeinde der Endzeit als lauwarm statt siegreich ansieht. Jedes Gleichnis – der Sämann und der Same, das
Senfkorn und besonders der Sauerteig – vermittelt das beständige
Wachstum von Gottes Reich. Nirgends wird angedeutet, das Königreich würde voller Kraft und mit großem Wachstum beginnen,
aber dann schwächeln und seine Gnadenenergien – die Gaben des
Geistes – verlieren.

Römer 11,29 (EU) lehrt eindeutig: *„... unwiderruflich sind Gnade und Berufung, die Gott gewährt"* – das Gegenteil des Cessationismus[3]. Bei Luther heißt es, sie sind *„unreubar"*. Damit ist gemeint,

---

[2] Mehr dazu in Kapitel 4.
[3] Mehr dazu ebenfalls in Kapitel 4.

dass Gott seine Meinung nicht ändert. Er teilt sie nicht einmal aus, um sie dann wieder zurückzunehmen.

In 1. Korinther 1,7 heißt es: *„Daher habt ihr an keiner Gnadengabe Mangel, während ihr das Offenbarwerden unseres Herrn Jesus Christus erwartet."* Da Paulus sagt, dass Christen an „keiner" Gabe Mangel haben sollen, während sie auf die Offenbarung Jesu Christi warten, ist dies ein eindeutiger biblischer Beleg dafür, an das Fortbestehen der Gaben zu glauben bis Jesus wiederkommt.

In 1. Korinther 13,10 heißt es: *„Wenn aber das Vollkommene kommt, wird das, was stückweise ist, weggetan werden."* Mich erstaunt, dass dieser Vers sowohl von Cessationisten als auch von Nicht-Cessationisten angeführt wird. Die Cessationisten sagen, dass sich das Erscheinen des „Vollkommenen" auf die Fertigstellung der Bibel bezieht. Die Nicht-Cessationisten sagen – im Einklang mit dem einmütigen Zeugnis der ersten Kirchenväter –, dass sich das „Vollkommene" auf das zweite Kommen Jesu bezieht.

Epheser 3,14-21 richtet sich an Christen, die bereits Buße getan haben, in Christus getauft wurden und den Heiligen Geist empfangen haben. Er kam in sie hinein und gab ihnen Leben:

Deshalb beuge ich meine Knie vor dem Vater, von dem jede Vaterschaft in den Himmeln und auf Erden benannt wird: Er gebe euch nach dem Reichtum seiner Herrlichkeit, mit Kraft gestärkt zu werden durch seinen Geist an dem inneren Menschen; dass der Christus durch den Glauben in euren Herzen wohne und ihr in Liebe gewurzelt und gegründet seid, damit ihr imstande seid, mit allen Heiligen völlig zu erfassen, was die Breite und Länge und Höhe und Tiefe ist, und zu erkennen die die Erkenntnis übersteigende Liebe des Christus, damit ihr erfüllt werdet zur ganzen Fülle Gottes.

Dem aber, der über alles hinaus zu tun vermag, über die Maßen mehr, als wir erbitten oder erdenken, gemäß der Kraft, die in uns wirkt, ihm sei die Herrlichkeit in der Gemeinde und in Christus Jesus auf alle Geschlechter hin von Ewigkeit zu Ewigkeit! Amen.

Paulus betet, dass Gott die Gläubigen mit Kraft durch seinen Geist an dem inneren Menschen stärkt. Er möchte, dass Christen *„Kraft"* haben und *„erfüllt werden zur ganzen Fülle Gottes"*. Für eine solche Erfahrung ist es unverzichtbar, *„die die Erkenntnis über-steigende Liebe"* zu kennen (Verse 18-19). Wie könnten wir zur ganzen Fülle Gottes erfüllt werden, wenn er einen Teil seiner Gnadengaben wegnimmt? Wären wir nicht weniger als erfüllt, wenn er etwas von sich selbst, seiner Kraft und seinen Gaben von uns nähme?

Paulus' Verständnis von Gottes Fähigkeit, zu unseren Gunsten zu wirken, ist erstaunlich. Erstens kann Gott *„über die Maßen mehr [tun], als wir erbitten oder erdenken"*. Zweitens erfolgt dieses Wirken *„gemäß der Kraft, die in uns wirkt"* (Vers 20). Gott offenbart seine Kraft durch uns hauptsächlich dadurch, dass wir uns im Glauben darin üben, seine Anweisungen zu *hören* und ihnen zu *gehorchen*. Der Einsatz der Gaben ist im Wesentlichen (wenn auch nicht vollständig) durch Hören und Gehorchen bedingt. Drittens wird Gott dadurch verherrlicht, und zwar (viertens) sowohl in der Gemeinde als auch in Christus Jesus. Wie lange soll dieser Zustand in der Gemeinde und in Christus Jesus anhalten? Bis wir die vollständige Bibel haben? Nein! Wir sollen erwarten, dass diese Kraft ihn *„auf alle Geschlechter hin"* verherrlicht, *„von Ewigkeit zu Ewigkeit!"* (Vers 21).

Wenn man versteht, dass für Paulus *Herrlichkeit* und *Kraft* gleichbedeutend sind und dass der vorrangige Weg, durch den Gott in der Bibel verherrlicht wurde, Zeichen, Wunder und Heilungen waren, erkennt man, warum es notwendig ist, dass all diese Gaben bis zu Jesu Wiederkehr fortbestehen. In Johannes 2,11 erläutert Johannes außerdem den Zusammenhang zwischen *Kraft* und *Herrlichkeit*, als er von dem Wunder spricht, das Jesus in Kana tat: *„Diesen Anfang der Zeichen machte Jesus zu Kana in Galiläa und offenbarte seine Herrlichkeit; und seine Jünger glaubten an ihn."* Ich habe ein Wortstudium zu diesem Thema durchgeführt und dabei entdeckt, dass Heilungen, Zeichen und Wunder in der Tat der vorrangige Weg waren, durch den Gott Ehre erhielt bzw. seinen Namen verherrlichte.

In Epheser 4,7-13 werden sowohl die Dauer als auch der Zweck der Dienstgaben benannt:

Jedem Einzelnen von uns aber ist die Gnade nach dem Maß der Gabe Christi gegeben worden. Darum heißt es: „Hinaufgestiegen

in die Höhe, hat er Gefangene gefangen geführt und den Men-
schen Gaben gegeben." ... Und er hat die einen als Apostel ge-
geben und andere als Propheten, andere als Evangelisten, an-
dere als Hirten und Lehrer, zur Ausrüstung der Heiligen für das
*Werk des Dienstes, für die Erbauung des Leibes Christi, **bis wir***
alle hingelangen zur Einheit des Glaubens und der Erkenntnis des
Sohnes Gottes, zur vollen Mannesreife, zum Maß der vollen Reife
***Christi** [Hervorhebung durch den Autor].*

Dieser Abschnitt lehrt uns, dass die Dienstgaben der Apostel, Propheten, Evangelisten, Pastoren und Lehrer fortbestehen, bis wir
alle eins und reif sind und die Fülle Christi erreicht haben (Vers
13). Damit ist die Dauer dieser Dienstgaben festgelegt. Wie sieht
es jedoch mit ihrem Zweck aus? Vers 12 besagt, dass sie gegeben
wurden, um uns auszurüsten für das Werk des Dienstes, sodass die
Gemeinde auferbaut werden kann. Dafür besteht auch noch in
der heutigen Gemeinde Notwendigkeit.

In Epheser 4,30 heißt es: *„Und betrübt nicht den Heiligen Geist*
Gottes, mit dem ihr versiegelt worden seid auf den Tag der Erlö-
sung hin!" Das Siegel des Heiligen Geistes ist gültig bis zum Tag
der Erlösung. Ich glaube, dass wir ihn betrüben können, indem wir
nicht auf ihn hören, ihn ignorieren oder seine Gaben, seine Gnadengeschenke an uns, nicht ausüben. (Wenn ich Ihnen ein Geschenk geben wollte und Sie es ablehnten, würde das sicher meinen Geist betrüben.)

In Epheser 5,18 (REÜ) heißt es: *„Berauscht euch nicht mit Wein*
– das macht zügellos –, sondern lasst euch vom Geist erfüllen!"
Das Wort „erfüllen" steht hier in einer Zeitform, die eigentlich
„lasst euch ständig erfüllen" bedeutet. Wir stellen fest, dass diejenigen, die im Neuen Testament als „Männer voll des Heiligen
Geistes" beschrieben werden, auch diejenigen sind, die Zeichen,
Wunder und Heilungen wirkten. Dies traf besonders auf Stephanus und Philippus zu, die ausgewählt wurden, weil sie voll des
Heiligen Geistes waren.

In Epheser 6 werden wir aufgefordert, die ganze Waffenrüstung Gottes anzulegen. In Vers 10 steht die Ermahnung: *„Werdet*
stark im Herrn und in der Macht seiner Stärke!" Damit einher geht
die Aufforderung: *„Mit allem Gebet und Flehen betet zu jeder*

Zeit im Geist, und wachet hierzu in allem Anhalten und Flehen für alle Heiligen" (Vers 18). Um im Herrn stark zu sein, muss man die ganze Waffenrüstung Gottes anlegen und im Geist beten. Viele Kommentatoren glauben, dass mit diesem Beten im Geist das Zungengebet gemeint sein könnte.

Philipper 1,9-11 offenbart das innere Wirken des Heiligen Geistes in unserem Leben, das uns Frucht bringen lässt:

Und um dieses bete ich, dass eure Liebe noch mehr und mehr überreich werde in Erkenntnis und aller Einsicht, damit ihr prüft, worauf es ankommt, damit ihr lauter und unanstößig seid auf den Tag Christi, erfüllt mit der Frucht der Gerechtigkeit, die durch Jesus Christus gewirkt wird, zur Herrlichkeit und zum Lobpreis Gottes.

Diese Verse beginnen damit, dass unsere Liebe uns für immer mehr *„Erkenntnis und Einsicht"* aufschließt (Vers 9). Diese Liebe ist eine Frucht des Heiligen Geistes und wird immer zuerst genannt, weil sie die erste Priorität und die größte Bedeutung hat. Vieles ist unternommen worden, um die Frucht als bessere Alternative zu den Gaben erscheinen zu lassen. Aber in der Schrift werden sowohl die Gaben als auch die Frucht dem Geist zugeschrieben. Ich glaube, dass diese *„Erkenntnis"* von ihm kommt. Und diese *„[tiefe] Einsicht"* ist Einsicht in seinen Willen und seine Wege. Wie Paulus an anderen Stellen erwähnt, wird sie durch den Geist vermittelt und bringt uns dazu, *„zu prüfen, worauf es ankommt"*. Sie veranlasst uns auch, rein und heilig zu leben. Dieser Zustand soll weitergehen bis zum *„Tag Christi"* – dies ist ein Bezug auf sein zweites Kommen (Vers 10). Bis zu diesem Tag sollen wir, wie es in Vers 11 heißt, *„erfüllt [sein] mit der Frucht der Gerechtigkeit, die durch Jesus Christus gewirkt wird"*. Diese Frucht besteht zum einen aus den Tugenden in Galater 5, zum anderen aus der Frucht der Kraft Gottes, die wirksam wird in Zeichen, Wundern, Wunderwirkungen, Heilungen, Prophetie, Worten der Erkenntnis, Worten der Weisheit, Unterscheidung der Geister und den Gaben des Glaubens, der Zungenrede und der Auslegung von Zungenrede.

„Frucht der Gerechtigkeit" bezieht sich nicht auf Gerechtigkeit an sich oder auf übertragene Gerechtigkeit. Sie bezieht sich auch

nicht auf das, was wir bei unserer Erlösung erlebt haben. Die Frucht der Gerechtigkeit, von der Vers 11 spricht, kann man auch folgendermaßen sehen: *Herrlichkeit* entspricht *Kraft,* und *Frucht* entspricht sowohl den übernatürlichen Taten, die Jesus in Johannes 15 nennt, als auch den Tugenden, die Paulus in Galater 5,22-23 aufzählt. Paulus stellt in diesem Abschnitt auch fest, dass diese Früchte der Gerechtigkeit Gott durch Jesus Christus verherrlichen und verehren. In Johannes 15 spricht Jesus nicht von Tugenden, sondern von Frucht, die aus den übernatürlichen Taten derer besteht, die (später) seine Jünger sein werden. Diejenigen, die bevollmächtigt worden sind, den Vater in Jesu Namen zu bitten, würden in der Lage sein, viel Frucht zu bringen, und dadurch den Vater verherrlichen. Die ganze Rede im Obergemach, die in Johannes Kapitel 14–16 festgehalten ist, offenbart, dass sowohl der Vater als auch der Sohn durch die Glaubenstaten der Nachfolger Jesu verherrlicht werden. Sowohl Paulus als auch Jesus bringen *Frucht* also damit in Verbindung, dass Gott verherrlicht wird – wie es durch die Frucht der übernatürlichen Taten durch die Jünger geschieht. Dennoch glaube ich, dass wir *Frucht* oft unter dem Aspekt von Galater 5 lesen, wo es um moralische Eigenschaften geht. Wir sollten aber bei *Frucht* auch an vollmächtige Gaben und Taten denken.

Auch Jakobus 5,16 (NL) stellt die Verbindung zwischen Paulus' „Frucht der Gerechtigkeit" und Kraft her: *„Bekennt einander eure Schuld und betet füreinander, damit ihr geheilt werdet. Das [inständige] Gebet eines gerechten Menschen hat große Macht und kann viel bewirken."* Auch wenn sich der vorherige Abschnitt in Jakobus mit moralischen Eigenschaften beschäftigt, geht es in diesem Abschnitt eindeutig nicht um moralische Eigenschaften von Gerechtigkeit, sondern um die Kraft des Gebets eines gerechten Menschen, Heilung zu bewirken. Dies wird unterstützt durch den sofort darauf folgenden Bezug von Jakobus auf den Propheten Elia, der den Himmel verschloss, sodass es nicht regnete, bis er erneut um Regen betete (vgl. Jak 5,17-18). Damit sollte klargestellt sein, welche Bedeutung Jakobus 5,13-16 im Gegensatz zu Jakobus 3,17 hat, wo *Frucht* sich eindeutig auf gerechtes moralisches Verhalten bezieht.

Durch Jesus Christus werden Christen ermächtigt, die Werke der Gerechtigkeit zu tun – Heilung, Zeichen und Wunder. Das ist die Frucht, von der Jesus in Johannes 15,8 sprach, als er sagte: *„Hierin wird mein Vater verherrlicht, dass ihr viel Frucht bringt und meine Jünger werdet."* Jesus und der Vater sind durch den Heiligen Geist in den Christen. Durch größere Vertrautheit mit Gott nimmt unsere Liebe zu und ebenfalls die persönliche Offenbarung von Gottes Willen durch den Heiligen Geist. Dies ist das Hauptthema von Johannes 15,1-8 und der Kapitel 14-16 im Johannesevangelium als Ganzem.

Zusammenfassend meint die „Frucht der Gerechtigkeit" Tugenden *und* übernatürliche Werke, Wunder und Heilungen. Dies alles kommt durch den Heiligen Geist. Wie kommt es zu übernatürlichen Werken, Wundern und Heilungen? Durch Vertrautheit mit Gott: Man erhält Einsicht und Erkenntnis von Gott selbst, nicht durch eine Lehre oder Theologie. Indem wir seine Wege immer besser verstehen und damit vertraut werden, wie er mit uns redet, werden diese Offenbarungen zur Quelle unseres Glaubens, durch den wir Früchte der Gerechtigkeit hervorbringen. Es ist kein *Entweder-oder* – Tugenden oder Früchte, die aus Machttaten bestehen –, sondern ein *Sowohl-als-auch*. Wie in Jakobus dargestellt, finden wir nicht das eine oder andere, sondern sowohl Tugend als auch Kraft. Gläubige legen *sowohl* Tugenden an den Tag *als auch* Früchte der Gerechtigkeit, die in vollmächtigen Taten bestehen.

In Kolosser 1,9-12 sehen wir in Paulus' Gebeten erneut sein tiefes Verlangen danach, dass Christen persönlich Gott erkennen und die Kraft Gottes erfahren:

*Deshalb hören auch wir nicht auf, von dem Tag an, da wir es gehört haben, für euch zu beten und zu bitten, dass ihr mit der **Erkenntnis seines Willens** erfüllt werdet **in aller Weisheit und geistlichem Verständnis,** um des Herrn würdig zu wandeln zu allem Wohlgefallen, **fruchtbringend in jedem guten Werk und wachsend durch die Erkenntnis Gottes, gekräftigt mit aller Kraft** nach der Macht seiner Herrlichkeit, zu allem Ausharren und aller Langmut, mit Freuden dem Vater danksagend, der euch fähig gemacht hat zum Anteil am Erbe der Heiligen im Licht* [Hervorhebung durch den Autor].

Auch hier sehen wir, dass die Erkenntnis von Gottes Willen an *„Weisheit und geistliches Verständnis"* (Vers 9) gebunden ist. Könnte sich dies auf die Gaben des Wortes der Weisheit und des Wortes der Erkenntnis beziehen? Wie führen wir ein Leben, das des Herrn würdig und ihm in jeder Hinsicht wohlgefällig ist? Indem wir *„Frucht bringen in jedem guten Werk"* (Vers 10). Wie bringen wir Frucht in jedem guten Werk? Dies geschieht, indem wir *„wachsen durch die Erkenntnis Gottes"* (Vers 10). Wir dürfen das Wissen *über* Gott nicht damit verwechseln, Gott *zu kennen*. Dies sind zwei völlig unterschiedliche Dinge. Ich kann eine Menge *über* eine Person wissen, aber sie trotzdem nicht *kennen*. Wie werden wir *„gekräftigt mit aller Kraft nach der Macht seiner Herrlichkeit"* (Vers 11)? Wieder gilt: Durch den Erwerb geistlicher Weisheit und Einsicht, die aus unserem Studium der Bibel *und* der praktischen Erfahrung, heute mit Gott zu reden und von ihm zu hören, kommen. Wie Jesus in Johannes 10,27 sagte: *„Meine Schafe hören meine Stimme."*

In 1. Thessalonicher 1,4-8 heißt es:

Und wir kennen, von Gott geliebte Brüder, eure Auserwählung; denn unser Evangelium erging an euch nicht im Wort allein, **sondern auch in Kraft und im Heiligen Geist und in großer Gewissheit;** *ihr wisst ja, als was für Leute wir um euretwillen unter euch auftraten. Und ihr seid unsere Nachahmer geworden und die des Herrn, indem ihr das Wort in viel Bedrängnis mit Freude des Heiligen Geistes aufgenommen habt, sodass ihr allen Gläubigen in Mazedonien und in Achaja zu Vorbildern geworden seid. Denn von euch aus ist das Wort des Herrn erschollen, nicht allein in Mazedonien und in Achaja, sondern an jeden Ort ist euer Glaube an Gott hinausgedrungen, sodass wir nicht nötig haben, etwas zu sagen* [Hervorhebung durch den Autor].

Die Kraft, auf die hier Bezug genommen wird, wurde oft als die tiefe Überführung von Sünde interpretiert, die in Zeiten großer Erweckung zu sehen war. Doch damit stimme ich nicht überein, denn im gleichen Satz führt Paulus Kraft, den Heiligen Geist und große Gewissheit an. *Kraft* mit *tiefer Überführung* gleichzusetzen, ist überflüssig und scheint dem Text hier nicht gerecht zu werden. *Kraft* bezieht sich viel wahrscheinlicher auf die Kraft für Heilung,

Zeichen und Wunder. Diese Kraft, die die Thessalonicher selbst erlebten, befähigte sie, Paulus und sein Team von Aposteln sowie Jesus selbst nachzuahmen. Auf diese Weise waren sie fähig, die Botschaft des Herrn überall zu verkündigen, nicht nur in Mazedonien und Achaja. Zu diesem Evangelium, das sie verkündigten, gehörten nicht nur Versöhnung, Vergebung und übertragene Gerechtigkeit, sondern auch, dass die Kraft Gottes zur Verfügung stand, weil das Reich Gottes nahe gekommen war. Daher sollten sie diese Kraft bzw. Vollmacht ausüben, weil sie mit Christus in der Himmelswelt saßen und ihnen alle Autorität verliehen worden war. Sehen Sie sich 1. Thessalonicher 5,16-24 an:

> *Freut euch allezeit! Betet unablässig! Sagt in allem Dank! Denn dies ist der Wille Gottes in Christus Jesus für euch.*
> *Den Geist löscht nicht aus!* **Weissagungen verachtet nicht,** *prüft aber alles, das Gute haltet fest! Von aller Art des Bösen haltet euch fern!*
> *Er selbst aber, der Gott des Friedens, heilige euch völlig; und vollständig möge euer Geist und Seele und Leib untadelig bewahrt werden bei der Ankunft unseres Herrn Jesus Christus!*
> *Treu ist, der euch beruft; er wird es auch tun* [Hervorhebung durch den Autor].

Ich glaube, dass die Ermahnung „Weissagungen verachtet nicht" bedeutet, dass nicht jede Prophetie den gleichen Wert oder die gleiche Salbung besitzt. Einige sind nicht so vollmächtig wie andere. Die schwachen Prophetien waren diejenigen, die verachtetet werden konnten. Darüber hinaus ist der Kontext dieser Verse „bei der Ankunft unseres Herrn Jesus Christus". In 2. Thessalonicher 1,11-12 (REÜ) heißt es:

> *Darum beten wir auch immer für euch, dass unser Gott euch eurer Berufung würdig mache und* **in seiner Macht allen Willen zum Guten und jedes Werk des Glaubens vollende. So soll der Name Jesu, unseres Herrn, in euch verherrlicht werden und ihr in ihm,** *durch die Gnade unseres Gottes und Herrn Jesus Christus.* [Hervorhebung durch den Autor].

Wieder sehen wir den engen Zusammenhang zwischen der Verherrlichung des Namens des Herrn in uns und dass der Herr durch seine Macht all unseren Willen zum Guten und jedes Werk unseres Glaubens vollendet. Dieser *Wille zum Guten* und die *Werke* lassen sich viel natürlicher den Kategorien der Dienst- und Machttaten zuordnen als der Kategorie der moralischen Eigenschaften. Und der *Glaube,* auf den hier Bezug genommen wird, ist nach wie vor Glaube gemäß der von Gott gegebenen Gnade. Das ist die Bedeutung des Wortes *charismata* („Gaben") in der Bibel: „Gnadengaben" oder „Gnadengeschenke". Dieser Glaube ist eine Gabe und ist die Folge dessen, dass Gott uns etwas persönlich offenbart. Wir sprechen über das, was wir glauben, aber unser Glaube kommt aus unserer Beziehung zu ihm und unserer Offenbarung von ihm. Manchmal haben wir Glauben, weil wir in bestimmten Bereichen seine Treue erlebt haben, daher haben wir heute häufig auch ohne ein Wort der Erkenntnis oder eine Prophetie den Glauben für übernatürliche Kraft. In anderen Situationen haben wir Glauben, der als die Gabe des Glaubens auftritt. Und in wieder anderen Situationen hängt unser Glaube mit der Offenbarung durch ein Wort der Erkenntnis oder ein prophetisches Wort zusammen. Für wie lange ist die Anwendung dieser Verse gültig? Solange es wichtig ist, dass *„der Name des Herrn Jesus durch uns verherrlicht wird"*.

Betrachten wir Hebräer 2,4: „Auch Gott selbst hat dies bezeugt durch Zeichen und Wunder, durch machtvolle Taten aller Art und Gaben des Heiligen Geistes, nach seinem Willen." „Dies" bezieht sich auf die Botschaft des Reiches Gottes, und die Gaben waren ein wesentlicher Bestandteil des Reiches. Sie bestätigten die Botschaft, nicht den Botschafter. Solange die Botschaft weitergegeben werden muss, müssen auch die Gaben von Gott gegeben werden. Heute ist es die Kraft der Zeichen-Gaben, die Ungläubige dazu veranlasst, umzukehren und an die Botschaft zu glauben. Dies trifft besonders auf nichtchristliche Kulturen zu, vor allem auf Muslime, Hinduisten und Buddhisten.

Professor Ramsay MacMullen legt in seinem Buch *Christianizing the Roman Empire: a. d. 100–400*[4] dar, dass es die Kraft, in Jesu Namen zu heilen und zu befreien, war, die die Anhänger anderer

---

[4] Ramsay MacMullen, *Christianizing the Roman Empire: A.D. 100–400* (Die Christianisierung des Römischen Imperiums: 100–400 v. Chr.), Yale University Press, 1986.

Religionen im Römischen Reich veranlasste, ihre alten Religionen zu verlassen und zu Christus zu kommen (vgl. S. 4; 25). Dies war ihr Hauptanlass zur Bekehrung. Sie glaubten aufgrund des vollmächtigen Dienstes in der Autorität Jesu an die Botschaft, und aufgrund der Kraft der Gaben, die in seinem Namen wirkten. Ich habe entdeckt, dass dies auch heute noch zutrifft. Eine Reihe von Missionaren haben mir gesagt, dass keiner der Missionare, die auf der Sinaihalbinsel leben, einen Muslimen zum Glauben geführt hat, bevor dieser Muslim nicht eine Heilung, ein Wunder, einen Traum, eine Vision oder eine Offenbarung von Jesus gesehen hatte.

1. Petrus 1,3-5 zeigt, dass Gottes Kraft uns bewahren soll bis zur Rettung, die in der letzten Zeit offenbart wird:

> *Gepriesen sei der Gott und Vater unseres Herrn Jesus Christus, der nach seiner großen Barmherzigkeit uns wiedergeboren hat zu einer lebendigen Hoffnung durch die Auferstehung Jesu Christi aus den Toten zu einem unvergänglichen und unbefleckten und unverwelklichen Erbteil, das in den Himmeln aufbewahrt ist für euch, die ihr in der Kraft Gottes **durch Glauben bewahrt werdet zur Rettung, die bereitsteht, in der letzten Zeit offenbart zu werden** [Hervorhebung durch den Autor].*

In 1. Petrus 4,7–11 sieht Petrus das Ende der Zeit bald kommen. Er schreibt:

> *Es ist aber nahe gekommen das Ende aller Dinge. Seid nun besonnen und seid nüchtern zum Gebet! Vor allen Dingen aber habt untereinander eine anhaltende Liebe! Denn die Liebe bedeckt eine Menge von Sünden. Seid gastfrei gegeneinander ohne Murren! Wie jeder eine Gnadengabe empfangen hat, so dient damit einander als gute Verwalter der verschiedenartigen Gnade Gottes! Wenn jemand redet, so rede er es als Aussprüche Gottes; wenn jemand dient, so sei es als aus der Kraft, die Gott darreicht, damit in allem Gott verherrlicht werde durch Jesus Christus, dem die Herrlichkeit ist und die Macht von Ewigkeit zu Ewigkeit! Amen.*

Petrus ermahnt uns in Vers 10, dass jeder von uns die Gabe, die er empfangen hat, gebrauchen soll, um anderen zu dienen, und

Gottes Gnade in ihren verschiedenen Formen treu verwalten soll. Die verschiedenen Gaben spiegeln verschiedene Formen der Gnade wider. Wenn man deshalb sagt, einige der Gaben hätten aufgehört, wäre das so gesehen das Gleiche wie zu sagen, etwas von Gottes Gnade habe aufgehört. Nichts in diesem Text deutet darauf hin, dass diese Formen der Gnade Gottes vor dem Ende der Zeit aufhören sollten.

In 1. Johannes 2,26-28 schreibt Johannes über eine Salbung von Gott, die in uns bleiben soll:

> Dies habe ich euch im Blick auf die geschrieben, die euch verführen. Und ihr? **Die Salbung, die ihr von ihm empfangen habt, bleibt in euch,** und ihr habt nicht nötig, dass euch jemand belehre, sondern wie seine Salbung euch über alles belehrt, **so ist es auch wahr und keine Lüge.** Und wie sie euch belehrt hat, so bleibt in ihm! Und nun, Kinder, bleibt in ihm, **damit wir, wenn er offenbart werden wird, Freimütigkeit haben und nicht vor ihm beschämt werden bei seiner Ankunft!** [Hervorhebung durch den Autor]

Diese Salbung kann uns über alles belehren. Sie ist echt, keine Fälschung. Der Sinnzusammenhang dieser Stelle besteht darin, in ihm zu bleiben, sodass wir zuversichtlich und nicht vor ihm beschämt sind bei seiner Ankunft – ein Verweis auf sein zweites Kommen. Nichts in diesem Abschnitt oder seinem Kontext deutet darauf hin, dass eine Zeit kommen wird, in der wir diese Salbung nicht mehr benötigen bzw. in der sie von uns weggenommen wird.

Kraft und Proklamation gehen Hand in Hand

Bis hierhin habe ich in diesem Kapitel viele biblische Gründe für den Glauben daran aufgezeigt, dass es Gottes Absicht war, die Gaben bis zu Jesu zweitem Kommen fortbestehen zu lassen. Nun wollen wir die Schrift näher betrachten, um zu sehen, wie wichtig die Dimension der *Vollmacht* für die eigentliche Verkündigung des Evangeliums war. Die folgenden Verse zeigen einer nach dem anderen die zentrale Stellung der Vollmacht für den missionarischen Auftrag der Gemeinde.

Sowohl Matthäus 22,29 als auch Markus 12,24 halten Jesu Bemerkung gegenüber einigen zweifelnden Sadduzäern fest – sie *„irrten"*, weil sie *„weder die Schriften noch die Kraft Gottes"* kannten. Diese Parallelstellen zeigen zwei Arten von Irrtum auf – die Schriften nicht zu kennen und die Kraft Gottes nicht zu kennen.

In Lukas 9,1 ruft Jesus die Zwölf zusammen und gibt ihnen Kraft und Autorität, alle Arten von Dämonen auszutreiben und Krankheiten zu heilen. In Lukas 10 kehren die zweiundsiebzig, die er ausgesandt hat, voller Freude zurück und sagen: *„Herr, auch die Dämonen sind uns untertan in deinem Namen"* (Vers 17).

Darauf erwidert Jesus: *„Ich schaute den Satan wie einen Blitz vom Himmel fallen. Siehe, ich habe euch die Macht gegeben, auf Schlangen und Skorpione zu treten, und über die ganze Kraft des Feindes, und nichts soll euch schaden. Doch darüber freut euch nicht, dass euch die Geister untertan sind; freut euch aber, dass eure Namen in den Himmeln angeschrieben sind!"* (Verse 18-20).

Sowohl die Zwölf als auch die Zweiundsiebzig waren bevollmächtigt, Menschen zu heilen und Dämonen auszutreiben. Aber noch wichtiger war, dass sie sich darüber freuten, dass ihre Namen im Himmel geschrieben stehen. Diese Aufträge sind wichtig für unser Verständnis des Missionsbefehls, dem wir uns auch noch zuwenden werden.

Zwei Verse verknüpfen Kraft, die Verheißung des Vaters und die Ausgießung des Heiligen Geistes miteinander. In Lukas 24,49 (NEÜ) heißt es: *„Was mein Vater euch versprochen hat, werde ich zu euch herabsenden. Bleibt so lange hier in der Stadt, bis ihr mit der Kraft aus der Höhe ausgerüstet worden seid."* In Apostelgeschichte 1,8 steht: *„Aber ihr werdet Kraft empfangen, wenn der Heilige Geist auf euch gekommen ist; und ihr werdet meine Zeugen sein, sowohl in Jerusalem als auch in ganz Judäa und Samaria und bis an das Ende der Erde."* Man sagt, dass es Hunderte von Versprechen in der Bibel gibt, aber nur eine „Verheißung des Vaters". Das größte Versprechen und bedeutendste Erbe ist die Verheißung der Kraft. Die Orthodoxen würden es so ausdrücken: Die Kraft wird durch die Energien Gottes bekannt gemacht. Auch Paulus spricht in Kolosser 1,29 von der *„Energie"* (griechisch *energeia*) Gottes, die in ihm wirkt. Diese Energien sind die Gaben des

Heiligen Geistes. Die Taufe mit dem Heiligen Geistes ist das Paradebeispiel dafür.

In Apostelgeschichte 3,12 hilft uns Petrus zu sehen, dass die Kraft, die in uns wirkt, nicht unsere Kraft ist. Wir stehen in einem Abhängigkeitsverhältnis. Petrus fragte die Menschenmenge, die erstaunt war über die Heilung des Bettlers am Tempeleingang: *„Männer von Israel, was verwundert ihr euch hierüber, oder was seht ihr so gespannt auf uns, als hätten wir aus eigener Kraft oder Frömmigkeit bewirkt, dass er gehen kann?"* Wir können diese Kraft nicht manipulieren. Es sind nicht wir, die diese Kraft benutzen, vielmehr gebraucht der Herr *uns*, indem er seine Kraft durch uns freisetzt.

Sehen wir uns „reiche Gnade" im Kontext von Apostelgeschichte 4,28-33 (REÜ) an:

> *„... um alles auszuführen, was deine Hand und dein Wille im Voraus bestimmt haben. Doch jetzt, Herr, sieh auf ihre Drohungen und gib deinen Knechten die Kraft, mit allem Freimut dein Wort zu verkünden. Streck deine Hand aus, damit Heilungen und Zeichen und Wunder geschehen durch den Namen deines heiligen Knechtes Jesus."*
>
> *Als sie gebetet hatten, bebte der Ort, an dem sie versammelt waren, und alle wurden mit dem Heiligen Geist erfüllt und sie verkündeten freimütig das Wort Gottes. Die Gemeinde der Gläubigen war ein Herz und eine Seele. Keiner nannte etwas von dem, was er hatte, sein Eigentum, sondern sie hatten alles gemeinsam. Mit großer Kraft legten die Apostel Zeugnis ab von der Auferstehung Jesu, des Herrn, und reiche Gnade ruhte auf ihnen allen.*

Sollte man *„reiche Gnade"* als eine göttliche Befähigung, Wunder und Heilungen zu wirken ansehen oder als viel Gunst? Ich glaube, in diesem Kontext trifft Ersteres zu. Dies würde mit der Bitte in Vers 30 übereinstimmen, dass der Herr heilen und Zeichen und Wunder geschehen lassen möge. Es wird zudem oft diskutiert, ob *„sie wurden **alle** vom Heiligen Geist erfüllt"* sich auf die Apostel oder auf die Gemeinde bezieht. Wenn es sich auf die Gemeinde bezieht, passt es besser zu den unmittelbar darauf folgenden Versen, wo gesagt wird, dass reiche Gnade auf ihnen *allen* ruhte.

Apostelgeschichte 6,8 verknüpft Gottes Gnade und Kraft mit großen Wundern und übernatürlichen Zeichen: *„Stephanus aber, voller Gnade und Kraft, tat Wunder und große Zeichen unter dem Volk."*

In Apostelgeschichte 19,20 (LUT) wird festgestellt: *„So breitete sich das Wort aus durch die Kraft des Herrn und wurde mächtig."* Ich glaube, dieses „so" meint die Art, in der die Erweckung in Ephesus stattgefunden hatte (Ephesus war der Ort, an dem Paulus die größten Heilungen und außergewöhnlichsten Wunder gewirkt hatte). Das Wort des Herrn breitete sich weiter aus und wurde mächtig bzw. gewann die Oberhand über die Mächte der Finsternis und Zauberei, so wie es in Ephesus geschehen war. Wie geschah dies? Durch die Kraft des Evangeliums zur Heilung und Befreiung von dämonischen Festungen.

Wir haben gelernt, Römer 1,16 durch die Brille der Reformation in Bezug auf Erlösung zu lesen: *„Denn ich schäme mich des Evangeliums nicht, ist es doch Gottes Kraft zum Heil jedem Glaubenden, sowohl dem Juden zuerst als auch dem Griechen."* Diese Brille sieht Erlösung ausschließlich aus der Perspektive, dass wir am Tag des Gerichts der Verdammnis entgehen, und sie sieht das Werk des Heiligen Geistes nur im Zusammenhang mit Bekehrung bzw. Erneuerung. Sie sieht Erlösung nicht in dem breiteren Spektrum der Ziele des Reiches Gottes: Ja, es geht um Vergebung, aber es geht auch darum, ein Nachfolger Jesu zu werden, der durch Gnade in die Lage versetzt ist, mit Gott zu kommunizieren, sich in seiner Kraft zu bewegen, um die Kranken zu heilen und in der von Gott übertragenen Autorität Dämonen auszutreiben. Mit dem Evangelium erhalten wir die *Kraft* Gottes, um im wahrsten Sinne des Wortes Erlösung zu den Menschen zu bringen – einschließlich Vergebung, Heilung, Befreiung und „Wiederherstellung und Aufstieg" für die Armen. (Der Ausdruck „Wiederherstellung und Aufstieg" stammt aus soziologischen Studien über den Nutzen von Religion. Er wird gebraucht, um die Tatsache auszudrücken, dass eine Familie, die zum Glauben kommt, bereits innerhalb einer Generation eine spürbare Verbesserung in ihrem Lebensstandard erfährt. Dies war Teil von Jesu Auftrag in Lukas 4,18.)

Die Kraft Gottes ist die Quelle des Gläubigen für Freude, Frieden und Hoffnung. In Römer 15,13 steht: *„Der Gott der Hoffnung* *aber erfülle euch mit aller Freude und allem Frieden im Glauben, damit ihr überreich seiet in der Hoffnung durch die Kraft des Heiligen Geistes!"* Dies lässt sich vergleichen mit Kolosser 1,27, wo Bezug genommen wird auf *„Christus in euch, die Hoffnung der Herrlichkeit."* Ich glaube, dies bedeutet mehr als die Hoffnung, einen verherrlichten Körper zu empfangen. Ich glaube, es bedeutet *außerdem*, dass wir, weil Jesus in uns lebt, die Hoffnung haben, dass sich Gottes Herrlichkeit in den Werken, die wir im Glauben durch ihn tun – also Heilung, Befreiung, Zeichen und Wunder –, manifestiert. Wir müssen darauf achten, dass unsere Lehre nicht den Eindruck erweckt, dass wir dem „Ich war" oder „Ich werde sein" dienen. Wir dienen dem „ICH BIN".

Paulus sieht seine erfolgreiche missionarische Arbeit als etwas an, das durch Christus selbst, der in ihm wirkt, erreicht wird. Es geschah nicht nur durch das, was Paulus sagte, predigte und verkündete, sondern auch durch das, was er tat. Diese Zeichen und Wunder geschahen durch die Kraft des Heiligen Geistes, wie Paulus es in Römer 15,17-19 ausdrückt:

*Ich habe also in Christus Jesus etwas zum Rühmen in den Dingen vor Gott. Denn ich werde nicht wagen, etwas von dem zu reden, was Christus nicht durch mich gewirkt hat zum Gehorsam der Nationen **durch Wort und Werk, in der Kraft der Zeichen und Wunder, in der Kraft des Geistes,** sodass ich von Jerusalem und ringsumher bis nach Illyrien **das Evangelium des Christus völlig verkündigt habe*** [Hervorhebung durch den Autor].

Es war nicht nur das Predigen oder die Heilungen und Wunder, die das Werk des Evangeliums vollbrachten – es war die Kombination aus beidem. Können wir glauben, dass wir das *volle* Evangelium Christi verkündigt haben, wenn der Predigt keine Zeichen und Wunder folgen? In 1. Korinther 2,2-5 schreibt Paulus:

Denn ich nahm mir vor, nichts anderes unter euch zu wissen als nur Jesus Christus, und ihn als gekreuzigt. Und ich war bei euch in Schwachheit und mit Furcht und in vielem Zittern; und meine Rede und meine Predigt bestand nicht in überredenden Worten der Weisheit, sondern in Erweisung des Geistes und der Kraft, damit euer Glaube nicht auf Menschenweisheit, sondern auf Gottes Kraft beruhe.

Dieser bekannte Abschnitt betont, wie wichtig es ist, das Predigen mit einer Demonstration der Kraft des Geistes zu verbinden. Die neuen Gläubigen in Korinth waren der eigentliche Beweis für die Kraft des Geistes. Doch Paulus' Vorgehensweise war, die Botschaft vom Kreuz zu verkündigen. Dies schloss Jesu Auferstehung und seine Ausgießung des Heiligen Geistes als Zeichen, dass das Reich Gottes angebrochen war, mit ein – ein Reich, das bereits vorhanden, aber noch nicht vollständig war. Die Heilungen und Wunder waren Zeichen, die auf die Wahrheit der (generellen) Auferstehung hinwiesen, wenn alle, die zu der Zeit lebten, völlig geheilt und einen verherrlichten Körper empfangen würden, so wie die, die bereits zum Herrn gegangen waren.

Für die Apostel oder für alle?

Bis hierhin haben wir biblisch begründet, dass erstens die Gaben des Geistes (in unserem Studium hier insbesondere Heilung und Wunder) fortbestehen sollten, bis Jesus wiederkommt, da es ihr Zweck war, ein Teil des praktischen Ausdrucks des Evangeliums zu sein. Zweitens haben wir biblisch belegt, dass die Gaben äußerst wichtig für das wahre Predigen des Evangeliums sind. Als Drittes möchte ich nun anhand der Bibel untersuchen, ob nur die Apostel die Gaben der Heilung und Wunder hatten oder ob auch Nicht-Apostel diese Gaben erlebten und durch sie wirkten.

Ich glaube, die Schrift zeigt, dass die Kraft für *alle* war. Hananias wird nicht als Apostel, Evangelist oder Diakon aufgeführt. Er wird nur *Jünger* genannt – dies ist das Wort, das im Neuen Testament am häufigsten für einen Christen gebraucht wird. Doch sehen Sie, was Hananias in Apostelgeschichte 9,17 tut: *„Hananias aber ging hin und kam in das Haus; und er legte ihm die Hände auf und sprach: Bruder Saul, der Herr hat mich gesandt durch Jesus – der dir erschienen ist auf dem Weg, den du kamst –, damit du wieder sehend und mit Heiligem Geist erfüllt werdest."*

Diejenigen, die in Apostelgeschichte 11,19-21 zerstreut wurden, waren keine Apostel. Die Apostel blieben in Jerusalem:

Die nun zerstreut waren durch die Bedrängnis, die wegen Stephanus entstanden war, zogen hindurch bis nach Phönizien und Zypern und Antiochia und redeten zu niemand das Wort als allein zu Juden. Es waren aber unter ihnen einige Männer von Zypern und Kyrene, die, als sie nach Antiochia kamen, auch zu den Griechen redeten, indem sie das Evangelium von dem Herrn Jesus verkündigten. Und des Herrn Hand war mit ihnen, und eine große Zahl, die gläubig wurde, bekehrte sich zum Herrn.

Diese Zerstreuten werden auch nicht Evangelisten oder Diakone genannt. Sie waren die breite Masse, die ganz gewöhnlichen Mitglieder der Gemeinde. Und der Ausdruck *„des Herrn Hand war mit ihnen"* in Vers 21 bedeutet, dass die Kraft Gottes gegenwärtig war (vgl. auch 2 Mose 9,3; Apg 13,11). In diesem Fall zeigte sich die Kraft Gottes, indem sie der Botschaft Zeichen folgen ließ.

Beachten Sie bitte, dass in Markus 16,20 die Zeichen nicht den *Aposteln* folgen, sondern der *Verkündigung* des Wortes. (Beachten Sie bitte auch, dass der Umstand, dass dieser Teil in Markus in den ältesten vorhandenen Handschriften nicht vorhanden ist, nicht bedeutet, dass er nicht göttlich inspiriert ist – es war die Kirche, die den Kanon der Schrift festlegte, und dieses Ende (des Markusevangeliums) galt als inspiriert. Entweder wusste die Kirche, dass dieses Ende in alten Handschriften nicht mehr existierte, oder der Ausspruch entsprach so sehr der apostolischen Botschaft, dass es als göttlich inspiriert und verbindlich angesehen wurde.)

In Johannes 14,12 sagt Jesus: *„Wahrlich, wahrlich, ich sage euch: Wer an mich glaubt, der wird auch die Werke tun, die ich tue, und wird größere als diese tun, weil ich zum Vater gehe."* Mit *„wer an mich glaubt"* ist tatsächlich *jeder* Gläubige gemeint; dies ist nicht auf die Apostel beschränkt. Jesus sagt hier nicht: „Wer in den nächsten zweihundert Jahren (bzw. bis die Bibel abgeschlossen ist) an mich glaubt", wird große Werke tun; er meint einfach jeden. Eine Reihe von Forschern des Neuen Testaments haben darauf hingewiesen, dass das griechische Wort „erga", das in Johannes 14,12 für „Werke" verwendet wird, „übernatürliche Werke" bedeutet. Jesus sagt also, dass jeder, der an ihn glaubt, die *gleichen übernatürlichen Werke tun wird, die er tat.* (Ich möchte an dieser Stelle Dr. Gary Greig danken, der mir zu dieser Einsicht verhalf.)

Gemäß Matthäus 28,18-20 (REÜ) sollten die getauften Gläubigen gelehrt werden, alles zu befolgen, was Jesus ihnen geboten hatte:

Da trat Jesus auf sie zu und sagte zu ihnen: Mir ist alle Macht gegeben im Himmel und auf der Erde. Darum geht zu allen Völkern und macht alle Menschen zu meinen Jüngern; tauft sie auf den Namen des Vaters und des Sohnes und des Heiligen Geistes, und lehrt sie, alles zu befolgen, was ich euch geboten habe. Seid gewiss: Ich bin bei euch alle Tage bis zum Ende der Welt.

Die Menschen, die aufgrund dieser Anweisungen Jesu getauft wurden, waren keine Apostel, aber Menschen, die noch zu Jüngern werden sollten. Und diese neuen Jünger sollten alles befolgen, was Jesus die Apostel zu tun angewiesen hatte – als Allererstes heilen und befreien.

Etwas zu befolgen heißt, das zu tun, was einem gesagt wird. Es wird in diesem Abschnitt manchmal auch mit „(ein)halten" übersetzt, aber ich habe das Gefühl, dass diese Übersetzung das Wesentliche hinter Jesu Absicht verfehlt. Das griechische Verb *terein* in Matthäus 28,20 bedeutet eindeutig „Befehle befolgen", und auch an anderen Stellen hat es diese Bedeutung (vgl. Mt 19,17; 23,3). Zur Zeit des Neuen Testaments lernte ein Jünger nicht nur, was der Meister lehrte, er richtete sich auch nach dem Lebensstil des Meisters/Mentors/Lehrers. Dr. Jon Ruthven macht dies in seinem Buch über Jüngerschaft und Ausbildung deutlich.[5]

Jüngerschaft heißt mehr als einhalten – beobachten, ansehen, untersuchen, überwachen, studieren, prüfen, erkunden –, es bedeutet, wie der Lehrer zu werden, indem man tut, was einem gesagt wird. Dies ist die Wurzel unseres theologischen Ausbildungsproblems. Wir haben *das Studium des Meisters* damit verwechselt, *so zu werden wie er*. Wir haben das jüdische Verständnis von Jüngerschaft mit dem griechischen Verständnis ersetzt. Das

---

[5] Dr. Jon Ruthven, *What Is Wrong With Protestant Theology?* (Was stimmt nicht mit der protestantischen Theologie?), Word & Spirit Press, 2011.

Neue Testament wurde von Juden geschrieben, die ein jüdisches, kein griechisches Verständnis von Jüngerschaft hatten.

In Markus 16,15-20 lehrt Jesus uns, dass denen, die glauben, Zeichen folgen (nicht nur den Aposteln). Beachten Sie, dass er auch hier diesen Auftrag nicht mit einem Ablaufdatum versieht. Einige der „Zeichen-Gaben" werden in diesem Abschnitt explizit aufgelistet:

> *Und er sprach zu ihnen: „Geht hin in die ganze Welt und predigt das Evangelium der ganzen Schöpfung! Wer gläubig geworden und getauft worden ist, wird gerettet werden; wer aber ungläubig ist, wird verdammt werden. Diese Zeichen aber werden denen folgen, die glauben: In meinem Namen werden sie Dämonen austreiben; sie werden in neuen Sprachen reden; werden Schlangen aufheben, und wenn sie etwas Tödliches trinken, wird es ihnen nicht schaden; Schwachen werden sie die Hände auflegen, und sie werden sich wohl befinden."*
>
> *Der Herr wurde nun, nachdem er mit ihnen geredet hatte, in den Himmel aufgenommen und setzte sich zur Rechten Gottes. Jene aber zogen aus und predigten überall, während der Herr mitwirkte und das Wort durch die darauf folgenden Zeichen bestätigte.*

Es ist von enormer Bedeutung, dass in Vers 20 „das Wort", d. h. das Evangelium durch die Zeichen bestätigt wird (und nicht die Apostel).

Dr. Wayne Grudem schrieb das Kapitel „Sollten Christen heute Wunder erwarten?" für das Buch *The Kingdom and the Power*[6]. In diesem Kapitel geht Dr. Grudem auf die Behauptung ein, Wunder seien in erster Linie durch die Apostel geschehen:

> Die ungewöhnliche Konzentration von Wundern im Dienst der Apostel beweist nicht, dass andere *keine* Wunder gewirkt hätten. Wie wir deutlich sehen, waren „Wunderwirkungen" (1 Kor 12,10 und andere übernatürliche Gaben; in 1 Kor 12,4-11 werden

---

[6] Aus: Gary S. Greig (Hg.), *The Kingdom and the Power:* Are Healing and the Spiritual Gifts Used by Jesus and the Early Church Meant for the Church Today? (Das Reich Gottes und die Kraft: Sind Heilung und die geistlichen Gaben, die Jesus und die Urgemeinde gebrauchten, für die heutige Gemeinde gedacht?), Regal, 1993, S. 60–61.

mehrere genannt) Teil der gewöhnlichen Aufgabe der Gemeinde in Korinth, und Paulus weiß, dass Gott auch in den Gemeinden in Galatien „Wunderwerke" tut (Gal 3,5).

Betrachtet man das gesamte Neue Testament, wird deutlich, dass Wunder auch durch solche geschahen, die keine Apostel waren, wie z. B. Stephanus (Apg 6,8), Philippus (Apg 8,6-7), Hananias (Apg 9,17-18; 22,13), Christen in mehreren Gemeinden in Galatien (Gal 3,5) und allgemein von denen mit Gaben der „Wunderwirkungen" im Leib Christi (1 Kor 12,10;28). Daher können Wunder an sich nicht ausschließlich als Zeichen eines Apostels gelten. Menschen mit „Wunderkräften" und „Gnadengaben der Heilung" werden in 1. Korinther 12,28 sogar von „Aposteln" *unterschieden*: „Und die einen hat Gott in der Gemeinde eingesetzt erstens als Apostel, zweitens andere als Propheten, drittens als Lehrer, sodann Wunderkräfte, sodann Gnadengaben der Heilungen ..."

Mit Bezug auf 2. Korinther 12,12 argumentieren einige, dass Wunder das ausschließliche Zeichen eines Apostels sind: *„Die Zeichen des Apostels sind ja unter euch vollbracht worden in allem Ausharren, in Zeichen und Wundern und Machttaten."* Aber dies entspricht nicht der Betonung im Griechischen. Die Zeichen eines Apostels, die Paulus hier erwähnt, schließen viele mit ein, unter ihnen Wunder und Heilung, aber sie geschahen nicht ausschließlich durch Apostel, wie unsere Untersuchung bereits gezeigt hat.

Dr. Grudem geht auch auf das Argument ein, dass nur die Apostel und ihre engsten Begleiter oder die, denen die Apostel die Hände auflegten, Wunder tun konnten. Er zeigt die Unzulänglichkeit dieses Arguments auf, indem er herausstellt, dass im Neuen Testament nur die Apostel oder ihre engsten Begleiter missionarisch aktiv wurden und Gemeinden gründeten. Dieser Argumentation entsprechend müssten dann nicht nur Heilung und Wunder streng dem Bereich des Apostolischen und damit als nicht unserer Zeit zugeordnet werden, sondern auch Mission und Gemeindegründung (vgl. *The Kingdom and the Power*, S. 61).

Unsere Untersuchung der Schrift belegt schlüssig, dass die Funktion oder der Zweck von Heilungen und Wundern darin bestand, Ausdruck des Evangeliums zu sein. Die „Zeichen-Gaben" sollten bis zu Jesu zweitem Kommen fortbestehen, weil sie Teil der Guten Nachricht über das Anbrechen des Reiches Gottes waren. Sie sind die Energien Gottes, die die Kraft Gottes sowie die Gegenwart Gottes heute fassbar machen. Sie sind die Mittel, durch die das Haus des Starken geplündert wird (vgl. Mt 12,29). Sie sind Teil des Evangeliums und sollten es begleiten. Sie bestätigen das Evangelium. Es besteht ein Unterschied zwischen dem Bestätigen des Evangeliums und der Bestätigung von Lehren und der Bibel.

Darüber hinaus haben wir gesehen, dass der Aspekt der Vollmacht als Teil der Verkündigung des Evangeliums aus der neutestamentlichen Sicht eine zentrale Rolle spielte. Wir sahen dies insbesondere in den Gleichnissen Jesu in Matthäus 13 über das Reich Gottes und im Missionsbefehl in Matthäus 28, im Vergleich zu den anderen Aufträgen, die den Zwölf und den Zweiundsiebzig gegeben worden waren. Dr. Craig Keener, ein Forscher des Neuen Testaments, glaubt, dass diese von den Evangelienschreibern eindeutig als Modellbeispiele für die Jüngerschaft von neuen Christen angesehen wurden. Er geht darauf in seinem Buch *Gift & Giver: The Holy Spirit for Today*[7] näher ein. Wir haben dies auch in den Briefen von Paulus und in Hebräer 2,4 gesehen.

Wir haben festgestellt, dass die Gaben der Heilung und Wundertaten nicht ausschließlich in den Bereich der Apostel oder derer, denen sie die Hände auflegten, fiel. Sie geschahen auch durch Nicht-Apostel und ihre Abgesandten. Beispiele hierfür sind Philippus, Stephanus, Hananias (der dafür betete, dass Paulus geheilt und mit dem Geist erfüllt wurde) und die namenlosen Jünger, die in Apostelgeschichte 11,21 erwähnt werden: *„Und des Herrn Hand war mit ihnen, und eine große Zahl, die gläubig wurde, bekehrte sich zum Herrn."* Der Ausdruck *„des Herrn Hand war mit ihnen"* bezieht sich auf die übernatürliche Kraft Gottes.

Auswirkungen der Gaben im praktischen Leben

Wir können festhalten: Eine gründliche Exegese der Bibel und schlüssige theologische Argumente waren uns eine wertvolle Hilfe,

---

[7] Dr. Craig Keener, *Gift & Giver: The Holy Spirit for Today* (Gabe & Geber: Der Heilige Geist heute), Baker Academic, 2001.

um unser Denken über diese Positionen zu verdeutlichen. Ich will dieses Kapitel jedoch so enden lassen, wie es begonnen hat: mit einer Geschichte aus dem echten Leben über die segensreiche Natur der Gaben. Noch einmal: Diese Gaben beschränken sich nicht nur auf eine Beweisfunktion – ihre vorrangige Rolle besteht darin, die Gnade, Liebe und Kraft Gottes für uns heute fassbar zu machen. Dies haben sie auf jeden Fall für mich getan. Während der letzten Jahre machte ich eine beängstigende Erfahrung mit meinem Rücken. Eines Tages saß ich zu Hause auf dem Boden, während ich einige meiner Berater für das Gemeindenetzwerk und die Reisedienste, über die ich gestellt bin, zu Gast hatte. Am nächsten Tag hatten wir eine Konferenz. Als ich versuchte aufzustehen, erlebte ich die schlimmsten Schmerzen meines Lebens. Das Einzige, was sich damit vergleichen ließ, war die Wirbelsäulenverletzung durch den Autounfall mit achtzehn Jahren.

Ich konnte meinen Fuß nicht auf den Boden setzen oder belasten oder ihn ohne entsetzliche Schmerzen ausstrecken. Ich landete beim Arzt und erfuhr, dass ich neurologische Schäden an meiner Wirbelsäule hatte. Man gab mir Percocet, ein starkes Schmerzmittel, und noch ein weiteres Medikament, um die Schwellung in meinen Nerven zu reduzieren. Außerdem verabreichte man mir eine hohe Dosis Ibuprofen (800 mg). Selbst nachdem ich alles genommen hatte, konnte ich mich ohne entsetzliche Schmerzen kaum einen Zentimeter im Bett bewegen.

Neunzig Tage lang ging ich an sechs Tagen pro Woche zum Physiotherapeuten. Ich war nicht in der Lage, ohne Krücken zu gehen, konnte nicht in einem Stuhl sitzen, ohne das Problem zu verschlimmern, und war so gezwungen, auf einer Matte oder im Bett zu liegen. Schließlich erhielt ich zwei Epiduralanästhesien. Der Physiotherapeut sagte mir, wenn diese nicht halfen, würde ich wahrscheinlich am Rücken operiert werden müssen. Sie halfen nicht. Ich hatte vier Bandscheibenvorfälle und zwei eingeklemmte Nerven, außerdem zwei Arten von Arthritis in meiner Wirbelsäule.

Ich erfuhr, dass der Grund meines Problems meine vielen Langstreckenflüge waren. Meinen Zustand nannte man „Reiserücken". Die untere Lendenwirbellordose (Krümmung der Wirbelsäule) war verschwunden, und so war mein Lendenwirbel flach statt gekrümmt. Dadurch konnten die Bandscheiben leicht herausrutschen.

Mir wurde gesagt, das Beste wäre, wenn ich nie wieder ein Flugzeug besteigen würde. Ich hatte rund um die Uhr Schmerzen. Selbst im Schlaf stöhnte ich vor Schmerzen. Später sagte mir ein Neurochirurg, dass einer meiner eingeklemmten Nerven derjenige war, der die meisten Schmerzen verursachte, wenn er eingeklemmt war. Das überraschte mich nicht.

Ob Heilung und die Gaben des Geistes bis heute fortbestehen oder nicht, war für mich nun mehr als eine rein akademische Frage. Ich brauchte Heilung oder eine Operation. Viele Freunde, die für ihre starken Heilungsgaben bekannt waren, beteten für mich, aber ich wurde durch ihre Gebete nicht geheilt. Stattdessen wurde ich durch zwei Menschen geheilt, die für Heilung nicht berühmt waren.

Den ersten Durchbruch erlebte ich, als mein ältester Sohn Josh mich über Skype aus Japan anrief und ein erstaunliches Gebet sprach. Er betete mit solch einer Autorität, dass ich nicht glauben konnte, dass es von meinem 28 Jahre alten Sohn kam. Als er fertig war, waren meine Schmerzen verschwunden. Nicht alle; es tat immer noch weh, meinen Fuß zu belasten. Ich konnte immer noch nicht normal Treppen steigen oder ohne Krücken laufen. Aber vor seinem Gebet hatte ich rund um die Uhr Schmerzen. Nach seinem Gebet hatte ich nur noch Schmerzen, wenn ich meinen Fuß belastete.

Dieser verbesserte Zustand hielt einige Zeit lang an. Dann wachte ich eines Morgens auf, griff nach meinem Krücken, und als mein Fuß den Boden berührte, merkte ich, dass dabei kein Schmerz zu spüren war. Ich stand ohne Krücken auf – ohne Schmerzen! Ich ging zur Treppe und stieg die Stufen auf normale Weise hoch. Ich war begeistert. Ich war mit den üblichen Schmerzen bei Belastung meines Beines zu Bett gegangen, aber ohne sie wieder aufgewacht.

Im Verlauf des Tages erhielt ich eine unglaubliche E-Mail. Ein mir bekannter Geschäftsmann aus der Öl- und Gasbranche, der mit mir in Brasilien und Indien gewesen war, hatte an einer Gemeindeveranstaltung teilgenommen. Während des Gottesdienstes hatte er eine offene Vision. Er sah mich und meine Wirbelsäule. In der Vision sagte Jesus ihm, was mit meiner Wirbelsäule nicht in Ordnung war und wie er dafür beten sollte. Darin eingeschlossen war auch, dass er in der Vision die Substanz der Bandscheibe, die herausgequollen war, wieder hineindrücken sollte. Er war so erschüttert von diesem Erlebnis, dass er mir eine E-Mail schickte, um herauszufinden, wie es mir ging.

Ich rief ihn an, als ich die E-Mail las, und wir unterhielten uns. Ich war begeistert, dass mein Schmerz verschwunden war – aber noch begeisterter, als ich erfuhr, wie die Heilung geschehen war. Dass Gott meinem Freund Ray diese Vision geschenkt hatte, war für mich ein großer Segen.

Ich weiß nur, dass ich froh darüber bin, dass die Gaben der Heilung und Wunder der Gemeinde heute immer noch zur Verfügung stehen. Meine Familie und ich sind durch sie mehr als einmal in unserem Leben gesegnet worden. Im Fall meines Reiserückens, eine der schmerzvollsten Erfahrungen, die ich je gemacht habe, bin ich froh, dass jemand ein visuelles Wort der Erkenntnis für mich hatte, das Gebet des Glaubens betete und ich geheilt wurde.

KAPITEL 4

Ungläubige Gläubige und glaubende Ungläubige

Randy

Als ich das theologische Seminar besuchte, musste ich in einem Kurs zur Apostelgeschichte eine Semesterarbeit schreiben. Der Professor gab uns ca. fünfzig Themen zur Auswahl. Heilung war jedoch nicht darunter. Da ich mich sehr für Heilung interessierte, wollte ich über dieses Thema schreiben. Ich hielt dies für logisch aufgrund des Wortes, das ich an meinem ersten Tag im College bekommen hatte: „Der Heilige Geist wird das Thema deines Lebens sein." Also fragte ich: „Kann ich über Heilung schreiben? Heilung kommt in der Apostelgeschichte vor."

Der Professor antwortete: „Das dürfen Sie, aber Sie dürfen dabei keine anekdotenhaften Geschichten verwenden. Recherchieren Sie gut."

Ich begann mit meiner Recherche in der damals größten oder zweitgrößten theologischen Bibliothek der Welt – und war überrascht, wie wenig Bücher über Heilung dort vorzufinden waren. Ich benutzte das, was ich fand, schrieb die Semesterarbeit und bekam eine Eins, zusammen mit zahlreichen Kommentaren des Professors. Er sagte mir, er habe noch nie so viel an den Rand einer

Semesterarbeit geschrieben. Dies stelle ein Kompliment für die hohe Qualität der Arbeit dar. Seine Kommentare enthielten jedoch auch mehrere Warnungen. Er warnte mich davor, nicht zu hart mit denen ins Gericht zu gehen, die nicht daran glauben, dass Heilung für heute ist. Er sagte, ich hätte geschrieben, als nähme Heilung eine zentrale Stellung im Evangelium ein, was er nicht glaube. Für ihn war Heilung ein Randthema, kein zentrales Thema.

Ich sagte, ich würde dem widersprechen, und heute beziehe ich noch mehr als damals Stellung dafür, dass Heilung eine zentrale Stellung im Evangelium einnimmt. Vor Kurzem fand ich die Hausarbeit wieder, die ich über dreißig Jahre lang aufbewahrt hatte. Der letzte Absatz lautete folgendermaßen:

> Das übernatürliche Element des Christentums und die Tatsache, dass Gott in unserer Welt handeln kann, sind wesentlich für die Kraft des Christentums. Ohne diesen Aspekt wird Gebet bedeutungslos und man sollte dann besser Sozialwissenschaften statt die Bibel studieren und Theologie durch Anthropologie ersetzen. Dass Predigten oft die oben genannten Gedanken vermissen lassen, ist ein Grund für das phänomenale Wachstum der charismatischen Bewegung. So wie Jeremia die Israeliten dafür zurechtwies, dass sie mit ihren Händen hilflose Götter erschufen, hat der moderne Mensch einen „Gott" geschaffen, der keine Macht hat, in dieser Welt zu wirken. Der Autor lehnt es ab, einen solchen Gott anzubeten.

Dieser letzte Absatz traf einen Nerv bei dem Professor. In seinem Kommentar reagierte er zunächst übertrieben, dann schrieb er, er habe überreagiert und habe mich im Unterricht nicht rechthaberisch erlebt. Dennoch warnte er mich: Wenn ich so stark an Heilung glaubte und dies in Zukunft lehren würde, würde ich in Baptistengemeinden Probleme bekommen. Dies erwies sich als wahr. Aber, wie Bob Dylan sang, die Zeiten ändern sich („The Times They Are A-Changin'"). Die Antwort auf die Sehnsucht im Herzen der Menschen „weht im Wind", wie ein weiterer Liedtitel von ihm es ausdrückt („Blowin' in the Wind"). Im neutestamentlichen Griechisch und im Hebräischen sind die Worte für *Wind* und *Geist* dieselben. Die Veränderungen, die wir erlebt haben, sind das Ergebnis des Wirkens des Heiligen Geistes.

Im Jahr 1984 erfuhr ich für meinen Glauben an Heilung und die Gaben von einigen Baptisten Ablehnung. Aber ich habe inzwischen auch in der größten Baptistengemeinde in Südafrika, der größten Baptistengemeinde in Brasilien und der ältesten und zweitgrößten Baptistengemeinde in Argentinien gepredigt. In all diesen Gemeinden habe ich Heilung erlebt und sie alle sind offen für die Gaben des Geistes. Die Zeiten ändern sich in der Tat. Der Heilige Geist ist wie der Wind und führt die Antwort auf unsere menschlichen Nöte mit sich.

Die Zeiten ändern sich

Ich habe an vielen Orten erlebt, dass sich die Zeiten ändern. Ich will Ihnen die Geschichte einer „traditionellen" Baptistengemeinde in Mauve in Brasilien erzählen. Als ich dort zum ersten Mal zu Besuch war, war es eine kleine Gemeinde mit etwa 300 Leuten, deren Gebäude auf der falschen Seite der Gleise an einer schmutzigen Straße in einer ärmlichen Gegend lag. Der Pastor war hungrig nach einer Berührung von Gott und wollte Gottes Gegenwart in den Versammlungen erleben. Wir waren nur wenige Tage dort, doch geschahen sehr viele Heilungen – wirklich erstaunlich. Fast jedes Mitglied seines Teams wurde von irgendetwas geheilt. Ein Mann wurde von einem schrecklichen Fall von Schuppenflechte geheilt, einer Erbkrankheit, für die es kein Heilmittel gibt. Neun Jahre später erzählte er mir, dass sie nie zurückgekehrt war. Gott kann unsere DNA verändern!

Bei einer Frau, die unter etlichen Krankheiten litt, war ein Bein um fast 180° verdreht. Sie erlebte völlige Heilung und ihr Bein drehte sich wieder in die normale Position. Menschen mit allen Arten von Krankheiten konnten nicht in den Versammlungsraum kommen, weil er voll war. Viele von ihnen wurden auf den Fluren geheilt oder draußen, während sie im Hof standen und durch die Fenster zuhörten.

Wie sah die Frucht für diese Baptistengemeinde aus? Drei Jahre später kehrten wir zurück und sahen, dass sie sich nicht mehr auf der falschen Seite der Gleise befand. Sie war an eine der

Hauptstraßen der Stadt umgezogen und war auf dreitausend Leute angewachsen. Wir hielten eine weitere starke Heilungsversammlung ab, danach kehrten wir erst sechs Jahre später wieder zurück. Beim dritten Mal fanden wir eine Gemeinde mit neuntausend Leuten in der Hauptgemeinde vor und weiteren fünftausend in den vier Tochtergemeinden, die über die Stadt verteilt waren. Diesmal erlebten wir die großartigste Versammlung überhaupt. Die Atmosphäre war wie geladen mit der Kraft Gottes. Hunderte wurden geheilt – die Blinden, die Tauben und Leute, die durch einen Schlaganfall gelähmt waren und nicht reden oder gehen konnten. Krebstumore verschwanden. Knorpel, der vor zwanzig Jahren zerstört worden war, wurde neu geschaffen. Ein Fall von Kinderlähmung wurde geheilt. Menschen mit schrecklichen Schmerzen aufgrund von Metall in ihrem Körper wurden geheilt. Ein Mann hatte zwei Monate vor der Versammlung zahlreiche Schrauben und Stäbe in seinen Rücken eingesetzt bekommen und hielt die Schmerzen kaum aus. Nun beugte er sich vor und berührte seine Zehen, beugte sich zurück und sprang auf und ab. All diese Zeugnisse stammten von nur einem Abend – und wir waren volle zwei Wochen in Brasilien. An jedem Abend erlebten wir Hunderte von Heilungen.

Im darauffolgenden Jahr kehrten wir zurück. Zu dem Zeitpunkt hatte der Pastor Gruppen ausgesandt, um 23 neue Gemeinden in der Stadt zu gründen. Diesmal wurden am zweiten Abend 60 Leute während der Gebetszeit vor dem Gottesdienst geheilt, eine Stunde vor der Versammlung. Während dieser Stunde beteten wir nur für Leute, die Seh- oder Hörprobleme hatten, für Leute, die nicht normal laufen konnten oder eine Gehhilfe benötigten, und für die mit einer unheilbaren Krankheit. Wieder wurden die Blinden, Tauben und Lahmen geheilt. Ein kleiner Junge mit einem Klumpfuß wollte einfach nur rennen können. Nach dem Gebet drehte sich sein Fuß und er rannte wirklich! Zwei Personen mit Aneurysmen wurden geheilt; eine von ihnen war erblindet und hatte seit acht Monaten nicht mehr sehen können. Die andere hatte 90 Prozent ihrer Hörfähigkeit verloren und war auf der linken Seite gelähmt. Sowohl mein Team als auch die Gemeinde waren ganz außer sich. Vor dem Ende des Abends waren weitere Hunderte von Menschen durch Worte der Erkenntnis und das

Auflegen der Hände geheilt worden. Unser Heilungsteam belief sich auf fast 75 Leute, die aus mehreren Ländern kamen.

Der Pastor erzählte mir, dass die anderen Baptistenpastoren fragten, warum seine Gemeinde so stark wuchs, während ihre dies nicht taten. Er antwortete ihnen immer: „Weißt du, diese Dinge, die du nicht magst … sie sind der Grund."

Bei Susan Starr, eine der Frauen, die mit dem kleinen Jungen mit dem Klumpfuß gebetet hatte, wurden auch alle anderen Personen, für die sie betete, geheilt. Susan ist Mitglied einer Gemeinde, die Heilung und Wunder abtut. Doch in der Praxis glaubt Susan durchaus! Ihre bloße Anwesenheit fordert die Lehrposition ihrer Gemeinde heraus, da sie einmal in einem Hospiz dem Tode nah war. Sie bereitete sich darauf vor zu sterben und hatte sogar bereits ihre Winterkleidung weggegeben. Sie hatte schlimme Schmerzen, ihr vegetatives Nervensystem funktionierte nicht, neunzig Zentimeter ihres Dickdarms waren entfernt worden, und wenn sie länger als zwei Minuten stand, wurde sie ohnmächtig. Doch Susan wurde geheilt. Sie kam eigens mit auf unsere Reise nach Brasilien, um die Möglichkeit zu bekommen, für andere Menschen zu beten, und das tat sie! Während ihrer zweiwöchigen Reise betete sie für viele ernste Leiden, einschließlich eines Tumors, der sich hinter den Augen eines jungen Mannes befand und starke Kopfschmerzen hervorrief. Dieser konnte noch nicht einmal schnell gehen, ohne ohnmächtig zu werden. Er wurde geheilt, die Kopfschmerzen verschwanden und er konnte nicht nur schnell laufen – er konnte rennen! (Ich glaube, das deutete darauf hin, dass der Tumor am Schrumpfen war.) Wollte man versuchen, Susan davon zu überzeugen, Heilung sei nicht für heute, würde man wohl nicht sehr weit kommen.

Was sind ungläubige Gläubige?

Beeindruckende Geschichten wie die von Susan lassen mich fragen, warum es so viele ungläubige Gläubige gibt. Ich möchte eine Reihe von Gründen dafür anbringen, aber lassen Sie uns erst näher bestimmen, was mit dieser Frage gemeint ist. Mit *Gläubige* meine ich Menschen, die regelmäßig zur Gemeinde gehen, die sich entschieden haben, Jesus Christus nachzufolgen und durch den Heiligen Geist erneuert worden sind. Ich gebrauche das Wort *ungläubig* in dem Sinn, dass man nicht daran glaubt, dass bestimmte Gaben des Heiligen Geistes für die heutige Gemeinde gedacht sind. Diese Gaben, die von den Cessationisten „Zeichen-Gaben" genannt werden, sind Heilung, Wunderwirkung, Zungensprache, die Auslegung der Zungensprache und Prophetie. Formal gesehen besagt die Lehre des Cessationismus, dass all diese Gaben heute nicht mehr wirksam sind. Für meine Zwecke werde ich jedoch hauptsächlich auf Unglauben in Bezug auf Heilung und Wunder eingehen.

Und was ist mit den *glaubenden Ungläubigen*, die ich auch erwähnt habe? Mit *Ungläubige* meine ich diejenigen, die nicht vom Heiligen Geist erneuert worden sind und ihr Leben nicht der Nachfolge Jesu Christi verschrieben haben. Sie sind nicht Teil einer lokalen Gemeinde, und doch sind viele dieser Ungläubigen *Glaubende* in dem Sinn, dass sie für die Kraft Gottes und das Wirken der Gaben der Heilung heute absolut offen sind. Viele erleben Heilung außerhalb eines Gemeindegebäudes.

Die Arbeiter in der Bäckerei, von denen ich in Kapitel 1 erzählt habe, sind z. B. das, was ich glaubende Ungläubige nenne. Erinnern Sie sich daran, dass ich während meines „großen Experiments", für Leute außerhalb der Gemeinde zu beten, für sie in den Kroger-Filialen betete? Viele behaupten nicht, hingegebene Gläubige zu sein – doch immer wieder waren sie offen dafür, dass ich mit ihnen betete. Und immer wieder wurden sie geheilt. In Kapitel 1 habe ich bereits von einigen Beispielen erzählt, sodass ich hier nicht mehr groß darauf eingehen möchte.

Diesen glaubenden Ungläubigen steht jedoch eine große Anzahl ungläubiger Gläubiger gegenüber, die Gottes Kraft für Heilung und Wunder skeptisch gegenübersteht. Diese Gläubigen sind für das Wirken der Gaben heute verschlossen. Woher kommt es, dass so viele Christen zu „ungläubigen Gläubigen" werden, wenn es um die Gaben geht? Ich möchte drei grundlegende Einflussfaktoren vorstellen: soziologische Faktoren, theologische Faktoren und kirchliche Faktoren.

Soziologische Faktoren sind solche, die sich in irgendeiner Weise auf die Reinheit und Kraft der Gemeinde auswirken bzw. beeinflussen, ob die Gemeinde eher auf diese oder die jenseitige

Welt fokussiert ist. Liegt der Fokus der Gemeinde mehr auf der jenseitigen Welt (d.h. auf dem zweiten Kommen Christi), wird weniger Betonung auf Heilung in der diesseitigen Welt gelegt.

Die vorherrschende Philosophie in der Gesellschaft ist ein weiterer Faktor. Ein typisches Beispiel ist die modernistische Weltsicht: eine verschlossene Welt, in der Gott weder in die Angelegenheiten des Menschen eingreift noch seine Naturgesetze übergeht. Bis ins letzte Vierteljahrhundert hat unser Bildungssystem hauptsächlich Modernismus gelehrt. Deismus ist eine religiöse Weltsicht, die auf dem soziologischen Faktor des Modernismus beruht.

Der Postmodernismus ist auf der anderen Seite viel offener für das Übernatürliche und für Wahrheit durch „Erfahrung", während der Modernismus noch Wahrheit durch Vernunft betonte.

Mit theologischen Faktoren meine ich eine Theologie, die auf dem geschlossenen Weltsystem des Modernismus beruht – mit anderen Worten, Liberalismus. Ein weiterer Faktor dieser Art ist das theologische Konstrukt des Cessationismus.

Was die kirchlichen Faktoren angeht, nehme ich Bezug auf konfessionelle Glaubensrichtungen und Praktiken, die das Fortbestehen der Gaben leugnen und diejenigen kritisieren, die die Gaben ausüben oder auch nur an sie glauben. Diese Faktoren wirken sich oft so aus, dass jemand seine Position in der Kirche aufgeben muss oder entlassen wird, wenn er sich für den Einsatz der Gaben des Geistes öffnet.

Diese gesellschaftlichen, theologischen und kirchlichen Faktoren tragen jeder für sich und auch zusammengenommen dazu bei, dass es „ungläubige Gläubige" gibt, weil sie sich negativ auf den Glauben der Menschen für Heilung und Wunder auswirken. Lassen Sie uns nur kurz die einzelnen Faktoren nacheinander betrachten und anschauen, wie sie die Einstellung der Gläubigen gegenüber diesen Gaben beeinflussen.

Soziologische Einflussfaktoren

Über die Jahrhunderte haben zahlreiche soziologische Faktoren dazu beigetragen, dass es in der Kirche immer weniger Heilungen und Wunder gab. Der erste Faktor hängt mit der Bekehrung des römischen Kaisers Konstantin und der Mailänder Vereinbarung (auch: Toleranzedikt von Mailand) von 313 n. Chr. zusammen. Diese Vereinbarung machte das Christentum zu einer legalen Religion im Römischen Reich. Zuvor hatte Verfolgung das Christentum rein gehalten. Bis zu diesem Zeitpunkt gab es wenige Heuchler oder Namenschristen. Mit der Legalisierung des Christentums endete jedoch die Verfolgung und der Kirche gehörten immer mehr Namenschristen an. Diese nannten sich zwar *Christen* – aber nicht immer aufgrund einer echten Bekehrung.

Der zweite soziologische Einflussfaktor war die Einführung des Christentums als Staatsreligion des Römischen Reiches im Jahre 380 n. Chr. Dies bewirkte einen großen Zustrom von Namenschristen in die Kirche, die infolgedessen noch schlechter dran war als vorher, da nun noch weniger ihrer Mitglieder sich wirklich zu Christus bekehrt hatten.

Als Drittes führten der Fall des Römischen Reiches im Jahr 476 n. Chr. und die schrecklichen Lebensbedingungen des Mittelalters zwischen 400 und 1400 n. Chr. dazu, dass die Menschen ihren Blick auf das kommende Leben richteten, anstatt nach Heilung in diesem Leben zu fragen. Den Menschen ging es hauptsächlich darum, ihrem schwierigen Leben auf der Erde zu entkommen und zum nächsten Ort weiterzuziehen – den sie für einen weitaus besseren Ort hielten (eine normale menschliche Reaktion auf schreckliche Lebensumstände).

Der vierte soziologische Einflussfaktor war der wissenschaftliche Rationalismus des späten siebzehnten und des achtzehnten Jahrhunderts. Er verließ sich auf die Vernunft als Basis für religiöse Wahrheit, was dazu führte, dass Wunder und Heilungen geleugnet wurden. Dies ließ viele ihren Glauben an Heilung verlieren.

Fünftens wurden die Fortschritte der Medizin begleitet von einem Verlust des Glaubens an die menschliche Seele. Die traditionelle Sichtweise der Seele wurde verworfen und man reduzierte den Menschen auf das Nebenprodukt chemischer Stimuli in einem Körper. Die Menschheit wurde durch die humanistische Bewegung entmenschlicht, und die Einheit von Körper, Seele und Geist wurde geleugnet. Als Ergebnis behandelt die moderne Medizin die Symptome eines Patienten mit Medikamenten anstatt vielmehr die tieferen Ursachen der Krankheit zu behandeln. Dies beginnt sich jedoch zu verändern durch den Bereich der psychosomatischen

Medizin, die – wenn auch oft unbewusst – die biblische Sicht vom Menschen als Einheit neu entdeckt und bestätigt: Wenn ein Teil krank wird, kann sich dies auf die beiden anderen auswirken. Christen entdecken darüber hinaus immer mehr die geistliche Seite von Krankheiten und verweisen auf die Seele als Sitz des Willens und der Gefühle. Es ist daher deutlicher geworden, dass die Seele krank wird, wenn man die Prinzipien der Schrift nicht befolgt. Die Folge sind Unversöhnlichkeit, Bitterkeit, Zynismus und ein Richtgeist.

Theologische Faktoren in der römisch-katholischen Kirche

Aus theologischer Sicht haben bestimmte Faktoren innerhalb der römisch-katholischen und der protestantischen Kirche zum Rückgang des Glaubens an Heilung geführt. Einer der Faktoren in der römisch-katholischen Kirche war Augustinus' Schwenk von der Kriegs-Weltsicht zur Plan-Weltsicht. Augustinus wurde 387 n. Chr. Christ und starb im Jahr 430. Als einer der bedeutendsten Leiter der Westkirche hatte er nachhaltigen Einfluss auf ihre Theologie. Seine Schriften waren für die Entwicklung des westlichen Christentums von größter Bedeutung. Vor Augustinus und einige Hundert Jahre nach ihm war die vorherrschende Sicht auf das Leben die Kriegs-Weltsicht: die Mächte des Bösen befanden sich im Krieg gegen Christus und seine Gemeinde. Dieser Krieg war die Ursache für die Krankheiten und dämonischen Bindungen, die Menschen erlebten. Gemäß dieser Weltsicht sollten die Gläubigen durch die Kraft des Heiligen Geistes gegen Krankheit, Leiden und dämonische Bindungen kämpfen.

Augustinus' Schriften führten die Kirche schließlich jedoch zu einer Plan- oder Vorhersehungs-Weltsicht – dem Verständnis, dass alles im Leben aufgrund des vorherbestimmten Willens Gottes geschieht. Dies bewirkte eine Veränderung in der Haltung der Kirche gegenüber Heilung. Anstatt zu glauben, dass Krankheit vom Teufel kommt (dem man widerstehen sollte), glaubten die Menschen nun, Gott schicke einem Menschen Krankheit, damit dieser geistlich geheiligt wird. Daher konnte das Beten gegen Krankheit als Widerstand gegen Gott ausgelegt werden. Statt für Heilung zu beten, fingen die Gläubigen an, Gott darum zu bitten, zu verstehen, warum er Krankheit oder Leiden in das Leben einer Person gebracht hatte.

Ein zweiter Faktor in der römisch-katholischen Kirche entstammte einem Übersetzungsfehler von Jakobus 5,14-15 durch Hieronymus. Richtig übersetzt steht in diesen Versen: *„Ist jemand unter euch krank, der rufe zu sich die Ältesten der Gemeinde, dass sie über ihm beten und ihn salben mit Öl in dem Namen des Herrn. Und das Gebet des Glaubens wird dem Kranken helfen, und der Herr wird ihn aufrichten; und wenn er Sünden getan hat, wird ihm vergeben werden."* Der Ausdruck „wird dem Kranken helfen" in dieser Übersetzung (Luther 1984) stammt von dem griechischen Wort für *heilen*. Doch Hieronymus übersetzte das Wort stattdessen mit *retten*. Dies führte schließlich dazu, dass die Krankensalbung, die nicht nur Sterbenden vorbehalten war, in die Letzte Ölung umgeändert wurde, einer Reihe römisch-katholischer Sakramente, die gewöhnlich sterbenden Menschen gegeben werden, die wahrscheinlich nicht mehr genesen.

Ein dritter Faktor war Thomas von Aquins Synthese der christlichen Theologie und aristotelischen Philosophie in seiner *Summa theologica*. Dieser Versuch, das Evangelium der Arabischen Welt vorzustellen, deren Gesellschaft früher auf der platonischen, nun aber auf der aristotelischen Philosophie basierte, sollte dramatische Auswirkungen auf die Kirche haben. Von nun an gab die Kirche der Vernunft den Vorzug vor der Offenbarung und maß dem Materiellen mehr Wert bei als dem Geistlichen.

Es ist bemerkenswert, dass Thomas von Aquin gegen Ende seines Leben seine Ansichten erneut änderte, und zwar aufgrund eines Erlebnisses, das er am 6. Dezember 1273 hatte. Nach diesem Erlebnis schrieb er: „Ich kann nicht mehr schreiben. Alles, was ich geschrieben habe, kommt mir vor wie Stroh im Vergleich zu dem, was ich gesehen habe und was mir offenbart wurde." Drei Monate später starb er auf einer Missionsreise für den Papst. Andere mussten seine berühmte *Summa theologica* zu Ende schreiben und wir wissen nicht, wie sein Erlebnis seine Theologie verändert hätte, hätte er lang genug gelebt, um es darin zu integrieren.

Viertens änderte sich das Verständnis der Geistesgaben in der römischen Kirche von der Betonung ihrer übernatürlichen Aspekte hin zu einem Verständnis, das viel stärker ihre natürlichen

Eigenschaften betonte. Zum Beispiel erstellte Gregor der Große, der 590–604 Papst war, eine Liste der Geistesgaben, zu der auch Weisheit, Wissenschaft, Einsicht, Rat, Seelenstärke, Frömmigkeit und Furcht gehörten. Die Gaben zu heilen und Wunder zu wirken wurden in seiner Liste nicht erwähnt. Ebenso wenig das Wort der Erkenntnis, das Wort der Weisheit und Prophetie.

Ein fünfter Faktor war, dass man anfing, Heilungen, Wunder und Totenauferstehungen als Beweis für die reine Lehre oder das göttliche Wesen Jesu anzusehen. Diese Beweisfunktion sollte aber eher als zweitrangiger Zweck der Gaben gesehen werden, nicht als ihr vorrangiger. Der vorrangige Zweck von Heilungen und Wundern ist die Demonstration des Evangeliums und der Güte Gottes.

Der sechste Faktor ist, dass die Theologie der römischen Kirche nicht berücksichtigte, in welchem Kontext Jesus und später Paulus etwas zum Thema Leiden gesagt hatten. Irrtümlicherweise dachte man, durch Krankheit verursachtes Leid habe damit zu tun, dass wir unser Kreuz tragen und Jesus in unserem Leiden verherrlichen sollten. Dagegen verstanden Jesus und Paulus Leiden als Verfolgung aufgrund des Evangeliums.

Diese Faktoren und das daraus folgende veränderte Denken der römisch-katholischen Kirche hatten auch Einfluss auf die protestantische Kirche, die die meisten davon nicht anficht. Doch es gab andere Faktoren, die die protestantische Kirche beeinflussten, ohne ähnlich großen Einfluss auf die römische Kirche auszuüben. Diese Faktoren wollen wir uns nun ansehen.

Theologische Faktoren in der protestantische Kirche

Theologisch betrachtet war der amerikanische und europäische Protestantismus ein Bollwerk des skeptischen Unglaubens, was Heilung und Wunder heute angeht. Diese Skepsis wurde an die Mitglieder weitergegeben. Aufgrund meiner eigenen Erfahrungen im College und auf dem theologischen Seminar sehe ich solche Institutionen eher als Zentren für Skepsis denn als glaubensstärkende Zentren an. Dies war zumindest meine persönliche Erfahrung, und aus diesem Grund stehen wir heute auch vor dem Dilemma, dass es „ungläubige Gläubige" und „glaubende Ungläubige" gibt. Sehen wir uns nun ein paar der Lehren an, die zu einer solch weitverbreiteten Skepsis führten.

Liberalismus und Cessationismus

Wie ich bereits anmerkte, absolvierte ich das Oakland City College und das Theologische Seminar der Südbaptisten. Meine College-Professoren für religiöse Studien waren damals sehr liberal, und die, die nicht liberal waren, waren Cessationisten, so wie meine Professoren am Theologischen Seminar.

Lassen Sie mich kurz erklären, was liberale Theologen und Cessationisten glauben. Ein liberaler Theologe glaubt weder, dass in der Bibel übernatürliche Dinge vorkommen, noch dass heute etwas Übernatürliches geschehen könnte. Ein Cessationist ist an der entgegengesetzten Seite des theologischen Spektrums angesiedelt. Er ist für gewöhnlich sehr konservativ und glaubt, dass die Bibel historische Ereignisse beschreibt, die gewiss übernatürlich waren, aber er glaubt auch, dass diese Ereignisse – Wunder, Heilungen und Zeichen – entweder mit dem Tod des letzten Apostels oder mit der Kanonisierung des Neuen Testaments endeten. Sie glauben, dass Gott heutzutage – als souveräne Antwort auf Gebet – Wunder wirken *kann*. Diese Antworten sind jedoch nicht die Norm, sondern sehr selten.

Für Cessationisten existieren die Gaben der Heilung und Wunderwirkung nicht mehr in dem Sinne, dass jemand diese Gaben besitzt. Ihre Argumentation stützt sich auf den Glauben, dass Heilungen und Wunder gegeben wurden, um die richtige Lehre zu bestätigen und den Dienst der Apostel als Autoren der Schrift zu belegen. Wenn Wunder und Heilungen nach wie vor geschehen könnten, wäre der Kanon der Schrift nicht abgeschlossen und neue Lehren könnten hinzugefügt werden. Dies ist die Grundlage des Cessationismus.

Das Problem mit dieser Position ist, dass Wunder nicht in erster Linie als Beleg für die wahre Lehre gedacht waren. Vielmehr waren sie Teil des Evangeliums, der guten Nachricht, dass das Reich Gottes nahegekommen war, dass durch den Dienst Jesu das Reich begonnen hatte und fortbestehen würde, bis es bei seinem zweiten Kommen vollendet sein würde. Die cessationistische Position verstößt daher gegen die biblische Lehre vom Reich Gottes und der Lehre, dass der Heilige Geist über die Errettung hinaus eine fortdauernde Rolle spielt. Wie wir in Kapitel 3 sahen, wo wir die biblische Grundlage für Heilung betrachtet haben, widerspricht diese Position den vielen Schriftstellen, die besagen, dass die Gaben bis zu Jesu Wiederkehr fortbestehen sollen.

Was den praktischen pastoralen Dienst in Bezug auf Heilung angeht, bilden die Liberalen und die Cessationisten ein merkwürdiges Gespann. Beide *erwarten letztlich nicht,* dass heute noch Heilung geschieht, und sie rüsten dementsprechend ihre Gemeindeglieder nicht darin aus, für die Kranken zu beten oder den Befreiungsdienst auszuüben. Dennoch sind dies die beiden vorherrschenden theologischen Systeme, in denen protestantische Gemeindepastoren ausgebildet wurden. Der Liberalismus hat sich mittlerweile seit etwa dreihundert Jahren profiliert und der Cessationismus seit fünfhundert. Keines dieser Glaubenssysteme sieht vor, dass Menschen heute die Gabe der Heilung oder Wundertaten haben. Sie lehren ihre Leute nicht, Glauben an Heilung zu haben. Vielmehr lehren sie sie, gegenwärtige Wunder oder Heilungen als unmöglich oder betrügerisch abzutun. Es ist deshalb kein Wunder, dass sich Gläubige in diesen Systemen zu „ungläubigen Gläubigen" entwickeln.

Dispensationalismus

Dispensationalismus ist ein weiterer „Ismus", der den Glauben der Kirche an Heilung und Wunder negativ beeinflusst hat. Er gründet sich auf eine „Offenbarung", welche der fünfzehn Jahre alten Margaret MacDonald 1830 in einer Vision gegeben wurde. Daraus leitet sich die Vorstellung ab, die Wiederkunft Jesu würde vor der Trübsalzeit stattfinden. Anstelle einer Wiederherstellung der Funktionen und Gaben, die in der Urgemeinde zu finden sind, lehrte diese Offenbarung, die Kirche der Endzeit werde unmittelbar vor dem Kommen Jesu lauwarm und schwach sein. Sie besagte auch, dass vor Jesu Rückkehr falsche Zeichen und Wunder auftreten würden, um Menschen vom Glauben abzubringen.

Diese Vorentrückungslehre (oder Prä-Tribulationismus) war vor 1830 völlig unbekannt. John Darby, ein Leiter der Plymouth

Brüdergemeinde, war nicht nur Cessationist, sondern vertrat auch die Ansicht, dass die Kirche der Endzeit schwach sein würde. Darbys Ansichten wurden später durch die Kommentare von C.I. Scoffield in seiner Studienbibel bekannt.

Diese dispensationalistische Sichtweise ist ultrapessimistisch und räumt einer siegreichen Kirche der Endzeit bzw. einer endzeitlichen Erweckung keinen Platz ein. Ironischerweise übernahmen viele Pfingstler das Endzeitverständnis des Dispensationalismus in Bezug auf Jesu Wiederkehr, obwohl sie das cessationistische Verständnis der Gaben des Heiligen Geistes ablehnten.

Dialektische Theologie

Die Dialektische Theologie (oder: Wort-Gottes-Theologie) ist eine Entwicklung der protestantischen Theologie im einundzwanzigsten Jahrhundert. Karl Barth und Emil Brunner waren die hauptsächlichen Urheber. Barth war ein reformierter Pastor und, der reformierten Tradition entsprechend, auch ein Cessationist. Die Dialektische Theologie übernahm einige der liberalen antiübernatürlichen Hypothesen, war jedoch konservativer in ihren Schlussfolgerungen. Diese theologische Schule, die im Zwanzigsten Jahrhundert in den theologischen Ausbildungsstätten sehr populär war, wurde Tausenden von Studenten vermittelt. Es war ein System, das Heilungen und Wunder nicht zuließ, geschweige denn damit rechnete.

Der neue Liberalismus

Auf den Liberalismus bin ich bereits eingegangen, aber diese neue Form des Liberalismus ist noch radikaler als die alte Form, die das Übernatürliche mit natürlichen Ursachen zu erklären suchte. Der neue Liberalismus lehnt das Übernatürliche noch radikaler ab – er baut auf einer starken Position gegen alles Übernatürliche auf. Anstatt dass man „Wunder" mit natürlichen Ursachen zu erklären versucht (wie im Liberalismus), wird bezweifelt, dass das fragliche Ereignis überhaupt stattgefunden hat. Es wird vielmehr als eine Geschichte gesehen, die man sich ausgedacht hat, um eine theologische Wahrheit zu vermitteln – ein Mythos. Doch mit *Mythos* ist hier nicht gemeint, dass durch die Geschichte keine Wahrheit vermittelt wird, sondern dass das historische Ereignis einfach nie stattgefunden hat. Daher bestand auch keine Notwendigkeit mehr, es auf natürliche Art und Weise zu erklären. Die *Entmythologisierung* der Schrift war der dafür von Rudolph Bultmann geprägte Ausdruck.

Diese Form des Liberalismus war somit durch das Entmythologisieren von Rudolph Bultmann und Paul Tillich charakterisiert. Sie sagte aus, dass es nicht notwendig ist, zu glauben, dass die übernatürlichen Ereignisse in der Schrift historisch waren. Der christliche Glaube sollte sich nicht darauf gründen, ob Ereignisse tatsächlich stattgefunden haben oder nicht, sondern vielmehr auf der *Theologie* der sogenannten Mythen oder Legenden in der Schrift.

Um es noch einmal deutlich zu sagen: *Mythos* bedeutet hier nicht etwas Falsches. *Mythos* meint vielmehr eine Geschichte, die die tiefen Wahrheiten des christlichen Glaubens transportiert. Es wurde nicht als notwendig angesehen, dass eine Geschichte tatsächlich historisch passiert war, um eine Wahrheit zu kommunizieren. Die echte Wahrheit war in der Theologie zu finden, die durch „mythische" Geschichten im Neuen Testament vermittelt wurde.

Fundamentalismus

Der Fundamentalismus war eine Reaktion auf den Liberalismus des neunzehnten und zwanzigsten Jahrhunderts. Er wurde vor allem durch die Schriften des Theologen B.B. Warfield, der in Princeton lehrte, bekannt gemacht. Er schrieb auch das 1918 erstmals veröffentlichte Buch *Counterfeit Miracles (Gefälschte Wunder)*, in dem er sich gegen das Fortbestehen von Wundern aussprach. Als Presbyterianer und reformierter Theologe glaubte Warfield stark an die cessationistische Sicht der Geistesgaben.

In den 1920er-Jahren erlebte die amerikanische Kirche die fundamentalistisch-modernistische Kontroverse. Die Fundamentalisten, die daran glaubten, dass die Bibel historisch wahr sei und dass übernatürliche Ereignisse durch die Apostel stattgefunden hatten, bis diese gestorben waren, erhoben sich und versuchten, die Kontrolle über die Lehrinstitutionen der amerikanischen Kirche zurückzugewinnen. Das gelang ihnen nicht. Die meisten theologischen

Ausbildungsstätten in den USA gerieten unter den Einfluss des Liberalismus. Dies bedeutete, dass die meisten der konfessionell ausgebildeten Geistlichen in skeptischem Unglauben und einer ablehnenden Haltung gegenüber dem Übernatürlichen – nicht nur in Bezug auf seine Existenz, sondern auch auf die Bibel – trainiert wurden. Sie weigerten sich, daran zu glauben, dass die Gaben der Heilung oder Wunderwirkung für heute zur Verfügung standen.

Die cessationistisch-fundamentalistische Gruppe reagierte, indem sie neue Schulen gründete. Zur Erinnerung: Sowohl sie als auch die Liberalen glaubten, dass die Gaben der Heilung und Wundertaten in der Gegenwart nicht mehr vorkommen würden. Genauer, die Fundamentalisten glaubten, dass diese Gaben ausgestorben waren. Wie schon gesagt, glaubten sie zwar, dass Heilungen stattfinden können, aber *nicht* aufgrund der Gabe der Heilung. Vielmehr geschähe dies durch Gottes souveräne Antwort auf ein Fürbittegebet für einen kranken Menschen. Diese Antworten wurden nicht als Norm, sondern als Ausnahme betrachtet.

Kirchliche Faktoren in der römisch-katholischen Kirche

Wir haben uns eine Reihe gesellschaftlicher und theologisch/-hermeneutischer Faktoren angesehen, die zur Bildung von ungläubigen Gläubigen führten, doch gibt es noch eine andere Reihe wichtiger Faktoren, die wir betrachten müssen: die kirchlichen Einflussfaktoren. Sowohl die römisch-katholische als auch die protestantische Kirche traf Entscheidungen, die sich negativ auf den Glauben der Christen an Heilung und Wunder auswirkten.

Innerhalb des römischen Katholizismus trugen drei Faktoren zum Rückgang des Glaubens an Heilung und Wunder bei: Erstens führte die moralische Korruption während des Mittelalters und das Versäumnis, diese zu bereinigen, zu einem Rückgang an Heilung. Mit der Lauheit, die sich auf die Kirche legte, und dem daraus folgenden Mangel an Reinheit ging ein Mangel an Kraft einher.

Ein zweiter Faktor war die fortschreitende Entwicklung, dass Heilungen und Wunder den katholischen „Heiligen" zugeschrieben wurden (sowohl vor als auch nach deren Tod) und dass gewöhnlichen Leuten, die diese Gaben gebrauchten, die Verwicklung in Hexerei vorgeworfen wurde. Es wurde geglaubt, dass außergewöhnliche Heiligkeit – einschließlich einer Weihe für Gott als Teil eines religiösen Ordens oder als Priester – die Voraussetzung dafür darstellte, dass ein Mensch die Gaben der Heilung und Wunder ausübte. Dies bewirkte, dass die Laien das Gefühl hatten, sie wären nicht gut oder heilig genug, um für Heilung gebraucht zu werden. (Außerdem war es gefährlich! Laien wurden sogar gefoltert oder auf dem Scheiterhaufen verbrannt, weil sie diese Gaben ausgeübt hatten, ohne den vermeintlichen Grad an Heiligkeit erreicht zu haben.)

Ein dritter Einflussfaktor trat nach 1967 auf, als die Gebete von Papst Johannes XXIII. um ein neues Pfingsten in der römisch-katholischen Kirche beantwortet wurden. Dies war etwas Positives, aber die Art, wie die katholische Kirche diese Heimsuchung durch den Heiligen Geist aufnahm, hatte meiner Meinung nach letztendlich einen negativen Einfluss auf den Glauben an die Gaben. Die katholische Kirche kam charismatischen Priestern und Gläubigen entgegen, indem sie charismatische Kleingruppen und Gemeinschaften innerhalb der lokalen Gemeinden zuließ. Sie erlaubte jedoch nicht, dass die Liturgie in ihrer Ausdrucksweise charismatisch wurde. Damit wurden die charismatischen Aspekte des Heiligen Geistes von den vorwiegend liturgischen Gottesdiensten der katholischen Kirche abgesondert.

Kirchliche Faktoren in der protestantische Kirche

Die protestantische Kirche trug ihre eigenen Faktoren bei, die Heilung und Wunder behinderten. Acht Faktoren im Protestantismus führten dazu, dass der Glaube an das Wirken dieser Gaben abnahm. In chronologischer Reihenfolge gesehen war der erste Faktor die Einschränkung des Dienstes von Johann Blumhardt in Deutschland.

Blumhardt lebte 1805–1880 und war eine der ersten Personen in der protestantischen Kirche, die effektiv für die Kranken zu beten begann. Er hatte einen mächtigen Heilungsdienst – so mächtig, dass die Lutheraner ihn baten, nicht für die Kranken zu beten, da es Neid und Probleme verursachte, weil auch Leute von außerhalb seines Pfarrbezirks kamen, um Gebet zu empfangen.

Heilungen und eine Erweckung brachen aus, nachdem er einen Dämon von einer jungen Frau ausgetrieben hatte. Der Kampf um ihre Freiheit währte zwei Jahre, aber schließlich wurde der Dämon überwältigt. Mit dem Schrei „Jesus ist Sieger!" verließ er sie und kehrte nicht zurück. Dieses Ereignis, von dem Friedrich Zündel in *The Awakening* (Plough Publishing, 2000) erzählt, fand 1842 statt. Blumhardt nahm für sich selbst nie die Lorbeeren für Befreiungen und Heilungen in Anspruch. Stattdessen sagte er gern, es gäbe vieles, was er nicht wüsste, aber das eine wisse er: Jesus ist Sieger! Aufgrund des Drucks seiner Konfession, das Gebet für die Kranken nicht als Teil seines Pfarrdienstes zu praktizieren, kündigte er und gründete 1853 ein Heilungszentrum.

Der zweite Faktor war die Amtsenthebung (Aufhebung der Ordination) des presbyterianischen Pastors Edward Irving aus London, weil er an die Wiederherstellung der Gaben und Ämter der Urgemeinde für die Kirche seiner Zeit glaubte. Dies signalisierte anderen Pastoren, die sich nach einer Erneuerung des Geistes sehnten, dass es sie wahrscheinlich ihre Kirche und ihre Ordination kosten würde. Irving war einer der allerersten Protestanten, die glaubten und predigten, dass die Gaben des Heiligen Geistes der Kirche zurückgegeben werden sollten und dass sie seiner Kirche in der Tat bereits zurückgegeben wurden.

Ein dritter Faktor war die heftige Ablehnung der Pfingstbewegung durch fast die gesamte protestantische Kirche, mit Ausnahme einiger späterer Heiligungsbewegungen, die pfingstlich wurden. Aber Gott sei Dank, diese ursprünglich starken Vorurteile gegen pfingstliche Erfahrungen und Lehren sind stark zurückgegangen. Heute haben 80 Prozent aller Christen der südlichen Erdhalbkugel eine pfingstliche Erfahrung mit dem Heiligen Geist und seinen Gaben gemacht.

Ein vierter Einflussfaktor bestand darin, dass Bibelschulen und theologische Seminare Pfingstler und Charismatiker diskriminierten. Ihnen war die Teilnahme nicht erlaubt, wenn sie in Zungen beteten. Aber auch hier haben sich die Dinge verändert. Viele Schulen, die einmal Pfingstler oder Charismatiker abgelehnt haben, erlauben ihnen nun sich einzuschreiben, und einige haben sogar Professoren eingestellt, die Charismatiker oder Pfingstler sind.

Ein fünfter Faktor waren protestantische Missionsgesellschaften, die Missionare entließen, weil sie in Zungen sprachen oder lehrten, dass die Heilungsgaben heute für den Dienst verfügbar waren. Die Missionsgesellschaft der Südbaptisten nahm 2007 offiziell diese Position ein. (Ich werde dieses Kapitel in Kürze mit einem Beispiel abschließen, wie dieser Faktor sich auf ein Missionarsehepaar auswirkte.)

Ein sechster Einflussfaktor war, dass Konfessionen begannen, einzelne Gemeinden auszuschließen, die charismatische Erfahrungen machten, wie z.B. das Reden in neuen Sprachen, Umfallen unter der Kraft Gottes, Prophetien oder das Ausüben des Heilungsdienstes. Einige der heutzutage größten Gemeinden in Asien und Brasilien waren einmal Baptistengemeinden, wurden jedoch ausgeschlossen, als sie begannen, solche Erfahrungen zu machen. Eine dieser Gemeinden in Manaus in Brasilien, in der ich mehrere Male gedient habe, hat heute 60 000 Mitglieder. Eine andere in Abidjan, Elfenbeinküste, hat über 120 000 Mitglieder. Dies sind nur zwei Beispiele von zahlreichen anderen.

Ein siebter Faktor gleicht einem der Faktoren in der katholischen Kirche: Einige protestantische Konfessionen kamen ihren charismatischen Pastoren und Gläubigen entgegen, indem sie Kleingruppen und Gemeinschaften in den lokalen Gemeinden erlaubten, jedoch nicht zuließen, dass die Gottesdienste oder Liturgien eine charismatische Ausdrucksform annahmen. Dies ermöglichte charismatischen Gläubigen zumindest, in ihren Ortsgemeinden zu bleiben und nicht hinausgeworfen zu werden. Sie konnten dann Orte einrichten, wo sie füreinander beten, die Gaben ausüben und ungehemmter anbeten konnten. Gleichzeitig waren diese Praktiken aber von der Gemeinde als Ganzes isoliert.

Diese Quarantänemaßnahme hielt die Charismen (Gaben) von den Versammlungen fern, während die charismatischen Mitglieder in der Gemeinschaft verblieben. Diese Kompromisslösung erlaubte dem Heiligen Geist nicht, die Kontrolle in Gottesdienstversammlungen zu übernehmen. Es gab keinen Raum für Prophetie außerhalb dieser isolierten charismatischen Gruppen. Ebenso gab es keinen Raum für Worte der Erkenntnis oder die Gaben der Heilung außer in den stillschweigend geduldeten charismatischen Hinterzimmern. Das Wirken Gottes durch diese Gaben wurde praktisch an

Orte verbannt, die sich außerhalb des Erfahrungsbereichs der meisten Mitglieder einer Gemeinde befanden. Es entsprach zwar nicht ganz einer Stillschweige-Politik, sorgte aber dafür, dass die Charismatiker in den Hinterzimmern blieben.

Vor ein paar Jahren sprach ich zu der „charismatischen Gemeinschaft" einer ganzen Diözese einer offiziellen Denomination. Leider hatte man dem Wirken des Geistes, das einst so mächtig und stark war, nicht erlaubt, den größten Teil dieser Denomination zu durchdringen. Die Folge war, dass fast alle der Anwesenden inzwischen ergraut waren. In den 25 Jahren nach der Ausgießung des Geistes trafen sich diejenigen, die zuerst berührt worden waren, immer noch zu Lobpreis und um für Kranke zu beten. Aber ihr institutionelles Gemeindeleben war nicht annähernd so beeinflusst worden, wie es möglich gewesen wäre, wenn man die Gaben des Geistes in den Versammlungen der lokalen Gemeinden zugelassen hätte.

Der achte und letzte Einflussfaktor war das moralische Versagen von sehr prominenten Leitern protestantischer Heilungsdienste. Als diese in Sünde fielen, hörten viele auf, an die Botschaft der Heilung zu glauben, die diese Männer predigten. Wir müssen uns jedoch ins Gedächtnis rufen, dass der Heilige Geist nicht den *Botschafter*, sondern die *Botschaft* unterstützt und bestätigt. Diejenigen, die versagten, waren meiner Meinung nach wahre Männer Gottes, die aus unterschiedlichen Gründen der Selbsttäuschung verfielen. Als Nächstes folgte ein selbstzerstörerisches, sündhaftes Verhalten, das ihren Dienst zerstörte. Als ihr Dienst schon zu Ende ging, wurden immer noch Menschen geheilt und gerettet, obwohl sich die Geistlichen schon im Selbstzerstörungsmodus befanden.

Ein persönliches Beispiel

Ich möchte dieses Kapitel mit einer Geschichte abschließen, in der einer dieser Faktoren die Fähigkeit eines Ehepaares, effektiv zu dienen, stark beeinflusste. Der fünfte Einflussfaktor der protestantischen Kirche, den ich erwähnte, war, dass protestantische Missionsgesellschaften anfingen, solche Missionare zu entlassen, die von der cessationistischen Position abwichen. Vor einigen Jahren traf ich ein solches Missionarsehepaar, als ich in Imperatriz in Brasilien diente. Sie erzählten mir ihre Geschichte.

Wir hatten auf unserer Reise ein beachtliches Team von etwa achtzig Leuten dabei. Ich brauchte unbedingt weitere gute Dolmetscher, die uns beim Predigen und Lehren und auch beim Gebet für die Kranken halfen. Eine anwesende amerikanische Familie war von einer Missionsgesellschaft ausgesandt worden, die sich darauf spezialisiert hatte, unerreichte Volksgruppen zu erreichen. Diese Familie hatte eine Pionierarbeit unter einer einheimischen Volksgruppe aufgebaut. Der Vater hatte die Arbeit vor vierzig Jahren begonnen und war nun im Ruhestand und in den Achtzigern. Sein Sohn, seine Schwiegertochter und ihre Kinder im Teenageralter setzten seine Arbeit fort. Als ich ihnen zum ersten Mal begegnete, waren sie alle Cessationisten und in diesem Standpunkt ausgebildet. Doch wir brauchten Dolmetscher und sie boten ihre Hilfe an. Sie wussten nicht, woran wir glaubten, als sie zustimmten, uns als Dolmetscher auszuhelfen.

Die Familie war sehr überrascht, als sie sich dabei wiederfanden, unsere Botschaften vom Evangelium des Reiches zu dolmetschen, die den fortbestehenden Dienst des Heiligen Geistes, der das Evangelium durch Zeichen, Wunder und Heilungen bezeugt, zum Inhalt hatten. Sie dolmetschten auch für uns, als wir für die Kranken beteten und Dämonen austrieben. Dave, der Vater, und Diana, die Mutter, und auch ihre Kinder im Teenageralter erlebten die Realität des Reiches Gottes, als sie Zeuge davon wurden, wie Tag und Nacht Menschen geheilt und freigesetzt wurden.

Dies führte bei Dave zu einer theologischen Krise. Er hatte gelehrt, dass die Gaben der Heilung und Wundertaten nicht mehr existierten, doch nun sah er sie direkt vor seinen Augen geschehen. Er fing an, Gott zu suchen und die Bibel zu studieren, um Klarheit zu bekommen. Er gelangte dadurch zu dem Schluss, dass seine cessationistische Sicht falsch war. Es war offensichtlich, dass seine Theologie und seine persönliche Erfahrung nicht mehr zusammenpassten, und während er die Schrift studierte, veränderten sich sein Herz und sein Denken.

Am Ende unserer Reise fragte er, ob ich zu dem Hotel kommen könne, wo er und seine Familie für die Zeit wohnten, in der sie für uns dolmetschten. Ich war einverstanden, und als ich zu ihnen kam, sagte er mir, die ganze Familie wolle, dass ich ihnen die Hände auflegte und für sie betete, damit eine Übertragung der Geistesgaben von meinem Leben in ihres stattfände. Sie wollten auch die Geistestaufe haben. Gott erhörte meine Gebete, indem er in mächtiger Weise auf sie alle kam. Voller Freude trennten wir uns anschließend und gingen unserer Wege.

Als unser Team ein Jahr später nach Imperatriz zurückkehrte, hörte ich den Rest ihrer Geschichte. Dave und Diana hatten eine Einverständniserklärung unterzeichnet, die besagte, wenn sie jemals die Missionsgesellschaft aus irgendeinem Grund verlassen sollten, müssten sie auch den Stamm und die Gegend verlassen, in der sie gearbeitet hatten. In dem Glauben, dass das Ausüben der Geistesgaben und der Zungensprache gleichsam das „Verlassen" der Gesellschaft zur Folge hätten, mussten sie kündigen. Nachdem wir also Brasilien zum ersten Mal verlassen hatten, schrieb Dave pflichtbewusst seine Kündigung und schickte sie an die Leiter der Missionsgesellschaft. Dies war sehr schwer für ihn, da er und seine ganze Familie in Brasilien geboren worden waren und sein Vater ihre Arbeit unter den Einheimischen begonnen hatte.

An dem Tag, an dem er den Brief abschickte, begann eine echte Erweckung im klassischen Stil. Der Heilige Geist fiel auf seine Gemeinde. Vor dieser Ausgießung waren die Mitglieder nicht sehr begeistert von ihrem Glauben. Alle zehn kamen spät zum Gottesdienst, der unter einem Mangobaum stattfand. Sie hatten keine Leidenschaft im Lobpreis, und wenn Dave und seine Familie anwesend waren, sprachen sie oft von Gott als „euer Gott" anstatt „unser Gott".

Dies änderte sich, als der Heilige Geist fiel. Die Gemeindemitglieder wurden voller Eifer für Gott. Er war nun *ihr* Gott. Sie wurden vom Heiligen Geist überführt und weinten in der überwältigenden Gegenwart von Gottes Liebe. Sie gingen von Tür zu Tür und baten Menschen, die sie ungerecht behandelt hatten, um Vergebung. Der Stamm hatte seine Häuser kreisförmig angeordnet, und so gingen die Gemeindemitglieder im Kreis herum, um die Dinge mit anderen Mitgliedern des Stammes in Ordnung zu bringen. Viele, die sie besuchten, waren keine Christen, aber sie waren beeindruckt von den Veränderungen in diesen Christen. Viele nahmen daraufhin Jesus an.

Oft war es sogar der Fall, dass sogar noch bevor die Christen zu allen Häusern gekommen waren, andere Stammesmitglieder durch das mächtige Zeugnis der neuen Gläubigen überführt wurden. Wenn die Christen hörten, dass jemand krank war, gingen sie hin und beteten für diese Person, bis sie geheilt war. Sie spendeten auch Geld, um andere Volksstämme mit ihrer Erweckungsbotschaft zu erreichen. Andere Stämme hörten bald, was passierte, und kamen, um es selbst zu sehen und zu erleben.

Ungefähr in dieser Zeit hatte Daves Missionsgesellschaft gerade das Neue Testament in der Sprache dieses Volksstammes fertiggestellt. Es hatte fast vierzig Jahre gedauert. Als Abgeordnete der Missionsgesellschaft mit der Übersetzung zu Daves Gemeinde kamen, sahen sie dort nicht die üblichen zehn bis fünfzehn Christen, sondern über 200 Leute. Sie wunderten sich, was all diese Leute in der Gemeindeversammlung wollten. Als Dave ihnen sagte, dies wäre jetzt die Gemeinde, konnten die Abgeordneten der Mission es kaum glauben.

Die Geschichte hat ein glückliches Ende. Als die Leiter der Gesellschaft sich wieder mit Dave und Diana trafen, um ihre Kündigung anzunehmen, etwa ein Jahr nachdem sie die Kündigung eingereicht hatten, trafen sich die Abgeordneten auch mit Führern des Volksstammes. Die Führer sagten ihnen, wenn sie Dave und Diana zwingen würden, sie zu verlassen, wolle der Stamm nicht, dass irgendjemand sonst von der Gesellschaft zu ihnen käme. Viele wollten nicht zu der alten Religion zurück – sie wollten das, was seit der Erweckung geschehen war. Außerdem waren die älteren Führer des Dorfes, die die endgültigen Entscheidungen trafen, nicht gewillt, die starken Bande der Freundschaft mit Dave und Diana zu durchtrennen. Die Missionsgesellschaft zog sich daraufhin zurück und beschloss, dass sie keine Verbindung mehr zu der Gemeinde haben wollte, wenn Dave und Diana Pastoren der Gemeinde blieben. Die Gesellschaft glaubte einfach nicht daran, dass sich auch heute noch Heilungen ereignen, bzw. an die anderen sogenannten „Zeichen-Gaben". Dave und seine Familie trennten sich gemeinsam mit der Stammesgemeinde, die sein Vater gegründet hatte, freundschaftlich von der Missionsgesellschaft. Sie zogen es vor, weiterhin in ihrer neu gefundenen Beziehung zum Heiligen Geist zu wachsen.

KAPITEL 5

Heilung und das Reich Gottes

Bill

Als Gott sagte, die Himmel würden ihm gehören, aber die Erde habe er den Menschen gegeben (vgl. Ps 115,16), waren das keine leeren Worte. Gott ist nach wie vor der Herrscher über alle Dinge, aber er hat Freude daran, Verantwortung an seine Schöpfung zu delegieren. Er gibt allen, die er geschaffen hat, Identität und Sinn, indem er ihnen bedeutsame Aufgaben überträgt. Entsprechend setzte er Adam und Eva als Autorität über die Erde ein. Gottes Absicht war es, mit denen, die er nach seinem Bild geschaffen hatte, partnerschaftlich über die Erde zu regieren. Ihre Aufgabe war einfach: Lebt ein erfülltes Leben, bekommt Kinder, die Kinder bekommen, die wiederum Kinder bekommen, und macht euch die Erde untertan von den zerstörerischen und chaotischen Kräften, die außerhalb des Gartens ihr Unwesen treiben (vgl. 1 Mose 1,28). Es war nicht so, dass Gott hier nicht regieren wollte. Nach seinem souveränen Plan waren die Dinge einfach nicht vollkommen ohne Menschen, die durch die Beziehung zu ihm in Autorität ihren Platz einnahmen.

Der Garten Eden war ein vollkommener Ort der göttlichen Ordnung, aber mehr konnten Adam und Eva nicht bewältigen, da sie ja die beiden einzigen Bewohner waren. Der Plan war, dass sie sich zunächst vermehrten und lernten, ihren Verantwortungsbereich zu verwalten. Danach sollten sie die Grenzen des Gartens erweitern, bis der ganze Planet durch Gottes Repräsentanten – der Menschheit – unter der Regentschaft Gottes war.

Vor der Erschaffung des Gartens und des Menschen gab es drei Erzengel: Michael, Gabriel und Luzifer. Jedes dieser Wesen hatte bestimmte Aufgaben und Verantwortungsbereiche. Luzifer, der jetzt Teufel genannt wird, wurde aufgrund seiner Rebellion aus dem Himmel geworfen. Die Bibel lehrt uns, dass ein Drittel aller Engel mit ihm fiel. Es leuchtet ein, dass die, die sich unter Luzifers Obhut befanden, auch die waren, die den Himmel zur gleichen Zeit verließen. Die Offenbarung gibt uns Einblick in dieses Ereignis: *„... und sein Schwanz fegte den dritten Teil der Sterne des Himmels hinweg und warf sie auf die Erde"* (Offb 12,4 LUT). *Sterne* könnte sich auf den Bereich der Engel beziehen, der in Rebellion fiel, aber dieser Vers könnte auch bedeuten, dass dieses Ereignis insofern Einfluss auf die Schöpfung hatte, dass auch *Sterne* in ihren Einflussbereich „gefegt" wurden. Unabhängig davon ist klar, dass der Teufel auf der Erde landete. Das bedeutet auch, dass der Grund, warum Gott sich die Erde aussuchte, um daraus den Menschen zu machen, darin bestand, ihn in die Position zu versetzen, den Planeten Erde zurückzuerobern – den einzigen Ort, der sich in Gottes Schöpfung in Unordnung befand.

Da Satan wie Gott angebetet werden wollte, entschied Gott, Satans dunkles Reich durch die zu überwältigen, die er in seinem Ebenbild schuf, die Gott aus freiem Willen anbeteten. Gott beschloss, den Teufel und seine Anhänger durch Anbeter zu besiegen. Anbetung ist die Hauptberufung der Menschheit. Das ist von Gottes Seite her nicht egoistisch. Liebe wählt das Beste, und wenn man bedenkt, dass wir immer so werden wie das, was wir anbeten, gibt es nichts Besseres, das Gott sich für uns wünschen könnte.

Eine Sache muss ich herausstellen: Zu keiner Zeit war der Teufel eine Gefahr für Gott oder die Kraft der Gerechtigkeit oder seiner souveränen Herrschaft über allem. Gott könnte den Teufel leicht mit einem Hauch seines Mundes besiegen. Aber als Gott beschloss er, ihn durch die Menschheit zu besiegen. Das ist wirklich ein überwältigender Plan.

Sein Plan ist nicht gescheitert. Adam und Eva dagegen schon. Sie hörten auf die „klugen" Worte der Schlange , des Teufels, und wurden sein Eigentum (vgl. Röm 6,16). Auch ihre Herrschaftsposition über der Schöpfung wurde zusammen mit den Schlüsseln der Autorität zum Eigentum Satans. Deshalb konnte er Jesus in der Wüste nach dessen vierzigtägigem Fasten den Machtbereich irdischer Autorität anbieten. Der Teufel wollte irdische Herrschaft gegen das eintauschen, was er immer gewollt hatte – Anbetung (vgl. Lk 4,6-7).

Jesus lehnte jedoch alle Abkürzungen zum Sieg ab, und Gottes Erlösungsplan nahm seinen Lauf. Jesus, Gottes einziger Sohn, wurde Mensch. Als solcher sollte er die Menschheit von ihrem Sklavenhalter, dem Teufel, zurückkaufen, während er gleichzeitig *als Mensch* diesen Sklavenhalter besiegte! So erfüllte sich Gottes ursprünglicher Plan. Alles, was wir als Gläubige nun tun, ist dazu bestimmt, das Erlösungswerk und den Triumph über die dunklen Mächte, der auf Golgatha stattgefunden hat, zu bekräftigen und sichtbar zu machen. Jesus hat damals und dort alles vollbracht.

Der Opfertod Jesu folgte auf sein vollkommen gelebtes Leben. Es war wesentlich, dass er mit denselben Problemen konfrontiert war wie wir, dabei aber ohne Sünde blieb – was ihm gelang. So wurde er das fehlerlose Lamm, ein sündloses Opfer, das den Fluch vom Menschen wegnahm. Als Jesus von den Toten aufstand, tat er dies, um zu regieren. Er erklärte: *„Mir ist alle Macht gegeben!"* (Mt 28,18). Wenn er *alle* Autorität hat, dann hat der Teufel *keine*.

Jesus übergab dann seine Autorität an diejenigen, die ihm folgten. Im Grunde erklärte er, dass wir nun wieder bei *Plan A* zurück waren: Wir erobern die Herrschaft über die Erde zurück, nun als erlöste Menschheit.

Plan A einfach umgesetzt

Als der Auftrag, den Planeten zu regieren, zum ersten Mal erteilt wurde, sündigten Adam und Eva, indem sie unabhängig von Gott handelten. Jesus kam und lebte uns beispielhaft vor, wie es möglich ist, diesen Auftrag auszuführen: indem man Gottes Leitung folgt und zum Diener für alle wird. Wir sterben, um zu leben, wir geben, um zu empfangen, wir demütigen uns, um erhoben zu werden ... Dies sind die Haltungen und Einstellungen einer anderen Welt, einer Welt, die Einfluss nehmen soll über die unsrige. Um wirklich über diese Erde zu herrschen, muss unser Denken dieser anderen Welt, die wir repräsentieren, angeglichen werden.

Wir haben eine Aufgabe im Rahmen einer *Beziehung*. Anders ausgedrückt: Alles, was wir tun sollen, basiert auf einer Beziehung zu Gott in der Gegenwart. Die Partnerschaft mit ihm soll zum Ausdruck bringen, was Beziehung ist. Dies ist ihm überaus wichtig. Es wäre natürlich falsch zu sagen, dass Gott uns braucht. Er ist unabhängig. Er braucht nichts. Aber er sehnt sich leidenschaftlich danach, seine Herrschaft mit denen zu teilen, die er nach seinem Bild geschaffen hat, die ihn aus freiem Willen anbeten. Unser Auftrag ist einfach: Wir sollen der Führung unseres Herrn folgen und „*die Werke des Teufels zerstören*" (1 Joh 3,8).

Diese Armee der Menschheit, die dazu bestimmt ist, die Werke des Teufels zu zerstören, ist bereits einmal gefallen – durch Adam. Unabhängigkeit von Gott war die Wurzel von Adams Sünde. Er fiel auf das Angebot, „wie Gott zu sein", herein. Das Merkwürdige an der Sache ist nämlich, dass er das bereits war. Adam und Eva versuchten durch das Essen der verbotenen Frucht das zu bekommen, was sie durch Gottes Gnade bereits geschenkt bekommen hatten. Dies war der schmerzliche Sündenfall des Menschen.

In Christus wurde unsere Partnerschaft zu herrschen wiederhergestellt. Und ebenso bedeutend ist, dass er uns ein Beispiel gegeben hat, wie wir unseren Auftrag erfolgreich ausführen können: indem wir so sind wie er. Wie Christus zu werden, ist unser wahres Ziel als Gläubige. Wir kommen darin unserer Aufgabe nach, das Evangelium als das zu predigen und zur Schau zu stellen, was es wirklich ist: die Gute Nachricht.

Der Auftrag, „den Planeten zurückzuerobern", beginnt mit Gebet. Ich meine damit kein Alibi-Gebet, dessen wir uns manchmal schuldig machen, wie das Gebet vor dem Essen. Ich meine echtes Gebet, das Partnerschaft ausdrückt. Wenn mein Gebet mich nicht bewegt, wird es auch Gott nicht bewegen. Er zeigt uns seinen Willen und fordert uns dann auf, in die Gemeinschaft mit ihm zu kommen und nach den Details dieses Willens zu fragen. Viele Leute diskutieren gern über die Feinheiten des Gebets und werden dadurch oft von dem Auftrag zu *beten* abgelenkt. Es ist sein Wille für uns, seinen Willen zu beten. Punkt.

Es ist naiv, anzunehmen, dass etwas automatisch geschieht, wenn es Gottes Wille ist. Diese falsche Vorstellung ist oft der Grund für kraftloses Gebet. Gebet wird dann zu einer christlichen Aktivität, die kein bestimmtes Ziel hat, außer uns zu beschäftigen. Zu denken, dass Gottes Wille automatisch geschieht, ist auch ein falsches Verständnis von Gottes Souveränität. Er *könnte* leicht seinen Willen erzwingen, doch hat er sich jedoch entschieden, dies nicht zu tun. Partnerschaft – die Zusammenarbeit mit uns – ist das Herzstück seines Plans. Und Gebet steht am Anfang unseres Auftrags.

Noch einmal: Geschieht sein Wille immer? *Nein!* Sehen Sie sich 2. Petrus 3,9 an: *„Der Herr verzögert nicht die Verheißung, wie es einige für eine Verzögerung halten, sondern er ist langmütig euch gegenüber, da er nicht will, dass irgendwelche verloren gehen, sondern dass alle zur Buße kommen."* Es ist sein Wille, dass niemand verloren geht – dennoch gehen täglich Menschen verloren. Wir spielen eine Rolle bei der Erfüllung seines Willens. Und in welchem Maß sich sein Wille tatsächlich erfüllt, hängt in gewisser Weise damit zusammen, wie gut wir seine Ziele und Absichten auf der Erde repräsentieren. Wir haben eine Rolle, haben Einfluss, haben Anteil an dem Gesamtplan. Wir sind Gottes Partner.

Wenn Gott uns anweist, auf eine bestimmte Art und Weise zu beten, geschieht dies nicht, um uns in eine willkürliche christliche Aktivität einzubeziehen, damit wir uns nützlich fühlen. Er bezieht uns in die zuvor erwähnte Partnerschaft mit ein, in der Dinge auf die richtige Art getan werden und sein Wille auf der Erde freigesetzt wird. Das Gebet ist darum wahrscheinlich die am meisten unterschätzte christliche Aktivität und die wesentliche Sache, die sein Herz mit den aktuellen Umständen der Menschheit in Verbindung bringt. An diesem „Ort der Übereinstimmung" ist das Herz Gottes im Einklang mit dem Herzen des Menschen. Auf diese Weise werden Gottes Absichten auf der Erde freigesetzt.

Das große Gebet

Gesalbte Gebete offenbaren das Herz Gottes auf mächtige und einzigartige Weise. Die Schrift enthält viele solcher Gebete, aber keines davon ist so aufschlussreich wie das, was man das Vaterunser nennt. Es enthält die höchste Offenbarung von Gottes Willen für unser Leben auf diesem Planeten.

Unser Vater im Himmel!
Dein Name werde geheiligt.
Dein Reich komme.
Dein Wille geschehe
wie im Himmel so auf Erden.
Unser tägliches Brot gib uns heute.
Und vergib uns unsere Schuld, wie auch wir vergeben unsern
Schuldigern.
Und führe uns nicht in Versuchung, sondern erlöse uns von dem
Bösen.
[Denn dein ist das Reich und die Kraft und die Herrlichkeit in
Ewigkeit. Amen.]
(Mt 6,9-13 LUT)

Dieses großartige Gebet besteht im Wesentlichen aus zwei Teilen: Anbetung und Bitte. Die Bitte hat nur eine Ausrichtung: den Willen Gottes. Sie dreht sich um unser Bedürfnis nach Versorgung, unsere Beziehung zu Gott und anderen Menschen und das Problem der Versuchung. Die hier verwendete Ausdrucksweise ist entscheidend dafür, dass wir ein klares Verständnis von unserer Aufgabe bekommen. „Wie im Himmel so auf Erden" ist das Schlüsselelement dieses Gebets. Es deckt jeden Bereich von Gottes Willen für unser Leben ab.

Lassen Sie uns nun über das Wort *Apostel* in Bezug auf Gebet sprechen. Diese Bezeichnung wurde in den letzten Jahren nahezu vergöttert. Sie wurde so hochgehoben, dass das „Amt" unerreichbar wurde – dafür konnte sich niemals jemand qualifizieren. Es ist nun nicht meine Absicht, mich in diesem Buch mit Gemeindeleitung oder dem fünffältigen Dienst zu beschäftigen. Es ist jedoch wichtig, diesen Ausdruck zu gebrauchen, um uns dabei zu helfen, die volle Bedeutung des Vaterunsers zu verstehen, dem berühmtesten Gebet aller Zeiten.

Im Neuen Testament bedeutet das Wort *Apostel* „Gesandter". *Apostel* war ursprünglich ein weltlicher Ausdruck, der sowohl von den Griechen als auch von den Römern für den Leiter einer Gesandtschaft gebraucht wurde. Dieser Leiter hatte die Aufgabe, die Kultur des von ihm repräsentierten Reiches im täglichen Leben der Bürger eines Gebietes, das erobert wurde, zu verankern. Die Herrscher hatten bemerkt, dass die Bürger eroberter Ländereien sehr schnell zu ihrer gewohnten Lebensweise zurückkehrten, wenn niemand dafür sorgte, dass die neue Kultur Fuß fasste. Es war sehr entmutigend, keine Veränderung in einer eroberten Nation zu sehen. Dadurch wurde der Sinn der Eroberung zunichte gemacht. Aus diesem Grund entwickelten sie eine Strategie, wie man die Kultur einer eroberten Stadt transformieren konnte, sodass sich die Führer des Reiches bei einem Besuch wie zu Hause fühlen würden. Zu diesem Thema ist das Buch *Apostolic Ministry* von John Eckhardt zu empfehlen.[1] Die Position des Apostels wurde aus diesem Bedürfnis heraus geschaffen. Jesus übernahm diesen Ausdruck, um seine Absichten zu offenbaren. Seine Apostel leiten eine spezielle Gesandtschaft, die die Aufgabe haben, die Kultur des Himmelreiches im täglichen Leben der Bürger, denen sie dienen, zu verankern.

Das Vaterunser ist ein apostolisches Gebet. *Wie im Himmel so auf Erden.* Mach diese Welt wie die andere. Es bedeutet nicht, dass Sie ein Apostel sein müssen, um es zu beten. Es bedeutet, dass das Ziel dieses Gebetes ein deutlicher Ausdruck des apostolischen Mandats ist, das Denken und die Lebensweise einer Nation zu verändern, sodass sie der regierenden Nation entsprechen – in diesem Fall dem Himmel. Dies wird zum Mandat der Gemeinde, wenn sie den vollen Grad gesunder Leiterschaft erreicht. Es befremdet mich, dass wir einen solch großen Teil unseres Christenlebens mit allem Möglichen verbringen, statt daran zu arbeiten, die Gesellschaft zu verändern. Der Hunger nach dem Himmel sollte bewirken, dass wir damit aufhören, keine Verantwortung für diesen

---

[1] John Eckhardt, *Apostolic Ministry:* A 50 Lesson Bible Course (Der apostolische Dienst: Ein Bibelkurs mit 50 Lektionen), Crusaders Ministries, 2005.

Moment in der Geschichte zu übernehmen, den Gott uns gegeben hat. Je mehr die Gemeinde versteht, wer sie ist, desto weniger wird sie gerettet werden wollen. Die Rückkehr des Herrn ist wunderbar und wird somit der letzte Höhepunkt der Ereignisse sein, aber unser Auftrag ist nicht, dass wir in den Himmel kommen. Er besteht darin, den Himmel durch Gebet und Gehorsam auf die Erde zu holen, indem wir den Dienst Jesu übernehmen.

Heilung war ein bedeutender Teil von Jesu Dienst. Im Himmel gibt es keinen Krebs. Es gibt in diesem Machtbereich auch keine Blindheit oder Taubheit oder irgendeine andere Krankheit. Freiheit von Krankheit ist Gottes Wille für die Erde. Punkt. Gott hat uns nicht angewiesen, für Heilung zu beten, um uns zu frustrieren. Ebenso wenig ist das Gebet eine geistliche Übung, die uns nach der Ewigkeit hungern lassen soll. Wir sollen nicht glauben: *Physische Gesundheit gibt es hier nicht; es wird sie nur im Himmel geben. Sie ist uns als ewiges Erbe vorbehalten.* Nein, der Himmel soll, gerade was Gesundheit angeht, in die Erde eindringen.

Wenn der Himmel in die Erde eindringt, ist das sowohl etwas Einfaches als auch etwas Komplexes. Es ist einfach in dem Sinne, dass jedes Mal, wenn jemand geheilt oder befreit wird oder sich bekehrt, ein Stück Himmel auf ihn herabkommt, das das Werk des Teufels zerstört. Es ist komplex in dem Sinne, dass die völlige Herrschaft des Himmels auf der Erde nicht durch eine einzelne, ernsthafte Bitte erreicht wird. Das eifrige, unablässige, zielgerichtete Gebet einer hingegebenen Generation wird diesen Auftrag erfüllen.

Eine unvollständige Botschaft

Solange ich denken kann, war die Botschaft der Gemeinde die Errettung von Seelen. Großartige Evangelisationen werden durchgeführt, um die Massen zu Jesus zu bringen. Evangelisation findet auch auf den Straßen statt, wenn normale Menschen in unsere Städte gehen und lernen, die gute Botschaft von Gottes Vergebung für jeden weiterzugeben. Vielleicht ist es die Schönheit dieser Botschaft, die uns bezüglich unseres restlichen Auftrags eingeschläfert hat. Er ist größer als das. Jesus hat uns eindeutig gelehrt, dass wir die Botschaft des Reiches Gottes jeder Nation predigen sollen, bevor das Ende kommt (vgl. Mt 24,14). Diese Botschaft setzt das Reich Gottes durch Wunder frei.

Die Botschaft der Erlösung ist im Evangelium des Reiches Gottes enthalten. Die gute Botschaft des (König-)Reiches Gottes ist die Proklamation, dass Gottes Herrschaft *jetzt* in Kraft ist. König-Reich bedeutet: das *Reich des Königs*. Die Botschaft des Reiches Gottes ist die Botschaft des Reiches des Königs, das hier und jetzt wirksam ist. Und jedes Mal, wenn Jesus diese Botschaft verkündigte, folgten Wunder. Wunder waren die natürliche Folge dessen, dass seine Herrschaft verwirklicht war. *„Und Jesus zog umher durch alle Städte und Dörfer und lehrte in ihren Synagogen und predigte das Evangelium des Reiches und heilte jede Krankheit und jedes Gebrechen"* (Mt 9,35). Die richtige Botschaft zieht Gottes Kraft an, da er sein Wort liebend gerne bestätigt.

Die Botschaft des Evangeliums wäre nicht so unvollständig, würde sie so gepredigt werden, wie Gott es beabsichtigt hatte. Heute verbinden wir mit *Erlösung* oft, dass uns unsere „Sünden vergeben werden". Wenn dies alles wäre, wäre es das trotzdem wert. Vergebung ist nach wie vor das größte Wunder. Wenn man behauptet, dass zu dieser Botschaft noch mehr gehört, schmälert das aber nicht die Bedeutung von Vergebung. Es ist nur so, dass Gott mehr im Sinn hatte. Jesus sagte: *„Denn der Menschensohn ist nicht gekommen, um das Leben der Menschen zu vernichten, sondern um sie zu retten"* (Lk 9,56 NLÜ). Das Wort *retten* ist im griechischen Original das Wort *sozo*. Dies bezieht sich ausdrücklich auf die *Vergebung* von Sünden, die *Heilung* von Krankheit und die *Befreiung* von Qualen. Das ist Erlösung. Jesus traf die Vorkehrung dafür, dass der ganze Mensch erlöst werden konnte – Geist, Seele und Leib:

- Geist – Vergebung
- Seele – Befreiung
- Leib – Heilung

Die gute Nachricht der Erlösung soll den ganzen Menschen umfassen. Eine andere Sicht auf diese Wahrheit erhält man, wenn man das Wortes *„böse"* in Matthäus 6,13 (LUT) studiert: *„... erlöse uns von dem Bösen."* Das Wort „böse" repräsentiert den gesamten

Fluch der Sünde, der auf dem Menschen liegt. Das griechische Wort für böse ist *poneros*. Es kommt von *ponos*, was „Schmerz" bedeutet. Dieses Wort wiederum kommt vom Wortstamm *penes*, was „arm" heißt. Um all das zu zerstören, kam Jesus: das Böse, d.h. die Sünde, den Schmerz, d.h. die Krankheit, und das Arme, d.h. die Armut. Jesus zerstörte die Macht der Sünde, Krankheit und Armut durch sein Werk auf Golgatha. Adam und Eva lebten im Paradies ohne Sünde, Krankheit und Armut. Sollten wir, nun dass wir erlöst und in Gottes ursprünglichen Plan wieder eingesetzt sind, etwa weniger erwarten? Insbesondere unter dem Aspekt, dass das, was Jesus erreicht hat, der „bessere Bund" genannt wird?

Jesus, unser Retter, kam und hatte Herrschaft im Sinn. Dies wurde klar gesagt: *„Hierzu ist der Sohn Gottes offenbart worden, damit er die Werke des Teufels vernichte"* (1 Joh 3,8). Da die Werke des Teufels oft in der offenkundigen Zerstörung im Leben von Menschen sichtbar werden, leuchtet es ein, dass Jesus kam, um den Feind von seiner einflussreichen Kontrollposition zu stoßen.

Heute werden Menschen in der Regel dadurch gerettet, dass sie ein Gebet nachsprechen, aber viel mehr geschieht dann nicht, um sie mit dem Einen, der sie wirklich frei und zu einer neuen Schöpfung gemacht hat, in Beziehung zu bringen. Diese Bekehrten leben oft mit Leiden und Krankheit, einige über Jahre, andere sogar ihr Leben lang. Wenn jemand schon am Anfang eine vollständigere Erlösung erlebt, startet er mit einem größeren Schwung in die Beziehung hinein, die Gott sich wünscht. Erinnern Sie sich an den Mann, der am Schönen Tor geheilt wurde? Die Schrift sagt uns, dass er umherlief, vor Freude umhersprang und Gott pries. Er wurde in jedem Bereich seines Lebens berührt. Er wurde physisch geheilt – er *lief umher*. Er wurde emotional geheilt – er *sprang* vor Freude. Er wurde auch geistlich geheilt – er *pries* Gott (vgl. Apg 3,1-10).

Ich erinnere mich daran, wie ich vor einigen Jahren an einem Sonntagmorgen einen Bekehrungsaufruf machte. Eine Reihe von Leuten kam an diesem Tag nach vorn. Ein Mann stach heraus. Er hatte große Schmerzen und war mit einem Gehstock in den Gottesdienst gekommen. Krankheit hatte ihn der Fähigkeit beraubt, ohne Hilfe zu gehen. Er war stark von Sünde überführt und wollte

Christus sein Leben geben, sodass er schnell auf den Aufruf reagierte und nach vorn ging, um mit unseren Gebetsdienern zu beten (wie wir die Mitglieder unseres Gebetsteams nennen). Erst
nachdem er Christus angenommen hatte, merkte er, dass er seinen Stock am Platz gelassen hatte. Er wurde geheilt, während er
nach vorne kam, um die Liebe Gottes durch Vergebung zu empfangen. Die Erlösung, die die Kraft der Sünde auslöschte, zerstörte
auch das Leiden in seinem Körper. Er war errettet, und das voll
und ganz!

Glaube für Teil-Erlösung

Warum haben wir mehr Glauben für die Bekehrung einer Person
als für ihre Heilung? Es ist nicht biblisch, aber unsere Erfahrung.
Wir alle neigen dazu, die Bibel gemäß unserer Erfahrung zu interpretieren, anstatt von ganzem Herzen die Erfahrung, die die
Schrift lehrt, anzustreben.

Seit Jahrhunderten hat die Gemeinde Glauben für die Bekehrung von Menschen, und das ist auch richtig so. Dies wurde zur
Zeit Martin Luthers wieder in den Mittelpunkt gerückt. Aber was
wäre geschehen, wenn Heilung und Befreiung in die kirchliche
Definition von Erlösung eingeschlossen worden wären, so wie es
in der Bibel der Fall ist? Ich glaube, dass unser Glaube dann für
beide Bereiche ähnlich groß wäre. Wir leben in einer Zeit des ge-
ballten Glaubens für Errettung – wenn damit ausschließlich die
Vergebung der Sünden gemeint ist. Seit Generationen können wir
hier Ergebnisse nachweisen. Aber was Heilung betrifft, scheint es
so, als würde eine Generation ihr nacheifern, während die nächste
das Erreichte wieder verliert. Es entwickelt keine Eigendynamik,
wenn jede Generation, die nach diesem Teil des Evangeliums
strebt, sozusagen das Rad neu erfinden muss. Heilung bringt Konflikte und viel Kritik. Aus diesem Grund strebt man nicht mehr
nach dieser großartigen Sache, obwohl Paulus klar sagt: *„Eifert
aber nach den geistlichen Gaben"* (1 Kor 14,1). Nach etwas *eifern*
bedeutet eigentlich „eifersüchtig sein". Dieses Gebot fordert uns
auf, in unserem Streben nach den „Gaben des Geistes" vor Eifer
zu brennen. Und Heilung ist in der Liste der Gaben enthalten.

Es ist eine absolute Lüge, zu glauben, Heilung sei entweder nicht für heute gedacht oder nicht Teil unserer Erlösung. Eine Lüge zu glauben verleiht dem Lügner Kraft. Mit dem Teufel übereinzustimmen, indem wir eine Lüge glauben, gibt ihm die Fähigkeit, uns noch leichter zu berauben. Wenn wir ignorieren oder leugnen, was Gott uns gegeben hat, verlieren wir die Fähigkeit, den Bereich des Heiligen Geistes zu unterscheiden, und enden oft darin, dass wir das Werk des Teufels Gott zuschreiben.

Der Preis dafür, Lügen zu tolerieren, ist gewaltig. Doch die Auswirkungen geistlicher Unwahrheiten sind mit dem Mangel an Heilung noch nicht am Ende. Lügen nehmen uns den Kern unserer natürlichen Fähigkeit, in unserer Beziehung zu Gott von mehr zu träumen. Durch sie wird Furcht zum König erhoben. Sie zwingen uns, in den Grenzen zu leben, die wir durch unseren Unglauben gezogen haben. Auch wenn das Streben danach, das Übernatürliche mehr zu erleben, viele nervös macht, ist dies in Wirklichkeit ein Zeichen für Leben. Ich weigere mich, auf die Warnungen vor Exzessen von denen zu hören, die sich mit Mangel zufrieden geben. Der Maßstab für ein Leben als Christ sollte nicht von denen vorgegeben werden, die die Fähigkeit verloren haben, vom Unmöglichen zu träumen. Nach Unmöglichem zu streben ist unsere Natur in Christus.

Jetzt und noch nicht

Das Reich Gottes ist sowohl jetzt als auch noch nicht. Diese Beschreibung fand ich erfrischend, als ich sie zum ersten Mal hörte. Sie schien die Erlaubnis dafür zu geben, nach dem zu streben, was Gott verfügbar gemacht hatte, während wir gleichzeitig daran erinnert werden, dass wir erst im Himmel Zutritt zu allem haben werden. Doch seit einiger Zeit hat dieser Satz eine neue Bedeutung angenommen. Er scheint meistens von denen angeführt zu werden, die Angst davor haben, nach mehr zu streben. Sie wollen sich wohlfühlen mit ihrer mangelnden Risikobereitschaft und hoffen, dass sich in den Leuten in ihren Kreisen die gleiche Apathie gegenüber dem Übernatürlichen spiegelt, die sie selbst an den Tag legen. Sie erklären damit, warum manche Dinge, für die wir beten, nicht passieren. Als die Jünger nicht den übernatürlichen

Durchbruch erzielten, den sie gewohnt waren, fragten sie Jesus nach dem Grund (vgl. Mk 9,28). Er erklärte, dass wir manchmal unserem Streben Fasten und Beten hinzufügen müssen. Anders ausgedrückt: Einige Bereiche in Gott werden uns nicht einfach gegeben – nach ihnen muss man streben.

Jedes Mal, wenn wir eine Theologie um etwas bauen, was *nicht* passiert ist, bleiben wir hinter Gottes Plan zurück. Seine Ziele und Pläne übersteigen unser Gebetsleben und unsere Vorstellungskraft (vgl. Eph 3,20). Die Frage bleibt daher bestehen: Wie viel vom Reich Gottes können wir in diesem Leben haben? Niemand kann das sicher sagen. Unsere physischen Körper könnten der vollen Manifestation seiner Herrlichkeit nicht standhalten; wir würden uns auflösen. Aber wir wissen aus der Geschichte, dass frühere Generationen größere Durchbrüche erlebt haben, als wir es heute sehen. Und wenn man bedenkt, dass Gott uns größere Dinge schenken möchte, als selbst Jesus erlebte, bleiben wir hinter Johannes 14,12 zurück: *„Wahrlich, wahrlich, ich sage euch: Wer an mich glaubt, der wird auch die Werke tun, die ich tue, und wird größere als diese tun, weil ich zum Vater gehe."* Wir dürfen uns nicht mit einem Maß zufrieden geben, das uns bequem erscheint. Dies wäre ein klares Zeichen für geistliche Blutarmut. Unbehagen schafft Raum für den Tröster.[2] Ich tendiere dazu, zu glauben, dass er uns so viel geben wird, wie wir physisch aushalten können.

Der Apostel Paulus hatte sich dem Predigen des Evangeliums vom Reich Gottes verschrieben (vgl. Apg 28,31). Er machte jedoch klar, dass dies mehr als Worte beinhaltete. Das Reich wurde damals wie heute in Kraft sichtbar gemacht. Um den Gebrechen des Menschen zu begegnen, muss die gute Nachricht, dass Gottes Welt in die unsere hereinbricht, in Kraft gepredigt werden. Das Evangelium sollte niemals eine Botschaft sein, die sich nur um das dreht, wozu wir nach dem Tod Zugang haben. Es ist eine *Genau-jetzt*-Botschaft.

Betrachten Sie Römer 15,18-19: *„Denn ich werde nicht wagen, etwas von dem zu reden, was Christus nicht durch mich gewirkt hat ... durch Wort und Werk, in der Kraft der Zeichen und Wunder, in der Kraft des Geistes, sodass ich ... das Evangelium des*

---

[2] Wortspiel im Englischen: „Discomfort makes room for the Comforter" [Anm. d. Übers.].

Christus völlig verkündigt habe." Die gute Nachricht des Evangeliums völlig zu verkündigen, erfordert Kraft, denn ohne Kraft ist es keine gute Nachricht mehr. Das Evangelium muss Wunder mit einschließen, um vollen Ausdruck zu finden. Wunder sind nicht optional.

Als die Gemeinde in Rom dem natürlichen Bereich unangemessenen Wert beimaß, korrigierte Paulus ihre Haltung mit folgender Aussage: *„Denn das Reich Gottes ist nicht Essen und Trinken, sondern Gerechtigkeit und Friede und Freude im Heiligen Geist"* (Röm 14,17). Gerechtigkeit, Friede und Freude sind eindeutige Zeichen des Reiches Gottes. Und auf sehr reale Weise offenbaren sie die vorgesehene Reichweite oder Zielsetzung der Erlösung:

- Gerechtigkeit: die Antwort auf das Sündenproblem (Geist)
- Friede: die Antwort auf seelische Schmerzen (Seele)
- Freude: die Antwort auf körperliche Leiden (Körper)

Freude ist ein Ausdruck des Reiches Gottes. In Gottes Gegenwart ist Fülle der Freude (vgl. Ps 16,11). Und auch wenn Freude in der Theorie sehr wertvoll ist, ist sie praktisch gesehen oft sehr offensiv, da sie sich manchmal durch Lachen Bahn bricht. Wenn Menschen im Gottesdienst weinen, ist das für viele nicht nur akzeptabel, sondern wird als Beweis dafür angenommen, das Gott mächtig wirkt. Lachen dagegen wird nicht unbedingt in der gleichen Weise gesehen. Weinen ist oft ein Ausdruck der Buße, aber Lachen ist ein Ausdruck der Freude. Und was das Weinen für Buße ist, ist Lachen für die Erlösung. Salomo erläutert die Reaktion des physischen Körpers auf Freude, wenn er sagt: *„Ein fröhliches Herz bringt gute Besserung"* (Spr 17,22). Freude hat einen heilsamen Effekt auf den Körper und den Verstand. Und als Zeichen des Reiches Gottes ist sie einmalig.

Jesus reflektierte die perfekte Theologie

Jesus kam zu einem verwaisten Planeten, um den Vater zu offenbaren. Das war etwas, das weder das Gesetz noch die Propheten tun konnten. Alles veränderte sich durch diese eine Offenbarung von Jesus – Jesus offenbarte den Vater. Zum ersten Mal hatten die Menschen ein sowohl genaues als auch vollständiges Bild vor

Augen, wie das Herz Gottes ihnen gegenüber eingestellt war. Was im Alten Bund als Typus und Schatten sichtbar war, ist nun durch Jesus Christus klar zu sehen.

Jesus vermittelte die perfekte Theologie sowohl in dem, was er uns über den Vater zeigte, als auch in dem, was er uns über die Ausführung des Willens des Vaters zeigte. Jesus legte seine Göttlichkeit ab und wurde Mensch (vgl. Phil 2,6.7). Als ewiger Gott entschied er sich, in den Begrenzungen eines Menschen zu leben. Er war ohne Sünde und durch den Heiligen Geist mit Kraft ausgerüstet. Dadurch führte er uns ein bestechendes Beispiel vor Augen, dem wir folgen sollen.

Es stimmt zwar, dass Jesus nicht jeden heilte, der zu seiner Zeit lebte, doch müssen wir auch beachten, dass er jeden heilte, der zu ihm kam. Ohne Ausnahme. Das Maß an Glauben, das die Menschen an den Tag legten, war verschieden: Von *„wenn du kannst"* über *„wenn du willst, berühre uns"* und *„lass mich dich berühren"* bis zu *„sag nur ein Wort"* (vgl. Mk 9,22; Mk 1,40; Mt 9,29; Mk 6,56; Mt 8,8). Jesus reagierte auf großen und kleinen Glauben. Der Glaube des Vaters, der sagte: *„Wenn du kannst ..."*, macht sich auf der Richterskala des Glaubens kaum bemerkbar, doch war er genug, um Jesus, den Heiler, noch einmal auf den Plan zu bringen. Er heilte das Kind dieses Vaters.

Während der letzten zweitausend Jahre hat sich die Theologie bedeutend verändert. Als Jesus auf der Erde lebte, war alle Krankheit vom Teufel. Heute glaubt ein großer Teil des Leibes Christi entweder, dass Gott Krankheit schickt, oder dass er sie zulässt, damit wir bessere Menschen werden, weil sie unseren Charakter reifen lässt und uns den Wert des Leidens lehrt. Wenn Gott Krankheit zulässt, können wir den Teufel dann immer noch als Dieb bezeichnen? Schließlich nennt man es nicht mehr Stehlen, wenn der Dieb die Erlaubnis dazu hat. Doch in Apostelgeschichte 10,38 (NEÜ) heißt es: *„Gott hatte Jesus von Nazaret mit dem Heiligen Geist gesalbt und mit Kraft erfüllt. Gott war mit ihm, und so zog er umher, tat den Menschen Gutes und heilte alle, die vom Teufel tyrannisiert wurden."*

Die gleichen Menschen, die daran glauben, dass Gott Krankheit schickt, betrachten auch diejenigen, die für die Kranken beten, als vom Teufel verführt oder zumindest etwas exzentrisch. An irgendeinem Punkt in der heutigen Theologie übernahm Gott die Arbeit des Teufels! Die Urgemeinde wusste, dass der Teufel kam, um zu stehlen, zu töten und zu zerstören, aber heute gibt die Gemeinde Gott die Schuld. Wenn Gott wirklich Krankheit schickte, würden wir in seinen großen Plan eingreifen, sobald wir zu einem Arzt gehen. Natürlich ist das Unsinn. Aber diese Veränderung in der Theologie hatte großen Einfluss auf den größten Teil der Christenheit. Und wie bei jeder anderen Sünde müssen wir sie bekennen und darüber Buße tun. Buße bedeutet, unser Denken zu verändern. Reue in Bezug auf diese Sünde, Gott falsch dargestellt zu haben, muss auch die Art, wie wir die Realität sehen, verändern. Es wird uns sehr viel helfen, wenn wir unser Denken durch Buße erneuern und aus diesem Loch des Unglaubens und der Täuschung herauskommen. Bedenken Sie, Heilung ist nicht nur etwas, das Gott tut. Es ist etwas, das er ist. Sein Name ist Jahwe Rapha, d. h. *der Gott, der dich heilt* (vgl. 2 Mose 15,26). Dies zu leugnen bedeutet, das ureigenste Wesen Gottes zu verleugnen, der sich nie verändert.

Jesus heilte jede Krankheit. Er repräsentierte den Vater auf die richtige Art und Weise, indem er seine Liebe durch Kraft demonstrierte. Wenn wir Geld besitzen, uns aber von den Schreien der Armen abwenden, haben die Leute einen Grund, unser Leben mit Gott infrage zu stellen. Wenn jedoch der Geist des auferstandenen Christus in uns lebt und wir uns von den Hilferufen der Kranken abwenden, sind wir dann weniger schuldig? Ich denke nicht.

Jesus begann seinen Dienst mit einer Aussage, die unser Leben vollständig definieren sollte: *„Tut Buße, denn das Reich der Himmel ist nahe gekommen!"* (Mt 4,17). Anders ausgedrückt: *Verändert eure Art zu denken, denn ich habe meine Welt mitgebracht. Und wenn ihr eure Perspektive auf das Leben nicht ändert, könnt ihr in Reichweite von allem leben, wonach ihr euch sehnt, aber niemals die Realität davon schmecken.*

KAPITEL 6

Heilung und die Autorität des Gläubigen

Bill

Jesus sagte: *„Meine Speise ist, dass ich den Willen dessen tue, der mich gesandt hat"* (Joh 4,34). Der Wille Gottes ernährte und stärkte Jesus. Für uns sollte das nicht anders sein. Jedes Mal, wenn wir betonen, wie schwierig es ist, Gott zu gehorchen, anstatt die Belohnung und die daraus resultierende Frucht herauszustellen, nehmen wir in Bezug auf Gehorsam die Haltung eines Opfers ein. Gottes Wille ist herrlich. Jesus erlebte große Freude, weil er alles liebte, was richtig war. Die Bibel sagt über Jesus: *„Du hast Gerechtigkeit geliebt und Gesetzlosigkeit gehasst; darum hat dich, o Gott, dein Gott gesalbt mit Freudenöl, mehr als deine Gefährten!"* (Hebr 1,9 SLT). Jesus veranschaulichte die Freude und den Segen, die man erfährt, wenn man den Willen des Vaters tut.

So sehr Jesus die Gerechtigkeit liebte, hasste er Gesetzlosigkeit. Obwohl es ihn sein Leben kostete, tat Gottes einziger Sohn den Willen des Vaters und opferte sich selbst, um die Mächte der Finsternis über der ganzen Menschheit zu zerstören. Manchmal misst sich das, was wir lieben, an dem, was wir hassen. Wenn wir hassen, was Gott hasst, und lieben, was Gott liebt, sind wir in der Lage, an seinem Willen Gefallen zu finden – denn Gott hasst nur das, was die Liebe beeinträchtigt.

Wir wurden in einen geistlichen Krieg gegen die Mächte der Finsternis hineingeboren. Jesus gab sein Leben, um genau diese Mächte zu überwinden. Der Krieg richtet sich nicht so sehr gegen unsere Lehren oder unsere christlichen Organisationen, sondern vielmehr gegen unsere Fähigkeit, die Realität der Auferstehung durch Zeichen und Wunder zu demonstrieren. Es steht außer Frage, dass jeder, der in der Salbung dient, Widerstand und Konflikte erleben wird. Der Geist des Antichristen ist in dieser Welt am Werk. Christus bedeutet *Gesalbter*. Der Geist des Antichristen arbeitet immer gegen die Salbung. Das Ziel seines Angriffs ist die Salbung, die jeden Gläubigen in die Lage versetzt, heute die Taten Jesu zu demonstrieren. Die Auseinandersetzung, in der wir uns alle befinden, sollte uns nicht überraschen. Doch wenn wir den Preis, den es uns kostet, mehr betonen als die Belohnung, richten wir die Aufmerksamkeit auf uns selbst statt auf den Einen, der uns Gnade gibt, den Preis zu bezahlen – den, der die, die ihn suchen, auch belohnt. *„Ohne Glauben aber ist es unmöglich, ihm wohlzugefallen; denn wer Gott naht, muss glauben, dass er ist und denen, die ihn suchen, ein Belohner sein wird"* (Hebr 11,6). Darauf zu vertrauen, dass Gott ein Belohner ist, ist uns sozusagen verordnet. Im Schmerz des Gehorsams zu schwelgen statt in der Belohnung, wäre eine Verdrehung der biblischen Aussage.

Gott bei der Arbeit zusehen

Es ist aufregend und macht Freude, wenn man lernt, Gottes Stimme zu hören und ihr zu folgen. Doch muss ich auch zugeben, dass es mich auch herausfordert. Einmal war ich im „Grace Center", einer großartigen Gemeinde außerhalb von Nashville, als eine Frau mit der Bitte um Gebet auf mich zukam. Sie litt am ganzen Körper an rheumatischer Arthritis. Als ich anfangen wollte, für sie zu beten, spürte ich in meinem Herzen einen Impuls, dass ich nicht beten sollte. Doch ich war mir auch sicher, dass Jesus sie heilen würde. So wie unsere Computer gewisse Voreinstellungen haben, mit voreingestellten Schriftarten usw., habe ich eine Standard-Vorgehensweise, um für Kranke zu beten. Ich finde heraus, was nicht in Ordnung ist, lege meine Hände auf die Person und lade den Heiligen Geist ein, in Kraft zu kommen und den Namen Jesu durch seine heilende Berührung zu verherrlichen. Das tue ich, wenn ich nicht den Eindruck habe, dass der Herr mich in eine andere Richtung lenkt. Doch in diesem Fall war irgendetwas anders. Es fühlte sich an, als würde ich das Werk Gottes behindern, wenn ich mit ihr betete oder ihr die Hände auflegte. Mir war auch nicht erlaubt, Heilung über ihr zu proklamieren oder zu erklären, dass es ihr besser ginge, so wie Jesus es tat, als er sagte: *„Geh nach Hause, der Dämon hat deine Tochter verlassen"* (Mk 7,29 REÜ).

Die Heilung dieser Frau war als eine Schule des Geistes für mich gedacht und ich vermute, für sie ebenfalls. Ich bat sie, ihre Augen zu schließen, damit sie durch das, was im Saal sonst noch vor sich ging, nicht abgelenkt werden würde. Sie tat, worum ich sie bat. Dann spürte ich, wie mein Nacken deutlich, aber dezent heiß wurde. Es fühlte sich an, als würde langsam heißes Öl über meinen Nacken fließen, also sagte ich ihr, dass die Salbung nun ihren Nacken herabfloss. Sie sagte, sie würde sie spüren. Als sie das Ende des Nackens erreichte, sagte ich ihr, dass ihr Nacken jetzt geheilt sein müsste. Sie bewegte ihn auf eine Art und Weise, die vorher Schmerzen verursacht hatte, und merkte, dass er tatsächlich geheilt war.

In diesem Moment erkannte ich, was Gott tat. Ich war ein Live-Kommentator, wie bei einem Sportereignis. Ich hatte das Privileg, zu beschreiben, was Gott in ihr tat, entsprechend dem, was er mir an meinem eigenen Körper zeigte. Er wollte sie heilen, ohne dabei durch mich zu fließen, weder durch Gebet, Proklamation oder das Auflegen meiner Hände. Es ist wichtig, dass wir verstehen, dass es immer Gott ist, der heilt. Manchmal dürfen wir das Paket ausliefern (die Gabe). Manchmal sehen wir dabei zu, wie er das Paket selbst ausliefert.

Für mich ist diese Art der Heilung einer der außergewöhnlichsten Momente im Heilungsdienst. Das heiße Öl floss weiter ihre Schultern hinab, mit demselben Resultat. Von dort bewegte es sich die Wirbelsäule hinunter bis zum Steißbein. Währenddessen beschrieb ich, welchen Teil Gott gerade berührte. Jedes Mal bestätigte sie, dass sie das Gleiche fühlte. Sie bewegte sich umher, prüfte den Bereich, den Gott berührt hatte, und entdeckte jedes Mal, dass Gott diesen Bereich geheilt hatte. Diesem Muster folgten wir, bis die Heilung ihre Zehen erreicht hatte. Dann dankten wir dem

Herrn für eine vollständige und totale Heilung. Dies geschah, ohne dass jemals irgendjemand für sie betete. Ich liebe es, wenn Gott mich gebraucht, um ein Wort der Erkenntnis weiterzugeben, das beschreibt, was er heilt, oder jemanden die Hände aufzulegen für ein Wunder. Aber am liebsten sehe ich Gott bei der Arbeit zu, ohne dass ich dabei irgendetwas tue, als nur zuzusehen und mich zu freuen.

So viel ist bereits in Reichweite – *nahe.* Wir neigen dazu, für das beten zu wollen, was uns bereits gehört, und etwas zu tun, um es herbeizuführen. Und viel zu oft bitten wir Gott, das zu tun, wozu er sich bereits entschlossen hat. Wie Randy Clark es ausdrückt: „Wenn wir Gott um Heilung anbetteln, nehmen wir an, dass wir barmherziger sind als er selbst." Gott hat sich bereits entschlossen, Menschen zu heilen, und er hat diese Entscheidung demonstriert, indem er das Wunder mit den Striemen auf Jesu Leib erkauft hat.

Dem Vater die Leitung überlassen

Jesus tat nur, was der Vater tat, und sagte nur, was der Vater sagte (vgl. Joh 5,17-18; 8,26). Dies setzt einen sehr hohen Maßstab, wie wir leben sollen. Obwohl Jesus ewig Gott ist, beraubte er sich selbst seiner Göttlichkeit und wurde Mensch (vgl. Phil 2,7). Es ist von größter Bedeutung, dass er all seine Wunder als Mensch tat, nicht als Gott. Hätte er sie als Gott getan, wäre ich immer noch beeindruckt. Aber weil er sie als ein Gott ergebener Mensch getan hat, bin ich heute mit meinem Leben unzufrieden und habe den Drang, dem Beispiel zu folgen, das er uns gegeben hat. Jesus ist das einzige Vorbild, dem wir folgen sollten.

Jesus tat keine zwei Wunder, die in der Bibel festgehalten sind, auf genau dieselbe Weise. Ich komme nicht umhin, mich zu fragen, ob unsere Tendenz, uns auf Muster und Prinzipien festzulegen, auch wenn diese ihren Platz haben, der Notwendigkeit entgegenwirkt, dass wir mit dem in Verbindung bleiben, *was der Vater tut.* Es geht nicht mehr um die Frage, ob es Gottes Wille ist, zu heilen. Jetzt geht es nur noch darum, *wie.*

Kern der Sache scheint zu sein, dass wir unsere Ohren auf seine Stimme einstellen, denn der Glaube kommt durch das Hören, nicht durch „gehört haben" (vgl. Röm 10,17). Glaube erfordert eine

Beziehung mit Gott in der Gegenwart. Was wir wissen, kann uns von dem abhalten, was wir wissen müssen, wenn wir nicht kindlich in unserer Herangehensweise an das Leben und unseren Dienst bleiben möchten. Erfolge in der Vergangenheit hindern uns oft an noch größeren Erfolgen. Unser erster Durchbruch wurde erzielt, weil wir von Gott hörten, aber wenn wir ein Schema aus dem zuletzt Gehörten entwickeln, schaffen wir ein Problem. Für Jesus bestand der Schlüssel nicht darin, Schlamm in das Auge eines Mannes zu schmieren oder ihm zu sagen, er solle sich im Teich Siloah waschen (vgl. Joh 9,6-7). Es ging nicht um die Handlung an sich, sondern darum, die Stimme des Vaters zu hören und das zu tun, was er sagte. Das verlieh dieser speziellen Handlung Macht. Wie es in Lukas 4,4 heißt: Wir leben von jedem Wort, das aus dem Mund Gottes hervorgeht.

Wir sehen, wie der Vater Jesus anwies, bestimmte Dinge zu tun, um einen Durchbruch hervorzuführen. Jesus handelte entsprechend der Anweisung des Vaters, ob er nun auf die Zunge des stummen Mannes spuckte oder einfach nur zu dem Hauptmann sagte: *„Geh hin, dir geschehe, wie du geglaubt hast!"* (vgl. Mk 7,33; Mt 8,13). Doch was ist mit der Frau, die Jesu Kleidung berührte (vgl. Mt 9,21)? Oder mit der Syrophönizierin, die Heilung für ihre Tochter wollte, obwohl Jesus sagte, dass nicht die richtige Zeit wäre, weil er zuerst den Juden dienen müsste (vgl. Mk 7,24-30)? Der Vater lenkte Jesus zu keiner von ihnen, doch in beiden Fällen erkannte Jesus den vom Vater geschenkten Glauben in ihnen am Werk und brachte ihnen den Durchbruch, nach dem sie gerufen hatten – bei der einen vorher, bei der anderen nachher.

Es hilft mir und ermutigt mich sehr, dass diese Beispiele erkennen lassen, dass Gottes *Wille* uns nicht immer direkt gezeigt wird. Manchmal müssen wir lernen zu erkennen, was er tut, indem wir beobachten, wie Menschen auf den Heiligen Geist reagieren. Diejenigen, die es wollen, können seinen Willen immer erkennen. Dies ist ein sehr wesentlicher Teil des „normalen Christenlebens" der Zeichen und Wunder.

Die Gegenwart und die Kraft der Kühnheit

Wenn wir mit einer unmöglichen Situation konfrontiert sind, können wir Wunder erwarten. Aus diesem Grund ist der Heilige Geist bei uns. Wir wissen, dass er unser Führer, Tröster und Lehrer ist. Aber seine Gegenwart wird sichtbar, wenn das, was im Leben als unmöglich erscheint, sich durch unsere Lippen dem Namen Jesu beugt. Sich mit weniger zufrieden zu geben, bedeutet, die Absicht hinter Gottes Verheißung „Ich bin bei euch" zu verpassen. Seine Gegenwart versetzt uns in die Lage, die Welt um uns herum zu verändern.

In Apostelgeschichte 10,38 (NLÜ/SLT) steht: *„Und ihr wisst auch, dass Gott Jesus von Nazareth mit dem Heiligen Geist und mit Kraft gesalbt hat, und* **wie** *dieser umherzog und Gutes tat und alle heilte, die vom Teufel überwältigt waren;* ***denn Gott war mit ihm"*** (Hervorhebung durch den Autor). Jesus heilte alle, die zu ihm kamen, weil Gott mit ihm war. Es war *Ursache und Wirkung:* Heilung war das erwartete Ergebnis, weil Gott mit ihm war. Einfacher geht es kaum. Wenn Gottes Gegenwart sich auf oder mit jemandem offenbarte, wurde erwartet, dass Wunder folgten. In der Tat: Jedes Mai, wenn Gott sagte „Ich werde bei euch sein" war es so, dass er gerade einen unmöglichen Auftrag gegeben hatte. Der Missionsbefehl ist dafür das perfekte Beispiel. Jesus versprach, mit diesen neuen Gläubigen zu sein, denen er gerade aufgetragen hatte, das Unmögliche zu tun: die Nationen zu Jüngern zu machen (vgl. Mt 28,19-20). Diese Verheißung ist nun an uns übergegangen, da wir den gleichen Auftrag erhalten haben. Seine Gegenwart hat ein Ziel, eine beabsichtigte Wirkung: seine Wunder sollen die Welt um uns herum verändern!

Der Heilige Geist in uns ist derselbe Heilige Geist, der Jesus von den Toten auferweckt hat. Er ist *der* Geist des auferstandenen Christus. Als er Wohnung in uns nahm, begab sich der ganze Himmel in Position, um zu sehen, was wir in seinem Namen erobern würden. Dies ist die Frucht eines *glaubenden* Gläubigen, nicht die eines ungläubigen Gläubigen, über die Randy in Kapitel 4 sprach. Dass die Welt um uns herum verändert wird, ist das erwartete Resultat seiner Gegenwart in uns.

Wie ich bereits oben sagte: Wenn ich als reicher Mann meine Ohren vor dem Schreien der Armen verschließe, hätten Sie Grund, meine Beziehung zu Gott infrage zu stellen. Wenn ich als geistlich reicher Mann (erfüllt mit dem Heiligen Geist) meine Ohren vor den Schreien der Kranken verschließe, bin ich dann weniger schuldig? Der Geist lebt *ohne Maß* in mir. Er hat alle erforderlichen Gaben, um mir Erfolg zu schenken. Entsprechend macht er uns alle geistlich reich. Es war die Gegenwart des Heiligen Geistes auf Jesus, die ihn dazu befähigte, die Kranken zu heilen und die Toten aufzuerwecken. Die Salbung, die ihn dafür qualifizierte, qualifiziert auch mich (vgl. Joh 5,19; 2 Mose 40,15; Lk 4,18-19).

Oft führt ein kühnes Bekenntnis des Glaubens in einer bestimmten Situation ein Wunder herbei. *„Jene aber zogen aus und predigten überall, während der Herr mitwirkte und **das Wort** durch die darauf folgenden Zeichen **bestätigte"** (Mk 16,20; Hervorhebung durch den Autor). Gott bestätigt sein Wort durch Zeichen und Wunder. Wie es in 1. Korinther 4,20 heißt: *„Das Reich Gottes besteht nicht im Wort, sondern in Kraft."* Die freimütige Verkündigung des Evangeliums vom Reich Gottes bringt den Gott der Wunder auf den Plan: *„Und nun, Herr, sieh an ihre Drohungen und gib deinen Knechten, **dein Wort mit aller Freimütigkeit zu reden;** indem du deine Hand ausstreckst zur Heilung, dass Zeichen und Wunder geschehen durch den Namen deines heiligen Knechtes Jesus"* (Apg 4,29-30; Hervorhebung durch den Autor).

Als Pastor ermutigt es mich sehr, wenn ich Gläubige sehe, die heute anders auf Krisen reagieren als früher. Heute besteht die Reaktion selten aus Angst oder Panik. Stattdessen haben viele gelernt, kühn Gottes Wesen zu proklamieren, ihre Seele mit seinen Verheißungen zu nähren und sich seiner völligen Güte zu rühmen.

Kraft und Vollmacht

Jesus gab seinen Jüngern die Kraft und Vollmacht, damit sie so dienen konnten, wie er es tat: *„Als er aber die Zwölf zusammengerufen hatte, gab er ihnen **Kraft** und **Vollmacht** über alle Dämonen und zur Heilung von Krankheiten. Und er sandte sie, das Reich Gottes zu predigen und die Kranken gesund zu machen"*

133

(Lk 9,1-2; Hervorhebung durch den Autor). Die Worte Kraft und Vollmacht bedeuten im griechischen Original Folgendes: [1]

- Kraft *(dynamis):* wunderwirkende Kraft (implizit auch: ein Wunder)
- Vollmacht *(exousia):* Privileg, übermenschlich, Zeichen für Kontrolle, übertragener Einfluss oder Autorität, Hoheitsbereich, Freiheit, Kraft, Recht

Diese beiden Bereiche stellen den Einfluss des Himmels auf Leben und Dienst dar. Beide Bereiche sind notwendig, damit wir zur Zeit und Unzeit zur Verfügung stehen können. De facto sind sie ein zweischneidiges Schwert, das uns ermöglicht, unabhängig von den Umständen wesentlich effektiver zu sein.

Ich vergleiche das Dienen in *Kraft* gerne mit einem Surfer, der in eine Welle einsteigt. Wir beziehen unsere Dienstposition, halten Ausschau nach dem, was Gott tut, und paddeln dann wie verrückt, um in die Welle einzusteigen. Es ist ein großes Vorrecht, solche Momente zu erleben. Ja, es ist für mich ein lebenslanges Abenteuer, zu lernen, auf der Manifestation seiner Kraft zu reiten.

Ich erinnere mich daran, wie ich an einem Sonntagabend spürte, dass die *heilende Gegenwart Jesu* in den Raum hereinkam. Ich brach mitten im Satz ab und beschrieb, was ich fühlte. Dabei zeigte ich zum hinteren Teil des Gebäudes, wo er hereinkam. (Es ist komisch, etwas zu beschreiben, von dem man weiß, dass man es weiß, dass man es weiß; wenn einem die Worte fehlen, etwas so zu beschreiben, dass andere am meisten davon profitieren. Ich sah sie, aber nicht mit den Augen.) Als ich dies sagte, wurde ein Mann mit Prostatakrebs augenblicklich geheilt. Niemand betete für ihn. Der Schmerz verschwand einfach. Sein Arzt bestätigte in derselben Woche die Heilung. Auch eine Frau mit einem Brusttumor wurde geheilt. Als ihre Freundin hörte, was ich sagte, beugte sie sich hinüber und berührte die Schulter der Frau. Der Tumor verschwand.

---

[1] Entnommen aus: *Biblesoft's New Exhaustive Strong's Numbers and Concordance with Expanded Greek-Hebrew Dictionary,* Biblesoft and International Bible Translators, 1994, 2003 (englische Konkordanz mit einem griechisch-hebräischen Wörterbuch).

Noch viele weitere wurden von dieser heilenden Gegenwart verändert (vgl. Lk 5,17).

Alles, was ich tat, war, die Welle zu entdecken, den Verlauf der Versammlung zu ändern (zu paddeln um einzusteigen) und das auszusprechen, was ich sah (in die Welle einsteigen). Das Ergebnis war offensichtlich: Jesus bestätigte sein Wort in Kraft. Ich liebe diese Reise mit Jesus im Heiligen Geist. Ein Abenteuer folgt dem nächsten – und es ist immer ein Lernprozess.

Vollmächtige Autorität unterscheidet sich erheblich von Kraft. Kraft ist explosiv und wirkt sich auf das Umfeld aus, in dem Sinn, dass die Atmosphäre des Himmels die Atmosphäre der Erde verändert. Vollmächtige Autorität ist eine Position, die von Jesus persönlich verliehen wird. Ein Polizist trägt eine Waffe (Kraft), aber er trägt auch einen Ausweis mit sich (Vollmacht). Der Ausweis bewirkt viel mehr als die Waffe.

Kraft ist die Atmosphäre des Himmels. In Kraft zu dienen ist wie das Einsteigen in eine Welle. Vollmacht ist wie das Starten einer Welle. Es geschehen Dinge, weil Gott uns sagt, wer wir sind und was unsere Aufgabe ist. Glaube ist das, was uns mit diesem Bereich vollmächtiger Autorität in Verbindung bringt: Wir müssen an das glauben, was er über uns sagt und was er uns zu tun aufträgt.

Brandon, einer unserer jungen Leute, ging an seinem einundzwanzigsten Geburtstag in eine ansässige Kneipe, aber nicht, um dort auf die übliche weltliche Weise zu feiern. Er sah dort andere junge Männer im hinteren Bereich und ging zu ihnen hin, um sich mit ihnen zu unterhalten. Als er anfing, mit einem von ihnen zu sprechen, zeigte ihm der Herr etwas im Leben des jungen Mannes, das er heilen wollte. Der Geist Gottes kam auf den jungen Mann, der dann wiederum einen Freund zu ihnen an den Tisch rief, damit dieser das Gleiche erlebte. Brandon wandte sich mit einem Wort der Weisheit an den jungen Mann und sagte ihm, wie er mit gewissen Dingen in der Beziehung zu seinem Vater umgehen solle. Dies kam durch ein Wort der Erkenntnis. Da fing dieser junge Mann zu weinen an. Er sagte zu Brandon: „Ich gebe dir einen aus!" Als dieser ablehnte und sagte, er sei nicht hier, um zu trinken, fragte ihn der junge Mann mit Tränen in den Augen: „Warum bist du dann hier?" Brandon erwiderte: „Ich bin hier für dich."

Beachten Sie bitte, dass kein tolles Lobpreisteam dabei half, die Atmosphäre für Gottes Gegenwart in der Kneipe zu schaffen. Ebenso wenig gab es eine bewegende Predigt, die die Leute ermutigte, an das Unmögliche zu glauben. Es war noch nicht einmal die glaubenserfüllte Atmosphäre vorhanden, die entsteht, wenn Gläubige in Übereinstimmung zusammenkommen. Hier drang einfach nur Licht in die Dunkelheit ein: ein einzelnes Licht. Aber das genügte.

Der neue Maßstab

Für uns ist es normal geworden, dass Wunder in der Öffentlichkeit geschehen – aufgrund dieser Sache, die vollmächtige Autorität genannt wird. In der Tat entstehen viele der größten Wunder, die wir jemals gesehen haben, aus dieser privilegierten Position heraus – die Tauben hören, ein Taubstummer hört und spricht, viele leere Rollstühle, Krebs, der im Gang eines Geschäfts verschwindet, und viele weitere verblüffende Wunder, zu viele, um sie alle aufzuzählen. Wenn wir Wunder erleben wollen, ist es von zentraler Bedeutung, dass wir lernen, aus dem heraus zu handeln, *wer wir* in Gottes Augen *sind*. Dies nennt sich *vollmächtige Autorität*.

Diese Definition von Dienen in Vollmacht und Autorität widerspricht nicht dem Dienen in Kraft. Es kommt am besten durch die Herausforderung, *nur das zu tun, was wir den Vater tun sehen,* zum Ausdruck. Manchmal findet man nur heraus, was der Vater tut, indem man seine vollmächtige Autorität gebraucht, um dort hinzugelangen. Etliche sind vergiftet worden durch eine Sicht von Gottes Souveränität, die die Gemeinde ihrer Verantwortung und Zielsetzung für die Menschen beraubt hat. Einer der größten Fehler der Geschichte ereignete sich, als ein bedeutender kirchlicher Leiter sich weigerte, Missionseinsätze in einer gottlosen Nation zu unterstützen. Seine Einstellung war: „Wenn Gott will, dass diese Menschen gerettet werden, braucht er unsere Hilfe nicht. Er kann sie auch ohne uns retten." Formal gesehen ist es richtig – Gott kann alles tun. Doch in diesem Fall bedeutet dies eine Verletzung seines offenbarten Willens und wirkt daher der Souveränität entgegen, die es schützen will. Unser Mitwirken und sogar unsere Wünsche sind Teil seines souveränen Planes.

Und heute?

Vor dem in Lukas 9,1-2 festgehaltenen Moment, in dem Jesus seine Jünger mit Kraft und Vollmacht ausstattete, hatten sie unter dem *Schirm* seiner Salbung und Berufung gehandelt. Ich habe etwas Ähnliches, aber in viel kleinerem Maße, mit unserem guten Freund Dick Mills erlebt.

Dick hat mehr als 7700 Versprechen der Bibel in verschiedenen Übersetzungen auswendig gelernt. Er ist bekannt für einen tief gehenden prophetischen Dienst, bei dem er Bibelstellen gebraucht. Es ist eine ungewöhnliche und erstaunliche Gabe, die Menschen sehr stark ermutigt, sogar solche, die nicht an den prophetischen Dienst für unsere heutige Zeit glauben. Es ist für die Leute schwer, Dicks Dienst abzulehnen, da er nur Bibelstellen benutzt.

Meine Familie und ich verbrachten einen Tag mit Dick und seiner Frau Betty. Da am Abend eine Versammlung angesetzt war, entschieden wir uns zu bleiben und seine ungewöhnliche Gabe zu genießen. Als Dick am Ende seiner Predigt war, sagte er den Leuten, er würde nun einzelne Personen nach vorn rufen und ihnen prophetische Worte aus der Schrift mitteilen. Er sagte ihnen dann, er würde mir das Mikrofon geben und ich würde dasselbe tun. Das hatte Dick nicht mit mir abgesprochen! Ich hatte schreckliche Angst, aber ich gehorchte. Es war unglaublich. Ich trat in Dicks Gabe ein und wirkte unter seiner Salbung wie er selbst, indem ich seine Gabe ehrte und mich von ihm leiten ließ. Seine Gabe erhöhte meine eigene Fähigkeit zu dienen.

Auf sehr ähnliche Weise wirkten die Jünger unter Jesu Salbung, aber nicht nur für einen Abend, wie bei meinem Erlebnis, sondern dreieinhalb Jahre lang. Als Jesus starb, mussten sich die Dinge um ihretwillen verändern. Nun mussten sie ihre eigenen Erfahrungen mit Gott machen. Nach der Auferstehung bekamen die Jünger eine höhere Aufgabe und Vollmacht durch den Auferstandenen. Wir lesen davon in zwei Abschnitten:

Und Jesus trat zu ihnen und redete mit ihnen und sprach: Mir ist alle Macht gegeben im Himmel und auf Erden. Geht nun hin und macht alle Nationen zu Jüngern, und tauft sie auf den Namen des Vaters und des Sohnes und des Heiligen Geistes, und lehrt sie alles zu bewahren, was ich euch geboten habe! Und siehe, ich bin bei euch alle Tage bis zur Vollendung des Zeitalters (Mt 28,18–20).

Jesus sprach nun wieder zu ihnen: Friede euch! Wie der Vater mich ausgesandt hat, sende ich auch euch (Joh 20,21).

Der Vollmächtige hatte nun die verbliebenen elf Jünger mit seiner vollmächtigen Autorität beauftragt. Der Tod, die Sünde und die Mächte der Finsternis waren besiegt worden. Aus diesem Triumph heraus waren sie berufen, in dem zuzunehmen, was sie bereits in den paar Jahren getan hatten. Doch nun sollten sie dies tun, indem sie Zeugnis von der Auferstehung selbst ablegten und die Vergebung der Sünde verkündigten, die für jeden verfügbar war.

Eine Sache blieb offen. Den Jüngern wurde die *exousia* (Vollmacht) gegeben, wie wir in Lukas 9 gelesen haben, aber was war mit der *dynamis* (Kraft)? Im Missionsbefehl wurde den Jüngern auch vollmächtige Autorität gegeben, aber nun verlangte Jesus, dass sie Jerusalem nicht verließen, bis sie die *dynamis* empfangen hatten – Kraft aus der Höhe:

Und siehe, ich sende die Verheißung meines Vaters auf euch. Ihr aber, bleibt in der Stadt, bis ihr bekleidet werdet mit Kraft aus der Höhe! (Lk 24,49).

Und als er mit ihnen versammelt war, befahl er ihnen, sich nicht von Jerusalem zu entfernen, sondern auf die Verheißung des Vaters zu warten (Apg 1,4).

Jesus wurde bei seiner eigenen Taufe mit der Kraft des Heiligen Geistes angetan, wo er als Mensch seine persönliche Begegnung mit dem Heiligen Geist hatte (vgl. Lk 3,22; Joh 1,32). Die Jünger brauchten nun dasselbe.

Heute ist jedem, der Christus aufnimmt, vollmächtige Autorität gegeben: „... *so viele ihn aber aufnahmen, denen gab er das Recht, Kinder Gottes zu werden, denen, die an seinen Namen glauben*" (Joh 1,12). Das Wort *Recht* in diesem Vers ist das Wort *exousia* oder *Vollmacht* – es gilt uns allen. Und für uns heute ist die Anweisung die gleiche wie für die abwartenden Jünger in Jerusalem: Wir sollten unsere Dienstbasis nicht verlassen, bis wir mit *dynamis* angetan sind – Kraft aus der Höhe.

TEIL 3

Heilung praktisch

In diesem Teil erörtern wir, wie der Dienst der Heilung sowohl innerhalb der Gemeinde als auch im persönlichen Leben praktisch aussehen kann. Wir befassen uns damit, wie man eine Kultur des Glaubens entwickelt und pflegt, wie man gesund wird mit einer Seele, der es gut geht, und wie wichtig es ist, das Zeugnis zu bewahren. Wir widmen uns auch Worten der Erkenntnis und wie man sie empfängt. Im Anschluss stellen wir den fünfstufigen Gebetsleitfaden vor und bringen praktische Beispiele, wie man bei jedem einzelnen Schritt vorgeht.

KAPITEL 7

Eine Kultur des Glaubens schaffen

Bill

Vor einigen Jahren nahm ich an einem ganztägigen Gebetstreffen teil, das mein Leben dauerhaft prägen sollte. Ich begegnete dort Mike Servello, einem Pastor aus Utica, New York. Wir hatten bereits über E-Mails Kontakt miteinander gehabt, uns aber nie persönlich getroffen.

Während das Lobpreisteam spielte, lehnte Mike sich zu mir herüber und sagte: „Gott sucht nach einer Stadt, die ganz ihm gehört. Und wenn er diese eine Stadt erst einmal bekommen hat, wird das einen Dominoeffekt in unserer Nation auslösen."

Ich sagte ihm, ich glaubte, dass meine Stadt, Redding in Kalifornien, diese Stadt sei. Er sagte, er glaube, dass es Utica in New York sei. Das mag wie ein Wettbewerb erscheinen, war es aber nicht. Es waren vielmehr zwei Pastoren, die ihren Glauben für das große Ganze ausdrückten.

Kurze Zeit später war ich in einem anderen Teil des Raumes. Neben mir stand Jean Krisle, eine gute Freundin und Prophetin. Sie drehte sich zu mir her und sagte: „Gott sucht nach einer Stadt, die ganz ihm gehört. Und wenn er diese eine Stadt erst einmal bekommen hat, wird das einen Dominoeffekt in unserer Nation auslösen."

Ich war sprachlos. Es waren genau die gleichen Worte, die Mike vielleicht dreißig Minuten vorher benutzt hatte. Bevor ich dazu kam, meine Überzeugung zu äußern, dies wäre meine Stadt, sagte sie: „Und ich glaube, Redding ist diese Stadt."

Es geht nicht darum, dass eine Stadt besser ist als eine andere. Es geht darum, dass wir alle die uns von Gott gegebenen Ressourcen voll ausschöpfen, um unseren Auftrag zu vollenden. Wir befinden uns nicht im Wettlauf miteinander, sondern in einem Wettlauf mit der Zeit.

Der beste Ausgangspunkt, eine Atmosphäre des Glaubens zu schaffen, ist, sich bewusst zu machen, wie überwältigend groß die Not ist, und zu erkennen, wie unmöglich es uns ist, Gottes Auftrag auszuführen. Oft verfangen wir uns in dem, was durch menschliche Anstrengung möglich ist. Wir bauen unsere Gebäude und bezahlen tolle Programme. Obwohl diese Sachen gut sind, ist es tragisch, wenn sie zum Mittelpunkt werden, an dem wir unsere christliche Leistung messen. Wenn dies der Fall ist, unterscheidet uns nichts mehr von den vielen tollen sozialen Organisationen in unseren Städten und Dörfern. Wir haben aber die Verantwortung für mehr. Wir haben aber die Verantwortung, so zu leben, dass das von Jesus gepredigte, gelebte und manifestierte Evangelium wieder im Mittelpunkt des Weltgeschehens steht. Das Unmögliche ist eine Einladung an die „Glaubens-vollen"[1], sich auf den Weg zu machen und zu erobern.

Heidi Baker, unsere gute Freundin von „Iris Ministries", ist bekannt für ihre Leidenschaft, *für den Einen anzuhalten*, wie sie es ausdrückt. Wir dürfen uns nicht so sehr auf große Zahlen konzentrieren, dass wir den Einzelnen vergessen. Doch wir müssen uns auch ins Gedächtnis rufen, dass der Dienst für den Einen uns vorbereitet für die Transformation von Städten und Nationen. Dass wir von der vor uns liegenden Aufgabe überwältigt werden, sollte uns schnell ans Ende unserer Möglichkeiten bringen – und hier beginnen Gottes Möglichkeiten. Der Glaube ist das elementare Werkzeug, mit dem wir zu allem, was er uns verfügbar gemacht hat, Zugang erhalten und es freisetzen. Das ist keine Kleinigkeit. Jesus sagte, der Vater habe ihm *alles* zum Erbe gegeben. Und der

---

[1] Wortspiel im Englischen: „faith-full" (Anm. d. Übers.).

Heilige Geist ist es, der durch sein „Verkündigen" (vgl. Joh 16,14-16) alles auf unser Konto transferiert. Jedes Mal, wenn er spricht, erfolgt eine Einzahlung auf unser Konto, die uns in die Lage versetzt, unseren Auftrag zu erledigen.

Gott ist kein Gott der Verschwendung. Warum also sollte er uns *alles* geben? Weil die Größe unseres Auftrags so groß ist. Wir werden lernen müssen, wie wir *alles* gebrauchen, was Gott uns gegeben hat, um bei der Transformation der Gesellschaft erfolgreich zu sein. Seine Gaben erhalten wir nicht zufällig oder beliebig.

Unsere DNA

Man sagt, wenn ein Maissame in die Erde gelegt wird, hat jeder Same der daraus gewachsenen Maispflanze genau dieselbe DNA wie der ursprüngliche Same im Boden. Jesus wurde zum ultimativen Samen, der im Tod *gesät* wurde, und wir wurden durch denselben Geist wiedergeboren, der ihn von den Toten auferweckte. Jeder wiedergeborene Gläubige hat die DNA Christi! Das ist fantastisch!

Diese DNA Christi in uns ist im praktischen Sinne das, was uns die gottgleiche Fähigkeit zum Träumen verleiht. Das Leben dreht sich nicht um die Bedeutung unserer Gaben oder Berufung oder gar um unsere menschlichen Talente oder unseren Glauben. Es dreht sich um die Bedeutung der Investition, die Jesus tätigte – er wurde gepflanzt, um Menschen *für einen Zweck* zu erlösen. Und dieser *Zweck* schließt ein, dass wir auf der Erde genau und vollständig darstellen, wer Jesus ist, wie es im Himmel der Fall ist. Wir haben seine DNA und offenbaren daher der Welt sein Angesicht. Dies ist kein frommer Wunsch. Es ist das nützlichste Ziel überhaupt: ihn der Welt richtig zu präsentieren. Es ist Teil des ewigen Planes Gottes für die Menschheit.

Ich wünschte, wir würden erkennen, „wie wiedergeboren" wir tatsächlich sind. Eines Sache, die im Leben eines Gläubigen offenbar wird, ist sein bzw. ihr Hunger nach dem Unmöglichen. Es ist normal, dass ein Gläubiger Glauben hat, doch dieses Thema ist so kompliziert geworden, dass viele sich nicht einmal vorstellen können, ein Leben des Glaubens zu leben sei für sie praktisch erfahrbar. Doch das ist es! Es ist genauso Teil unserer DNA, wie es das für Jesus war. Tatsächlich haben Gläubige nur dann, wenn sie falsche Lehre vermittelt bekommen haben, kein Verlangen danach, dass das Unmögliche sich vor ihnen verneigt, sobald sie Jesu Namen auf den Lippen haben. Solche Lehre kann ihre Herzen gegenüber diesem Verlangen abstumpfen lassen. Oder sie haben eine Enttäuschung erlebt, die bei ihrer Erlösung nicht geheilt wurde. Ich glaube, dass eine solche Enttäuschung noch dauerhafteren Einfluss auf Menschen ausübt als falsche Lehre, so zerstörerisch sie auch wirken mag. Menschen mit einer falschen Lehre sind immer nur eine Erfahrung entfernt von einer veränderten Sicht auf das Leben. Aber wenn Enttäuschung nicht überwunden wird, wirkt sie wie Krebs, der wächst, bis er das Leben seines Wirtes raubt. (Wir werden im weiteren Verlauf dieses Kapitels darüber sprechen, wie man dies vermeiden kann, wenn ich die Schritte erläutere, die sich auf die Heilung enttäuschter Herzen beziehen.)

Viele große Männer und Frauen Gottes erhielten falsche Lehre über Wunder und Glauben und gaben diese weiter. Es ist merkwürdig, dass dies oft einer Leidenschaft für die Bibel entspringt. Sie geht jedoch nicht Hand in Hand mit einer entsprechend großen Leidenschaft für den Heiligen Geist, der die Bibel inspiriert hat.

Ich werde oft von Leuten gefragt: „Was sollen wir tun, wenn wir für jemanden beten und er nicht geheilt wird?" Es ist jetzt in meiner DNA, dass ich will, dass jeder geheilt wird, aber, um ehrlich zu sein, wird nicht jeder geheilt, für den ich bete. Wir müssen uns ins Gedächtnis rufen, dass der Mangel niemals auf Gottes Seite der Gleichung zu suchen ist. Wir müssen darauf achten, dass wir Menschen, die ein Wunder brauchen, nicht zu unserem Projekt machen. Diese Menschen sind keine Kerbe, die wir in unsere Bibel schlagen können, wenn sie geheilt sind. Sie sind Personen, die die Liebe Gottes kennenlernen müssen. Dies ist unser Vorrecht – sicherzustellen, dass sie Gottes Liebe kennenlernen, die sich in unserem Mitgefühl für sie und ihre Schwierigkeiten zeigt. Dieses Mitgefühl muss praktische Formen annehmen, wenn wir lernen, wie wir die Manifestation eines Wunders in ihrem Leben anstreben können.

Damit Mitgefühl praktisch und biblisch ist, muss es uns kühn machen, sonst entspricht unser Gefühl wohl eher Mitleid – gefälschtem Mitgefühl. Mitleid erkennt die Existenz eines Problems an, kann aber weder Antworten noch Lösungen liefern. Wir drücken damit aus, dass wir uns um Menschen sorgen, aber wir neigen dann eher dazu, Menschen zu helfen, mit dem Problem umzugehen, statt sie in die Freiheit zu führen. Jesus hat keine Blindenhunde für die Blinden trainiert oder Krücken für die Lahmen gebastelt. Mitgefühl mündete bei ihm in einen Durchbruch – jedes Mal stand am Ende ein Wunder. Mitgefühl dreht sich um das Wesen Gottes und dessen Absichten für die Menschheit.

Die Kultur des Glaubens

Glaube *verfolgt ein Ziel*. Das Wesen des Glaubens spiegelt Gottes Wesen wider. Es gehört zur Definition von Glauben, darauf zu vertrauen, dass Gott ein *Belohner* ist: *„Ohne Glauben aber ist es unmöglich, ihm wohlzugefallen; denn wer Gott naht, muss glauben, dass er ist und denen, die ihn suchen, ein Belohner sein wird"* (Hebr 11,6). Es reicht nicht zu glauben, dass Gott existiert, bzw. zu glauben, dass er das Wunder tun kann, das man braucht. Auch der Teufel glaubt diese Dinge. Der Glaube lebt aus der Offenbarung, dass Gott in seinem Wesen ein Belohner ist!

Es folgt nun eine Liste von Dingen, die ich getan habe und immer noch tue, um meine persönliche Glaubenserfahrung und auch die der Gemeinde, die ich als Pastor betreue, zu stärken. Ich habe gelernt, dass vieles von dem, was wir im Leben brauchen, uns zufällt, dass wir aber das meiste, das wir haben wollen, uns holen müssen. Deswegen hat Gott es so eingerichtet, dass wir ihm ständig nachjagen müssen.

1. Rufen Sie zu Gott

Seien Sie in Ihrem Streben nach übernatürlichen Durchbrüchen spezifisch und leidenschaftlich. Paulus sagte, wir sollten um die geistlichen Gaben eifern. Wir sollten nicht annehmen, dass sie in unserem Leben einfach auch ohne das Element leidenschaftlichen Gebets wirksam werden.

Ich habe gelernt, die besonderen Zeiten zu erkennen, wenn viele Leute mit der gleichen Krankheit zu mir kommen, und dann für einen Durchbruch in Bezug auf diese Leiden zu kämpfen. Ich verstehe diesen *Zufall* als *Aufforderung* des Herrn, eine Durchbruchssalbung für diese Krankheit zu erhalten.

Gebete, die mich nicht bewegen, werden auch Gott nicht bewegen. Zwar ist es so, dass Gott seine Verheißungen nicht vergisst. Doch wenn wir ihn an seine Verheißungen erinnern, kommen wir in Einklang mit seinem Bund, den er uns in seinem Wort offenbart hat. Ich weiß nicht, wie ich es einfacher ausdrücken soll: Lernen Sie, Gott im Verborgenen anzurufen und in der Öffentlichkeit Risiken einzugehen. Wenn das Wunder geschieht, danken wir Gott und geben ihm alle Ehre. Wenn es nicht geschieht, kehren wir ins Verborgene zurück und bringen unsere Anliegen vor Gott. Gebet mit Fasten ist ein wichtiger Teil dieses Prozesses, entsprechend dem Rat, den Jesus seinen Jüngern gab, als sie nicht das Wunder erlebten, das sie angestrebt hatten (vgl. Mk 9,14-29).

Der letzte Teil dieses Punktes ist, zu lernen, ständig im Geist zu beten. Dies ist laut der Bibel der wichtigste Beitrag, um unseren Glauben zu erbauen (vgl. Jud 20).

2. Studieren Sie die Bibel

Die Schrift offenbart, wie der Heilige Geist wirkt. Dies sehen wir insbesondere im Leben Jesu. Aus diesem Grund sinne ich viel über die Evangelien und die Apostelgeschichte nach. Die Lehre Jesu über das Reich Gottes verhilft uns in dieser Hinsicht zu großer Einsicht. Es ist jedoch schwer, die Antwort zu entdecken, wenn man die Frage nicht kennt. Hunger ist eine Notwendigkeit. Es ist das andauernde Streben, das den Strebenden verändert. Alles, was wir lernen wollen, entspringt einem Hunger. Wenn Sie keine Fragen haben, werden Sie auch die Antworten nicht finden.

Suchen Sie nach Beispielen in der Bibel, denen Sie folgen können. Achten Sie besonders auf alle Bezüge zum Reich Gottes und bitten Sie Gott, Ihnen die Geheimnisse des Reiches zu offenbaren. Heilige, die bereit sind zu gehorchen, haben ein Anrecht darauf, diese Dinge zu verstehen. Ein weiterer Punkt, der sich gut für ein Studium eignet: Finden Sie alle Hinweise auf „Reformationen", also Zeiten der Veränderung, die Israel unter verschiedenen Leitern („Erneuerern") in der Bibel durchlief. Für den Anfang eignen sich dazu z. B. gut David, Hiskia, Esra und Nehemia. Ihr Leben vermittelt uns eine prophetische Botschaft.

3. Studieren Sie die Geschichte

Finden Sie Bücher, die von den „Generälen" aus Gottes Armee geschrieben wurden – solche Menschen, die den übernatürlichen Lebensstil gelebt haben oder leben. Eine große Fülle an Informationen wartet auf die, die dazulernen wollen. Vergessen Sie dabei nicht die Leiter der großen Heilungserweckung in den 1950er Jahren. Einen guten Einstieg bildet die Buchreihe „Gottes Generäle" von Roberts Liardon.[2]

Wir dürfen uns nicht davor fürchten, die Geschichten von Menschen mit einzubeziehen, die kein gutes Ende nahmen. Viele dieser Leiter wurden mächtig von Gott gebraucht, bevor sie versagten. Wenn Sie Angst davor haben, von denen zu lesen, die später in Sünde und Irrglauben verfielen, dürfen Sie sich weder mit den Geschichten von Gideon und Simson beschäftigen noch mit den Sprüche oder dem Hohelied Salomos. Gott war es nie zu peinlich, die ganze Geschichte zu erzählen. Manchmal ist die Lektion, die wir am dringendsten lernen müssen, im Leben eines Menschen zu finden, dessen Leben blamabel endete. Wir müssen lernen, das Fleisch zu essen und die Knochen wegzuwerfen.

4. Gabenübertragung

Gehen Sie zu Männern und Frauen Gottes, die einen übernatürlichen Lebensstil führen, und bitten Sie sie, Ihnen die Hände aufzulegen und für Sie zu beten. Auf diese Weise können Sie eine Gnade für Wunder erhalten. Dies ist eine Sache, die der Apostel Paulus lehrte (vgl. 1 Tim 4,14). Es ist aber nicht die einzige Art, wie man eine solche Gabenübertragung empfangen kann. Manchmal empfangen wir sie durch den Einfluss ihres Dienstes oder dadurch, dass wir den Heiligen Geist auf ihnen und die Gabe, die ihnen geschenkt ist, ehren. Und denken Sie daran: Gaben gibt es umsonst, aber Reife hat ihren Preis.

---

[2] Roberts Liardon, *Gottes Generäle I-IV,* Adullam, 1998–2011.

5. Pflegen Sie Gemeinschaft mit den richtigen Leuten

Die Geschichte von David und Goliath ist eine der bekanntesten Geschichten der Bibel auf der ganzen Welt. Doch wenige wissen, dass in der Bibel noch mindestens vier weitere Riesen getötet wurden – alle von Männern, die David nachfolgten. Wenn Sie Riesen töten wollen, haben Sie Gemeinschaft mit einem Riesentöter. Es färbt ab.

Gnade ermöglicht uns, einen Reich-Gottes-Lebensstil zu pflegen. Wir empfangen sie zum Teil in Abhängigkeit davon, wie wir auf die Gaben Christi reagieren: Apostel, Propheten, Evangelisten, Pastoren und Lehrer. Wir empfangen die Fähigkeit *zu wirken*, indem wir diese Gaben ehren. Wenn Sie eine Beziehung zu einem Evangelisten pflegen, werden Sie evangelistisch denken. Das Gleiche geschieht, wenn Sie mit Leuten Gemeinschaft haben, die regelmäßig Zeichen und Wunder in ihrem Leben erleben. Es färbt ab.

6. Gehorchen Sie

Wir beten und gehorchen, und wir lernen, Raum für Gott zu schaffen. Er ist gibt gerne und viel. Wir machen einfach nur Raum, damit er das tun kann, was seinem Wesen entspricht: heilen und wiederherstellen. Radikaler Gehorsam – ein Leben im Risiko – ist erforderlich, um einen andauernden Durchbruch in Bezug auf Zeichen und Wunder zu sehen. Aufgrund meines besonderen Hasses auf Krebs habe ich mich entschlossen, nach Leuten mit diesem Leiden Ausschau zu halten. Ich habe schon vor langer Zeit gelernt, dass mehr Menschen geheilt werden, wenn ich für mehr Menschen bete! Unser Wissen ist nicht mehr als Theorie, bevor wir nicht das leben, was wir wissen. Echtes Lernen kommt durch Tun.

7. Verwalten Sie

Eines der Grundprinzipien des Reiches Gottes ist, dass *Wachstum durch Gebrauch entsteht*. Wenn wir mit dem, was Gott uns gegeben hat, richtig umgehen, erhalten wir mehr. Manchmal antwortet der Herr uns in Form eines Samenkorns, weil er weiß, dass der richtige Umgang damit uns auf das Wachstum vorbereitet, um das wir gebeten haben.

Was uns hindert, einfach anzufangen

Christen, die Jesu Aufforderung, die Kranken zu heilen, ignorieren, werden sich der Notwendigkeit dessen meist bewusst, wenn ein Familienmitglied oder ein enger Freund krank wird. Ich bin dankbar, dass Gott solche Krisenzeiten benutzen kann, um uns zurück zu meinem Willen zu bringen. Für jemanden aus der Familie zu beten ist jedoch der schwerste Startpunkt für den übernatürlichen Lebensstil. Wenn Sie sich selbst in einer solchen Situation befinden, seien Sie nicht entmutigt. Erkennen Sie einfach die Herausforderung, die darin besteht, für Menschen zu beten, die Sie gut kennen, und tun Sie Buße darüber, dass Sie seinen Auftrag in der Vergangenheit ignoriert haben. Buße, nicht Selbstbeobachtung und Selbstverdammnis, ist ein guter Startpunkt, um Ihre Erfahrung des Reiches Gottes zu erweitern. Sie stärkt Ihr Vertrauen in den Herrn, wenn Sie sich nach einem Durchbruch in irgendeinem Bereich Ihres Lebens ausstrecken.

Vertrautheit ist der Übeltäter, wenn wir versuchen, denen zu dienen, die wir gut kennen. Die Menschen aus Nazareth kannten Jesus im Natürlichen und fragten: „Ist dies nicht Josephs Sohn?" Dass sie ihn nur als Josephs Sohn ansahen, hielt sie davon ab, ihn auf die Art als Herrn und Retter kennenzulernen, wie er es beabsichtigt hatte. Aus diesem Grund tat Jesus nur wenige Wunder in seiner Heimatstadt (vgl. Mk 6,1-6; Lk 4,22).

Wenn wir glauben, dass jeder Gläubige dazu berufen ist, zu heilen, werden wir Durchbrüche erleben, während wir den Menschen in unserem Umfeld dienen. Daraus entwickelt sich eine Dynamik im Heiligen Geist und unser Verständnis davon, wie Gott im Bereich der Wunder wirkt, wird erweitert. Die Folge ist eine größere Zuversicht, wenn diejenigen, die uns am nächsten stehen, ein Wunder brauchen und wir ihnen helfen wollen.

Enttäuschung ist unvermeidlich für jeden, der nach diesem übernatürlichen Lebensstil strebt. Sie ist gleichzeitig das größte Hindernis für die, die sich verzweifelt danach sehnen, dass der Dienst Jesu in der Gemeinde wiederhergestellt wird. Vor Kurzem hatte ich eine interessante Unterhaltung mit meinem Freund Don Milam. Er ist ein außergewöhnlich belesener Mensch. Er hat das Leben vieler Atheisten und Existenzialisten studiert und dabei festgestellt, dass fast jeder von ihnen an ein Wunder für ein sterbendes Familienmitglied oder einen Freund geglaubt, es aber nicht bekommen hatte. Ihre Art, damit umzugehen, wurde zu einem Glaubenssystem, das die Prämisse, dass *„Gott ein persönlicher, mächtiger und nahestehender Gott ist"*, beseitigte.

Ich habe dies bei vielen Pastoren beobachtet. Sie wurden praktisch gesehen zu Atheisten – Menschen, die an Gott glauben, aber an ein Problem auf dieselbe Weise herangehen wie ein Atheist, ohne einen wunderwirkenden Gott im Zentrum ihrer Lösung. Diese Leiter erleben, dass etwas geschieht, was sie nicht erklären können, und als Reaktion darauf schaffen sie eine törichte Lehre oder legen sich törichte Überzeugungen zu, um besser mit dem Geheimnis umgehen zu können. Wenn zum Beispiel ein Kind stirbt, sagen sie: „Gott hat das Leben dieses Kindes genommen, weil er einen weiteren Engel im Himmel brauchte."

Diese Aussage mag einer trauernden Familie vielleicht kurzfristig Trost spenden, sie ist aber auf mehreren Ebenen eine Lüge. Gott verwandelt die Toten nicht in Engel, und er hat auch nicht den Tod dieses Kindes verursacht. Die Lüge bringt kurzfristigen Frieden, untergräbt aber die Möglichkeit für die Eltern, in ihren Herzen wirklich geheilt zu werden und dann aufzustehen und die Gerechtigkeit des Herrn zu suchen, damit er aus ihrem Verlust etwas macht. Verlust birgt in sich eine potenzielle Kraft, die im Nebel der Enttäuschung verloren gehen kann. Die Lüge hält die Eltern auch davon ab, einer Durchbruchssalbung nachzujagen, sodass andere Eltern nicht die gleiche Trauer und denselben Verlust erleben müssen.

Die Tatsache, dass Gott Tragödien benutzen kann, hat viele dazu verleitet, Tragödien Gott zuzuschreiben. Die einfache Antwort darauf ist in diesem Fall: Was würde Jesus tun? Er heilte *alle*, die zu ihm kamen. Nur seinem Standard nachzueifern, lohnt sich wirklich.

Warum hat Jesus Menschen von den Toten auferweckt? Weil nicht jeder zu Gottes Zeit stirbt. Hätte der Vater beschlossen, dass bestimmte Menschen sterben sollten, und Jesus hätte diese von den Toten auferweckt, dann hätten wir es mit einem gespaltenen Haus zu tun. Diejenigen, die daran glauben, dass alles, was geschieht, Gottes Wille ist, tragen zur anhaltenden Unreife der Gemeinde bei.

*„Der Herr verzögert nicht die Verheißung, wie es einige für eine Verzögerung halten, sondern er ist langmütig euch gegenüber, **da er nicht will, dass irgendwelche verloren gehen,** sondern dass alle zur Buße kommen"* (2 Petr 3,9; Hervorhebung durch den Autor). Es ist nicht sein Wille, dass irgendjemand verloren geht, und doch gehen jeden Tag Menschen verloren, obwohl dies nicht Gottes Willen entspricht.

Lernen, mit dem Unerklärlichen zu leben, ist eines der wichtigsten Punkte des Christenlebens, besonders für die, die danach streben, dass das echte Evangelium sich durch Wunder manifestiert. Wenn wir unser Recht zu verstehen nicht aufgeben, werden wir selten den Frieden erleben, der den Verstand übersteigt, wie es in Philipper 4,7 heißt.

Würde alles beim ersten Versuch perfekt laufen, gäbe es kaum Bedarf für Verheißungen wie: *„Wir wissen aber, dass denen, die Gott lieben, alle Dinge zum Guten mitwirken, denen, die nach seinem Vorsatz berufen sind"* (Römer 8,28). Verse wie dieser wurden uns gegeben, weil wir uns alle *in einem Prozess* befinden. Wie es Larry Randolph, ein sehr begabter Prophet und Freund, ausdrückt: „Gott hält alle seine Versprechen. Aber er ist nicht dazu verpflichtet, alles, was uns theoretisch möglich wäre, zu erfüllen." Vieles, um das wir in den letzten Jahren gekämpft haben, hat damit zu tun, dass wir unsere Möglichkeiten durch sein Wort erreichen können.

Es müssen immer noch Riesen getötet werden, damit wir in das von Jesus verheißene Land einziehen können. Ich glaube, der größte Riese heißt Enttäuschung. Jeder, der sich nach diesem Dienst der Wunder ausstreckt, wird immer wieder Enttäuschungen erleben. Deshalb haben sich viele von uns für ein geringeres Evangelium entschieden. Ohne große Erwartungen wird man diesem Riesen selten begegnen.

Lesen Sie Sprüche 13,12: *„Hingezogene Hoffnung macht das Herz krank, aber ein eingetroffener Wunsch ist ein Baum des Lebens."* Einer der Momente, in dem ein Christ in seinem Leben geistlich am verwundbarsten ist, tritt auf, wenn Verlust oder Enttäuschung kommt. Es ist, als bräche unser geistliches Immunsystem zusammen und erlaube der Krankheit des Herzens, uns geschickt

von unserem Ankerplatz wegzuziehen. „Sollte Gott gesagt haben
..." führte dazu, dass Adam die verbotene Frucht aß.

Es ist normal, dass bei einem Verlust Fragen auftauchen. Diese
Fragen sind oft wichtige Schritte in einem Prozess. Gefährlich wird
es jedoch, wenn diese Fragen uns von Gott und seinem Wort weg
und hin zu menschlichem Denken führen, das mit Gottes Wort in
Konflikt steht. Ob wir uns fragen, was schiefgelaufen ist oder ob
wir alles getan haben, was nötig gewesen wäre: Solche Fragen
haben gewöhnlich zur Folge, dass wir Gottes Verheißungen und
seine Güte infrage stellen. Die Güte Gottes zu hinterfragen ist
eine der gefährlichsten geistlichen Krankheiten. Enttäuschung
folgt ihr auf den Fersen. Wir müssen erkennen, eine solche Situation mit Gottes Augen zu sehen und ihn mit hineinzunehmen,
damit er etwas Gutes daraus macht. Sonst enden wir mit dem
kranken Herzen, vor dem er uns gewarnt hat. Ein krankes Herz
glaubt nicht mehr an die Güte Gottes.

Die Güte Gottes ist der Eckstein unserer Theologie. Wenn wir
beginnen, unsere Vorstellung davon, wer Gott ist, anzuzweifeln,
sind wir für die Lügen des Teufels am verwundbarsten. Hoffnung
schwindet in dem Maße, wie wir unsere Gewissheit von Gottes
Güte verlieren. Außerdem kommt die Lüge immer in Begleitung
der Persönlichkeit des Lügners. Wenn wir eine Lüge glauben, verleiht das dem Lügner Kraft. Und er kommt, um „zu rauben, zu
töten und zu zerstören" (Joh 10,10). Dies ist der Hauptgrund, warum Christen sich von dem Leben im echten biblischen Glauben an
Wunder zurückziehen – aufgrund unserer Unfähigkeit, mit Enttäuschung fertig zu werden. Für manche ist es viel einfacher, Gott
als wütend und rachsüchtig anzusehen. Auf diese Weise können
wir unseren Verlust viel leichter erklären. Doch Lügen stellen den
menschlichen Geist nie zufrieden. Er wird nur durch die Wahrheit,
die in Gottes Gegenwart führt, zufriedengestellt.

Schritte zur Heilung unseres Herzens

Jede Enttäuschung, die von Gott nicht heilend berührt wird, verunreinigt sich und eitert, sodass sich unsere Seele infiziert. Sie
raubt uns mit der Zeit unsere emotionale und geistige Stärke, bis
schließlich der Geist verletzt ist. In meinem Buch *Das persönliche*

Krafttraining im Herrn (Grain Press, 2008) gehe ich ausführlicher auf dieses Thema ein. An dieser Stelle möchte ich jedoch einige Mittel nennen, die ich gebrauche, um mein Herz für Heilung empfänglich zu machen:

1. Seien Sie ehrlich zu Gott

Manche Menschen müssen schlicht ehrlich ihre Seele vor Gott offenlegen und vor ihm weinen. Eine solche Offenheit vor dem Einen, *der uns niemals zurückweist*, ist wesentlich. Stellen Sie sicher, dass Sie für diesen Prozess genügend Zeit reservieren. In solchen Zeiten geschieht eine Heilung des Herzens nicht innerhalb einer fünfminütigen „Stillen Zeit". Lassen Sie sich Zeit. Oft geht es um Leben oder Tod in Bezug auf unsere geistliche Gesundheit.

Es ist wichtig, sich Gott zuversichtlich zu nahen: *„Lasst uns nun mit Freimütigkeit hinzutreten zum Thron der Gnade, damit wir Barmherzigkeit empfangen und Gnade finden zur rechtzeitigen Hilfe!"* (Hebr 4,16). Gehen Sie an einen Ort, wo Sie mit Gott allein sein können, und rufen Sie ehrlich zu ihm. Ich bete oft etwa Folgendes: „Vater, ich weiß, dass du gut bist und dass du niemals lügst oder deine Kinder im Stich lässt. Aber für mich fühlt es sich im Moment ganz so an, als hättest du es getan. Es sieht aus, als hättest du das Versprechen, das du mir gegeben hast, nicht gehalten. Ich weiß, dass meine Wahrnehmung falsch ist, weil du immer gut bist. Ich brauche deine Hilfe. Bitte heile mein Herz und hilf mir schnell gemäß deiner Verheißungen."

Seien Sie nicht religiös. Sagen Sie nichts, von dem Sie denken, dass Gott es hören will. Entblößen Sie Ihre Seele und seien Sie ehrlich, aber klagen Sie ihn nicht unter dem Deckmantel der Ehrlichkeit an. Ich sage nicht, dass er Sie erschlagen wird. Ich meine nur, dass es wichtig ist, diese Art von Anklage gar nicht erst in Ihr Herz zu lassen. Wenn Anklage Ihre Gedanken bestimmt, haben Sie bereits zu lang damit gewartet, ehrlich zu ihm zu kommen. Bekennen Sie schnell Ihre Schuld und tun Sie Buße.

2. Hören Sie auf Gott

Fast immer schaue ich auf der Suche nach Trost in die Psalmen. Die Psalmen enthalten alle Arten von Gefühlen. Sie stellen fast jede Art von Konflikt und Tragödie dar, durch die auch wir gehen. Ich lese, bis ich meine Stimme in den Psalmen höre und auf den Schrei meines Herzens treffe. Wenn ich ihn finde, weiß ich, dass ich der Antwort nahe bin. An diesem Punkt ist es wichtig, über Gottes Wort zu meditieren. Darin liegt Heilung. Betrachten Sie immer wieder im Gebet, was er sagt. Oft benutze ich die Worte eines Psalms und singe sie, bekenne sie und proklamiere sie. Manchmal schreibe ich sie auf eine Karteikarte, damit ich sie mitnehmen kann, weil ich weiß, dass größere Dinge Zeit brauchen, um ganz zu heilen. Ich kann es mir nicht leisten, anders über meine Situation zu denken als Gott. Wenn ich anders denke, bekomme ich Probleme.

Wenn Sie nicht auf die Dinge achten, die Ihr Herz bewegen, machen Sie sich selbst zur Zielscheibe und zu einem leichtem Ziel für den Feind. Sprüche 4,23 (LUT) ermahnt uns: *„Behüte dein Herz* **mit allem Fleiß,** *denn daraus quillt das Leben"* (Hervorhebung durch den Autor). Das Leben fließt aus diesem Ort in uns. Wenn wir darauf achten, dass unser Herz rein und unbefleckt und Gott hingegeben bleibt, hat dies langfristig positive Auswirkungen. Dieser Vers war für mich in den letzten vierzig Jahren einer der wichtigsten überhaupt.

3. Empfangen Sie Frieden

Gehen Sie weiter zu Gott und schütten Sie Ihr Herz vor ihm aus, bis sein Friede beginnt, Sie zu erfüllen. Denken Sie daran: Wenn Sie nicht das Recht aufgeben, alles zu verstehen, werden Sie nicht den Frieden empfangen, der den Verstand übersteigt. Die Heilung, die Sie brauchen, beginnt nicht im Verstand; sie ist nicht von intellektueller Art. Sie hat das Herz im Visier. An diesem Ort wird Ihre Gesundheit wiederhergestellt. Mit der Zeit wird auch Ihr Verstand erneuert.

Was Sie nicht wollen ist, das abzuwerten, was Gott Sie in der Vergangenheit gelehrt hat. Betrachten Sie es so: Sie können nur eine Sache gleichzeitig festhalten: die Verheißung Gottes oder die

Enttäuschung. Sie müssen eine Sache loslassen, um die andere ergreifen zu können.

4. Füllen Sie Ihr Herz auf die rechte Weise

Füllen Sie Ihr Herz mit dem, was Gott tut, ohne über das zu stolpern, was er nicht getan hat oder nicht zu tun scheint. Ich ermutige hier nicht zum Leugnen – Ihre Bedürfnisse sollten im Verborgenen vor Gott gebracht werden (vgl. Mt 6,6). Es sind die Bedürfnisse, die noch nicht gestillt worden sind. Beten Sie, bis Sie seine Sicht für eine Sache bekommen. Stimmen Sie mit ihm durch eine Entscheidung überein. Lassen Sie danach die Last in seiner Gegenwart und führen Sie Ihr Leben, indem Sie sich seine Treue ins Gedächtnis rufen, also das, was er getan *hat*. Wird die Last in Bezug auf diese Not wieder stärker, suchen Sie Gottes Nähe und reden Sie mit ihm. *Der glückliche Fürbitter,*[3] das Buch meiner Frau, gibt ungewöhnlichen Einblick, was diese Art von Gebet angeht.

Selbst Johannes der Täufer hatte mit der Ablenkung durch Enttäuschung zu kämpfen. Er hatte bereits die Offenbarung empfangen, dass Jesus das Lamm Gottes war. Aber er begann, diese Erkenntnis anzuzweifeln, während er im Gefängnis auf den Tod wartete. Daher sandte er zwei seiner Jünger zu Jesus, um die Wahrheit herauszufinden (vgl. Mt 11,2-3). Wie konnte der größte aller alttestamentlichen Propheten das infrage stellen, was er erkannt hatte? (Das Neue Testament bedeutet *neuer Bund*. Er begann erst, als am Kreuz das Blut Jesu vergossen wurde. Johannes war der letzte Prophet des Alten Bundes; vgl. Mt 11,11.) Ich denke, Johannes' Aufmerksamkeit richtete sich auf das, was Gott *nicht* tat. Johannes hatte den Weg für den Einen vorbereitet, der Menschen aus Gefangenschaft herausführte (vgl. Lk 4,18), doch er befand sich im Gefängnis und stand kurz vor dem Tod.

Jesus gab ihnen den weisen Rat: *„Geht hin und verkündet Johannes, was ihr hört und seht"* (Mt 11,4). Er richtete Johannes' Aufmerksamkeit auf das, was Gott *tat*. Der Höhepunkt dieser Lektion findet sich in Jesu letztem Satz an Johannes' Jünger: *„Und glückselig ist, wer sich nicht an mir ärgern wird!"* (Mt 11,6).

---

[3] Beni Johnson, *Der glückliche Fürbitter,* GloryWorld-Medien, 2010.

Wenn wir uns auf das konzentrieren, was Gott nicht tut, öffnen wir uns für einen gekränkten Geist, der immer in die Sünde des Unglaubens mündet. Im Endeffekt ist dies ein Zusammenschluss mit dem dämonischen Bereich, der darauf aus ist, Gottes Absichten auf der Erde zu unterwandern und, noch schlimmer, das Wesen Gottes zu hinterfragen.

Dankbar und hungrig

Wir müssen zwei Grundhaltungen pflegen, wenn wir den übernatürlichen Lebensstil anstreben, den Jesus uns aufgetragen hat. Die erste Grundhaltung ist Dankbarkeit. Ich glaube, dass dies eine der am meisten unterschätzten Ausdrucksformen des Lebens ist. Es ist entscheidend, dass wir Gott Dankopfer bringen für das, was wir erlebt haben und wovon wir Teil waren. Nur diese Einstellung wird Menschen, die Erfolg geschmeckt haben, helfen, demütig zu bleiben. Dankbarkeit ist ein Ausdruck echter Demut; sie bezeichnet Gott als Quelle für alles Gute.

Die zweite Haltung, die wir benötigen, ist Hunger. Ich muss mir einen Hunger erhalten für das Mehr, das Gott versprochen hat. Ich stelle für mich und die Bewegung, die ich repräsentiere, die größte Gefahr dar, wenn ich die Haltung eines Experten einnehme. Wenn ich das tue, bestimme ich leider den Punkt, an dem ich zu wachsen aufhöre. Was ich weiß, kann mich von dem abhalten, was ich wissen muss, wenn ich nicht ein Novize (kindlich) bleibe. Ein kindlicher Zugang zu diesem übernatürlichen Lebensstil wird uns dabei helfen, ehrlich und demütig zu bleiben und beständig zu wachsen.

Diese beiden Bereiche des Herzens zu pflegen – die Dankbarkeit gegenüber Gott und einen Hunger nach mehr –, wird uns dabei helfen, geistlich gesund zu bleiben, was wiederum alle anderen Lebensbereiche beeinflusst. Seien Sie dankbar. Bleiben Sie hungrig.

KAPITEL 8

Die Kraft des Zeugnisses

Bill

Der Wert, den wir auf das Zeugnis legen, ist einer der einflussreichsten Faktoren unserer Heilungskultur. Ein Zeugnis ist für uns mehr als jemand, der seine Geschichte öffentlich erzählt. Das ist zwar gut und ermutigt uns alle, doch kann man diese wunderbaren Gabe noch gezielter einsetzen. Zeugnisse sollte man bewahren, wiederholen und unverfälscht wiedergeben, und man sollte sie auch miteinander besprechen. Die Geschichten von Gottes Eingreifen bereiten einen rechtmäßigen Boden für das Übernatürliche. Sie lassen uns Gottes Wesen und Herz verstehen und sorgen dafür, dass das Übernatürliche *ständig* im Bewusstsein bleibt.

Um 1980 herum hatte mich eines Tages ein Bibelvers in meiner täglichen Bibellese angesprochen. Der zweite Teil von Vers 10 in Offenbarung 19 kam mir förmlich entgegen: *„Das Zeugnis Jesu ist der Geist prophetischer Rede"* (REÜ). Dieser Satz löste etwas in meinem Herzen aus. Ich konnte aber nicht genau sagen, was es war, noch hätte ich darüber predigen können, selbst wenn es um mein Leben gegangen wäre. Dennoch war er für mich lebendig. Es war offensichtlich, dass der Heilige Geist über diesem Vers „brütete" und dass er etwas für mich enthielt. Ich bat ihn, mir diesen Vers zu erklären. (Es geht mir hier um das Prinzip *hinter* dem Vers, nicht um den eigentlichen Fokus.)

Etwas später am selben Tag kam ein Mann in meinem Büro vorbei, um mir etwas mitzuteilen. Er war so in Eile, dass er sich nicht einmal hinsetzte. Er stand einfach nur in der Tür und erzählte mir, was Gott in seiner Ehe getan hatte. Bevor er ging, sagte er, ich könne anderen gerne von seinem Erlebnis erzählen. Als er das sagte, geschah das Gleiche, wie ich es beim Lesen von Offenbarung 19,10 erlebt hatte: Mein Herz hüpfte vor Freude. Nur wusste ich diesmal, dass ich den ersten Teil einer Antwort auf meine Bitte um Einsicht erhalten hatte.

Der Mann ging sehr schnell wieder und kehrte zur Arbeit zurück, sodass ich mich an den Herrn wandte, um zu verarbeiten, was gerade geschehen war. Mein Freund hatte mir von der Heilung seiner Ehe erzählt (Zeugnis) und gesagt, ich könne es anderen weitererzählen (Prophetie). Das Zeugnis und die Prophetie waren die beiden Hauptelemente der Bibelstelle, über die ich an diesem Morgen nachgedacht hatte. Ich hatte den Eindruck, dass das Prinzip, um das es hier ging, möglicherweise stark beeinflussen könnte, wie ich mein Leben gestalten würde.

Zu dieser Zeit hatten wir als Gemeinde einen guten Lobpreis, Menschen wurden gerettet und kaputte Menschen erlebten Wiederherstellung. Zeugnisse schienen die Leute insofern zu ermutigen, als dass sie ihnen Hoffnung dafür gaben, dass auch mit ihnen große Dinge geschehen könnten. Dies war noch nicht die Zeit, in der sich physische Heilungen und Wunder ereigneten. Das kam später. Ich war jedoch dabei, ein wichtiges Werkzeug zu entdecken, das uns helfen sollte, uns Zugang zum Übernatürliche zu schaffen.

Das Werkzeug verstehen

Als ich das Wort *Zeugnis* im Alten Testament studierte, fand ich heraus, dass es von einem Wort mit der Bedeutung „nochmals tun" abstammte. Da war die Sache für mich klar. Ich erkannte, dass Gott im Geheimnis des Zeugnisses den Bereich der Wunder *für* uns, nicht *vor* uns, versteckt hatte. Als er die Israeliten anwies, das Zeugnis zu bewahren, gab er ihnen etwas, das sie mit seinem andauernden übernatürlichen Eingreifen in Kontakt hielt.

Das *Zeugnis Jesu* ist eine mündliche oder schriftliche Aufzeichnung von dem, was Jesus getan hat. Und das Zeugnis Jesu ist der Geist der Weissagung. Jedes Mal, wenn wir von etwas erzählen, das Gott in unserem Leben getan hat, setzen wir den Geist der Prophetie frei. *Prophetie* tritt hauptsächlich in zwei Formen auf: Zum einen, um damit die Zukunft vorauszusagen, zum anderen, um ein Wort freizusetzen, das die Gegenwart verändert. Ich glaube, dass das Zeugnis Jesu eine prophetische Salbung freisetzt, die sich auf die gegenwärtige Realität auswirkt. Es werden Dinge in der Gegenwart möglich, die nicht verfügbar waren, bevor das Zeugnis erzählt wurde. Es ist, als würde Gott durch das Zeugnis offenbaren, was er „nochmals tun" will.

Viele fragen sich oft, ob es Gottes Wille ist, dass ein Wunder geschieht. Zunächst einmal sagt sein Wort, dass es sein Wille ist, zu heilen: *„Ich will. Sei gereinigt!"* (Mk 1,41). In der Bibel steht, dass Jesus für unsere Heilung bezahlt hat: *„... durch dessen Striemen ihr geheilt worden seid"* (1 Petr 2,24). Es gibt in diesem Zusammenhang zwei atemberaubende Tatsachen: *„Gott macht keine Unterschiede zwischen den Menschen"* (Apg 10,34 NL), und *„Jesus Christus ist derselbe gestern und heute und in Ewigkeit"* (Hebr 13,8). Das bedeutet: Was er für eine andere Person getan hat, würde er auch für Sie tun (er macht keine Unterschiede zwischen den Menschen), selbst wenn das, was er getan hat, schon eine lange Zeit zurückliegt. (Er ist derselbe gestern und heute und in Ewigkeit.) Zeugnisse offenbaren also Gottes Herz. Sie bereiten einen rechtmäßigen Boden für Wunder.

Obwohl ich bereits 1980 anfing, diese Dinge zu verstehen, sah ich erst in den späten 1990ern die vollen Auswirkungen des Zeugnisses auf unsere gegenwärtigen Erfahrungen und unsere Reich-Gottes-Kultur. Als ich einmal als Gastsprecher auf einer Konferenz in Rochester (Minnesota) war, diente ich einer jungen Frau, die einige Jahre zuvor in einen schlimmen Unfall verwickelt gewesen war. Ihr Bein war sehr stark verletzt worden. Ihr Knöchel wurde durch Nägel zusammengehalten und sie konnte sich nur eingeschränkt bewegen und hatte Schmerzen. Während des Gebets gewann sie einiges an Bewegungsfreiheit wieder zurück und auch der Schmerz ließ nach.

Als diese Frau sich am nächsten Tag für unsere Veranstaltung anzog, sah ihr Mann ihr Bein an und sagte: „He, das war vorher noch nicht da!" Sie sah hinunter und bemerkte, dass der fehlende Teil ihres Wadenmuskels über Nacht neu gewachsen war. Aufgeregt erzählte sie mir davon.

Ich war auch ganz begeistert und forderte sie auf, ihre Geschichte den Anwesenden mitzuteilen. Gemeinsam priesen wir Gott für dieses großartige Wunder. Als sie auf ihren Platz zurückkehrte, kam eine andere Frau auf mich zu und sagte: „Wenn Gott das für sie getan hat, tut er das doch sicher auch für mich." Ihr Einblick in Gottes Wesen beeindruckte mich. Auch sie hatte einen Unfall gehabt, bei dem ihre Achillessehne durchtrennt worden war. Das lag fünf Jahre zurück. Nachdem man sie wieder zusammengefügt hatte, reagierte ein Teil des Wadenmuskels nicht mehr richtig und verkümmerte. Sie musste von Neuem Gehen lernen. Nun wollte sie, dass Gott für sie das gleiche Wunder tat.

Ich rief die bereits geheilte junge Frau zurück nach vorne und sagte zu ihr: *„Umsonst habt ihr empfangen, umsonst gebt!"* (Mt 10,8). Ich bat sie und die Frau des Pastors, der Frau mit der verletzten Achillessehne die Hände aufzulegen. Gott schuf den fehlenden bzw. verkümmerten Muskel direkt vor ihren Augen neu. Die Frau konnte wieder normal gehen. Die Begeisterung wuchs und zwei weitere Frauen kamen nach vorn, deren Wadenmuskeln bei unterschiedlichen Unfällen verletzt worden waren. Beide wurden sofort geheilt: Gott ließ den Teil des Muskels neu wachsen, der stark geschrumpft war.

Von Minnesota reiste ich weiter nach Tennessee zu einer anderen Konferenz. Die Leute waren sehr ermutigt, als ich die Geschichten dieser vier Frauen erzählte. Ein Arzt bat um Gebet. Ein Jahr vorher hatte er sich das Bein gebrochen und war nun in seiner Bewegung eingeschränkt; auch sein Wadenmuskel war verkümmert. Nachdem unsere Studenten etwa zwanzig Minuten für sein Bein gebetet hatten, fragte ich ihn, wie es ihm ging. Er sagte, der Schmerz wäre weg und die Bewegungsfreiheit wiederhergestellt. Ich fragte ihn speziell nach seinem Wadenmuskel. Er sagte mir, er könne spüren, dass sich die Haut spanne.

Jedes Mal, wenn ich von einer Reise nach Hause komme, erzähle ich in unserer Gemeinde gerne, was Gott getan hat. Diese *„Beute"* ist Teil ihrer Belohnung dafür, dass sie mich aussenden. Als ich ihnen von den fünf Leuten erzählte, die ein schöpferisches Wunder an ihren Beinen erlebt hatten, war der Jubel groß. Zwei Wochen später erzählte mir eine Frau in einem anderen Treffen in unserer Gemeinde, sie habe sich vor einem Jahr das Bein gebrochen und neben Schmerzen sei ihre Bewegungsfreiheit stark eingeschränkt. Auch waren die Muskeln in ihrem Bein aufgrund des Bewegungsmangels verkümmert. Sie sagte, als ich das Zeugnis der fünf Wunder weitergegeben hätte, sei ihr Bein heiß geworden, der Schmerz sei verschwunden, die Bewegungsfreiheit sei wiederhergestellt worden und die Muskeln seien in die richtige Form zurückgewachsen. All das war die Folge dessen, dass diese Geschichten in einer Atmosphäre der Erwartung weitererzählt wurden. Die Wunder aufgrund dieses einen Zeugnisses setzen sich immer noch fort.

Auch nach der Heilung eines Kindes mit Klumpfüßen machten wir eine erstaunliche Erfahrung. Der Junge war zu diesem Zeitpunkt drei Jahre alt. Einer seiner kleinen Freunde kam anschließend zu ihm und sagte: „Renn!" Er rannte los und kehrte wieder zu seinem Freund zurück und sagte: „Ich kann rennen!" Was für ein erstaunliches Wunder. Den Ausdruck auf seinem Gesicht werde ich nie vergessen. Einige Wochen später besuchten die Nachbarn dieses Kindes die Gemeinde. Als sie sich selbst als die Nachbarn des Jungen vorstellten, fragte ich, wie es ihm ginge. Sie erzählten mir, er sei die letzten zwei Wochen fast nur gerannt!

Es versteht sich von selbst, dass wir diese Geschichte der Gemeinde erzählten. Die Menge brach in Lobpreis aus, als sich wieder einmal die Güte Gottes offenbarte. Wunder haben das so an sich. (Wenn man den übernatürlichen Lebensstil der Gemeinde vorenthält, beraubt man Gott der ihm gebührenden Ehre.) Ich wusste nicht, dass eine Familie von außerhalb unseres Bundesstaates an diesem Tag zu Besuch war. Sie hatten eine kleine zweijährige Tochter, deren Füße sich so krumm nach innen drehten, dass sie über sie stolperte, wenn sie zu rennen versuchte. Als die Mutter die Geschichte des Jungen mit Klumpfüßen hörte und auch von der Kraft des Zeugnisses, sagte sie sich: „Das nehme ich für meine Tochter in Anspruch." Nach der Predigt ging sie in die Krabbelgruppe, um ihre Tochter abzuholen. Die Füße des Mädchens waren bereits gerade! Niemand hatte für sie gebetet. Das Wunder wurde freigesetzt, als die Mutter mit dem Bericht des Herrn übereinstimmte.

Das Zeugnis bewahren

„Halten, ja, halten sollt ihr die Gebote des HERRN, eures Gottes, und seine Zeugnisse und seine Ordnungen, die er dir geboten hat" (5 Mose 6,17). Das Wort *halten* ist hier interessant. Es bedeutet „bewachen" oder „bewahren". Es wird auf viele verschiedene Weisen übersetzt, einschließlich „beobachten", „Wächter" und „schützen".

Ich weiß noch, dass ich als Kind in der Sonntagsschule oft gehört hatte, wie wichtig es sei, Gottes Gebote zu halten. Gehorsam kann nie überschätzt werden. Aber ich erinnere mich nicht an eine einzige Anweisung, Gottes Zeugnisse zu bewahren. Dennoch ist es so sehr Teil der Kultur des Reiches Gottes wie Gehorsam. Tatsächlich sind die beiden miteinander verbunden, wie wir gleich sehen werden.

Die Anweisungen in 5. Mose 6 betreffen unsere Verantwortung gegenüber Gottes Geboten, Ordnungen und Zeugnissen. Gebote lehren uns, wie wir leben sollen. Ordnungen lehren uns, wie wir denken sollen. Zeugnisse lehren uns, was wir erwarten sollen. Ein Zeugnis offenbart Gottes Handeln, das wiederum seine Wege offenbart. Jede Geschichte enthält herrliche Offenbarungen von Gottes Wesen und seinem Herzen für die Menschen.

Gottes Wege zu verstehen ist der höchste Kenntnisstand, den die Menschheit erlangen kann. Das Zeugnis ist daher ein äußerst kostbarer Schatz. Dadurch, dass es Gottes Wesen verstand, war das Volk Israel in der Lage, eine Reich-Gottes-Kultur zu entwickeln und zu erhalten, die Gottes Segen in jeden Lebensbereich brachte. Im fünften Buch Mose wird uns die Anweisung gegeben, über das Zeugnis, dieses unendlich wertvolle Geschenk des Himmels, zu wachen und es zu pflegen. Die in 5. Mose 6 gegebenen Aufträge gehen über das Gesetz des Alten Testaments hinaus und werden zur praktischen Leitlinie, um in einer christlichen Kultur die geistliche Gesundheit zu wahren. Unser Lebensstil, unser Denken und unsere Erwartungen sind für das Entwickeln einer Kultur, die in der Lage ist, eine große Bewegung Gottes aufrechtzuerhalten, entscheidend. Zeugnisse sind dabei ein zentrales Puzzlestück.

In meinen Mitarbeitertreffen nehme ich mir jede Woche ein bis zwei Stunden Zeit, um einfach nur Zeugnisse zu erzählen und nachzubesprechen. Wir haben uns entschlossen, uns durch die Werke Gottes geistlich zu ernähren. Das macht wirklich einen Unterschied. Etwas Ähnliches mache ich in unserem Leitergebetstreffen und auch in unserem Vorstandstreffen. Wir nehmen uns am Anfang Zeit, um einander die Wunder zu erzählen. Ich kann es mir nicht leisten, dass wir Entscheidungen treffen, die auf menschlichen Fähigkeiten und Ressourcen beruhen. Der Glaube lebt vom Himmel auf die Erde hin. Das Zeugnis hält in unserem Denken die Verbindung zu dem Gott aufrecht, dem nichts unmöglich ist.

Ich habe sogar jemanden eingestellt, um die Geschichten von Gottes Eingreifen zu protokollieren. Pam ist bei unseren Mitarbeitertreffen dabei und hält die einzelnen Berichte fest. Sie befragt auch Menschen, die im Rahmen unserer Heilungsräume (Healing Rooms) geheilt werden. Darüber hinaus macht sie sich viel Arbeit damit, die Wunder nachzurecherchieren und aufzuzeichnen, die während einer normalen Woche in unserer Gemeinde passieren. Genauigkeit stellt sicher, dass durch das Zeugnis Leben freigesetzt wird. Ausschmückungen untergraben das, was wir beabsichtigen. Dies ist unser Beitrag, um das Zeugnis zu „bewahren".

Das Zeugnis und Gehorsam

Mit jedem Zeugnis vertraut Gott uns einen Schatz an. Jede Geschichte ist unendlich kostbar und offenbart das Wesen Gottes und sein Herz für Menschen. In den Geschichten wird seine DNA beschrieben. Es gefällt ihm, wenn wir diese Geschichten wie großartige Geschenke behandeln. Das Zeugnis hat einen direkten Einfluss auf das gehorsame Leben, wie wir in Psalm 78,9-11 (NL) sehen:

Die Krieger Ephraims waren gut ausgerüstete Bogenschützen,
dennoch flohen sie, als es zur Schlacht kam.
Sie hielten Gottes Bund nicht
und weigerten sich, nach seinem Gesetz zu leben.

Sie vergaßen, was er getan
und welch große Wunder sie erlebt hatten.

In diesem Psalm offenbaren sich Ursache und Wirkung. Achten Sie auf die Abweichung der Söhne Ephraims: Sie waren ausgerüstet und trainiert für den Kampf, und dennoch flohen sie, anstatt alles zu riskieren und zu kämpfen. Warum? Weil sie nicht in radikalem Gehorsam lebten. Wenn wir an diesem Punkt versagen, wird alle Zuversicht zunichte, dass „der Herr für uns kämpft". Warum waren sie nicht gehorsam? Sie hatten das Zeugnis – seine Taten und Wunder – vergessen.

Die bewusste Interaktion mit dem persönlichen, übernatürlichen Gott ruft eine völlige Veränderung im Selbstbewusstsein einer Person hervor. Seit Jahren beobachte ich dieses Phänomen. Menschen, die ehemals als feige Christen gelebt haben, werden zu kühnen Jüngern, nachdem sie die übernatürlichen Wege des Herrn gesehen haben. Es ist, als wären sie vorher Mitglieder eines christlichen Klubs gewesen und würden nun zu Soldaten an der Front. Das Bewusstsein von Gottes Wegen hat solch starke Auswirkungen auf das Denken und Leben von Menschen – damals bei den Israeliten und auch heute in der Gemeinde.

Leider habe ich auch gesehen, dass das Gegenteil geschah. Ich habe beobachtet, wie Menschen, die einmal eine Leidenschaft für Gott besaßen, den Gott, der Unmögliches möglich macht, aus den Augen verlieren und sich in christlicher Aktivität vergraben, die alles Übernatürliche entbehrt. Und so werden die Krieger entwaffnet und kraftlos durch die vielen Aktivitäten, die nichts dazu beitragen, dass den Bedürftigen auf liebevolle Weise Gottes Kraft immer mehr offenbart wird.

Das Zeugnis bewahren heißt im Grunde, dass ich das, was Gott in der Vergangenheit getan hat, gewissenhaft aufzeichne und mir vor Augen halte, bis es zur „Brille" wird, durch die ich die gegenwärtigen Umstände betrachte. Jedes Mal, wenn ich Umstände aus der Sicht der Geschichte Gottes mit der Menschheit betrachte, wird Unmögliches zur Chance und tragische Verluste werden zu Gelegenheiten, durch die der Heilige Geist etwas macht, was uns zum Besten dient.

Jedes Mal, wenn die Israeliten Gottes Taten vergaßen, verschlechterte sich ihr geistlicher Zustand. Wenn wir uns den Psalm 78 weiter ansehen, sehen wir dieses Motiv in den Versen 40-43 (NL):

Wie oft lehnten sie sich in der Wüste gegen ihn auf
und betrübten sein Herz in der Wildnis.
Immer wieder stellten sie seine Geduld auf die Probe
und enttäuschten den heiligen Gott Israels.
Sie vergaßen, wie mächtig er war
und wie er sie vor ihren Feinden gerettet hatte.
Sie vergaßen seine Zeichen, die er in Ägypten getan hatte,
seine Wunder in der Ebene von Zoan.

Das Volk Israel fügte dem Herrn jedes Mal tiefen Schmerz und große Enttäuschung zu, wenn es sein übernatürliches Eingreifen vergaß. Wenn es ihnen gelang, ein Bewusstsein für seine übernatürlichen Wege zu bewahren, änderte dies irgendwie die Art, wie sie lebten. Es wurde in all ihren Überlegungen zu einem Bezugspunkt, so etwas wie der Polarstern. Diese *übernatürliche* Art zu denken sollte durch Gespräche, Lieder und Lehre erhalten werden – all das im Bemühen, das Zeugnis zu bewahren.

Wenn wir die Wunder vergessen, reden wir weniger über sie. Wenn wir weniger über sie reden, erwarten wir sie auch weniger. Und wenn unsere Erwartung für das Übernatürliche schwindet, verschwinden schließlich auch die Wunder aus unserem Leben. Ich bin davon überzeugt, dass jeder Abfall der Israeliten auf eine Zeit zurückgeführt werden kann, als sie damit aufhörten, das Zeugnis zu bewahren. Das andauernde Bewusstsein für den Gott, der in das Unmögliche eindringt, sollte sie von den Sünden des Götzendienstes und der Rebellion abhalten. Als sie es versäumten, das Zeugnis zu bewahren, gingen der geistige und emotionale Standard verloren, der sie davor schützte, so zu werden wie andere Nationen.

Eine der interessantesten Wahrheiten über das Bewahren des Zeugnisses findet sich in der Geschichte vom Volk Israel und der Stiftshütte von Mose. Gott hatte seinem Volk besondere Anweisungen gegeben, wie sie bestimmte Dinge zu tun hatten, insbesondere, was die Anbetung anging. Der wichtigste Einrichtungsgegenstand in der Stiftshütte während der Zeit des Tempels war die Bundeslade. Es handelte sich dabei um einen mit Gold überzogenen Kasten, der ins Allerheiligste gestellt wurde. Dort manifestierte sich die Gegenwart Gottes für ganz Israel. Am Versöhnungstag kam der Hohepriester in diesen Raum, der nur von der Gegenwart des Herrn erleuchtet wurde. Er kam, um das Blutopfer darzubringen, das die Strafe für die Sünde ein weiteres Jahr aufschieben sollte. Sonst durfte niemand jemals dort hinein.

In dieser Lade befanden sich ein Gefäß mit Manna, der Stab Aarons und die Steintafeln, auf denen die zehn Gebote geschrieben waren. Da jeder dieser Gegenstände das Werk Gottes offenbarte, wurde die Lade auch bekannt als die Lade des Zeugnisses. Auf der Oberfläche des goldenen Kastens standen sich zwei Cherubim gegenüber. Zwischen diesen beiden Engelswesen war ein Thron für Gott, der Gnadenthron genannt wurde.

Daraus ergibt sich eine wunderbare Wahrheit: Jedes Mal, wenn Sie jemandem ein Zeugnis erzählen, bringen Sie den Gnadenthron Gottes in sein Leben hinein. Jedes Zeugnis ist eine Einladung für die Zuhörer, selbst Gottes Gnade zu schmecken. Dies ist Teil des wunderbaren Zwecks des Zeugnisses in der Kultur des Reiches Gottes. Im Alleingang hält es das Übernatürliche aufrecht, während es gleichzeitig die Uneingeweihten in eine Beziehung mit dem Einen einlädt, der allein jeden Teil des Lebens mit seiner Erlösung durchdringen kann.

Strategische Weissagungen

Wenn ich in einer Stadt oder in einem Land zu Besuch bin, wird mir oft von geistlichen Festungen in dieser Gegend erzählt. Der Gastgeber informiert mich über die Spaltung in der Leiterschaft der Gemeinde und die verhärteten Herzen des Volkes Gottes gegenüber dem Übernatürlichen. Ich merke, dass diese Informationen mit viel Aufwand recherchiert wurden. Man fährt fort, mich über die aktiven Sekten und Kulte vor Ort zu informieren und warum Erweckung ausgeblieben ist. Geduldig höre ich dann zu und versuche, ihr Herz für ihre Stadt zu spüren. Ich lasse mich jedoch nicht von dem Erfolg des Teufels beeindrucken, sonst reagiere ich auf ihn. Lebe ich in Reaktion auf die Mächte der Finsternis, lasse ich den Teufel beeinflussen, was ich tue. Das ist das

Gegenteil von dem, dass ich auf Gott eingehe. Deshalb schütze ich mein Herz vor Informationen dieser Art.

Ein besserer Ansatz wäre, dass eine regionale Leiterschaft herausfindet, welche Art dämonischer Einflüsse vorhanden ist, und dann eine Person sucht, die von diesem Einfluss befreit wurde. Wenn Ihre Stadt zum Beispiel dafür bekannt ist, dass es viele Scheidungen gibt, dann suchen Sie Leute, die kurz vor der Scheidung standen, aber dann die heilende Gnade Jesu in ihrer Ehe erlebt haben. Lassen Sie diese Menschen Zeugnis geben von dem, was Gott getan hat. Lassen Sie das Volk Gottes sich wappnen mit Geschichten, die gegen den Zeitgeist wirken. Dieser Geist arbeitet daran, Menschen in bestimmten Bereichen ihres Lebens alle Hoffnung zu rauben. Es ist am Anfang schwierig, Zeugnisse in einer Stadt zu verbreiten, um dieser Hoffnungslosigkeit entgegenzuwirken, aber bald wird es zur Norm, da sich die Erwartungen der Menschen für das, was Gott tun kann, exponentiell vergrößern.

Das Zeugnis einer geheilten Ehe ermutigt offensichtlich andere, die in diesem Bereich Probleme haben. Aber es bewirkt noch viel mehr. Wie wir zu Beginn dieses Kapitels gesehen haben, sagt die Schrift, dass das Zeugnis Jesu der *Geist der Prophetie* ist. Das Zeugnis geheilter Ehen prophezeit Gottes Absicht für die ganze Stadt. Dieser *Geist der Prophetie* ist eine Salbung, die sogar die Atmosphäre über einem bestimmten Ort verändert. Wenn ein ausreichend großer Teil der Gemeinde sich rühmt, was Gott in Ehen getan hat, verändert sich die Atmosphäre einer Stadt insofern, dass die Menschen anfangen, anders zu denken, weil die Lügen, die sie für wahr hielten, entthront wurden. Und dieser Unterschied öffnet echter Transformation die Tür.

Seien Sie jedoch gewarnt. Wenn Sie sich auf einen Bereich konzentrieren, den Sie durch das Zeugnis verändert sehen wollen, wird der Feind diesen Bereich umso mehr anvisieren. Er kann sich nicht für unsere Absicht, verlorenes Gebiet zurückzuerobern, erwärmen. Aber fürchten Sie sich nicht. Fürbitte für einen bestimmten Bereich wird das Blatt wiederum wenden, bis dieser schwache Bereich zum stärksten wird. Das Gebet für die Ehen in der Gemeinde wird zum Beispiel bewirken, dass Gott diese Erfolge in einer Stadt bzw. einer Region verbreiten wird, um einen neuen

Standard erfolgreicher Ehen einzuführen. All dies kommt durch das einfache Vorrecht zustande, *das Zeugnis zu bewahren*.

KAPITEL 9

Heilung und eine Seele, der es gut geht

Bill

Das große Thema dieses Buches ist Heilung. Im Zentrum steht, wie man lernt, selbst geheilt zu werden und anderen Heilung zukommen zu lassen. Größer jedoch als göttliche Heilung ist göttliche Gesundheit. Das Volk Israel besaß diese eine ganze Generation lang. Sie waren in der Wüste, zwischen Ägypten und dem verheißenen Land. Mich verblüfft es, dass die eine Generation, die diesen Segen erlebte, gegen Gott rebellierte und nicht einmal wiedergeboren war. Da wir in einem besseren Bund leben, ist es wichtig, dass wir Gott eine größere Manifestation in diesem Bereich zutrauen, als wir sie bisher erlebt haben. In Jeremia 33,6 sagt Gott über Jerusalem und seine Bewohner: *„Siehe, ich will ihr Genesung und Heilung bringen und sie heilen, und ich will ihnen eine Fülle von Frieden und Treue offenbaren."* Gott wünscht sich von Herzen, dass sein Volk gesegnet ist – an Geist, Seele und Leib.

Während ich das „Genesis Bible Training Center" in Santa Rosa in Kalifornien besuchte, arbeitete ich als Hausmeister in einer Firma. Ich war dort angestellt, um viele Bürogebäude der Stadt und der Verwaltung zu reinigen. Jede Nacht putzte ich Büros, Toiletten und Konferenzräume. Der faszinierendste Ort war für mich das Polizeiamt. Von der Meldezentrale über die Büros bis zu den Mannschaftsräumen sah ich dort Dinge, die man nicht jeden Tag zu sehen bekommt. Ein Beamter hatte zwei Bilder unter die Glasauflage seines Schreibtisches gelegt. Das eine zeigte eine hübsche junge Frau, das andere eine ältere, krank aussehende Frau, die offensichtlich vom Leben gebeutelt war. Eines Tages entdeckte ich die Notiz unter diesen beiden Bildern. Darin stand, dass es sich um dieselbe Frau handelte. Zwischen beiden Bildern lagen nur ein paar Jahre. Den Unterschied machte Heroin. Die Folgen dieses tödlichen Stoffs waren offensichtlich. Diese Frau war wahrhaftig eine wandelnde Tote.

Die Sünde fordert ihren Tribut von allem und jedem, den sie berührt. Es ist kein Geheimnis, dass Drogenabhängigkeit und andere folgenreiche Sünden unsere Gesundheit beeinträchtigen. Gesundheitsexperten bestätigen die zu erwartende Zerstörung für jeden, der sich solch einem fahrlässigen Lebensstil hingibt. Es hat uns alle betroffen gemacht, mit anzusehen, wie ein großer Teil der vielversprechendsten und intelligentesten Leute unseres Landes sich selbst zerstört haben, indem sie sich auf etwas einließen, das sie nicht kontrollieren konnten. Sünde zerstört die körperliche, geistige, emotionale und geistliche Gesundheit eines Menschen, verwüstet Städte und hinterlässt bleibende Narben in Familien.

Die innere Realität

Viele der besten Ärzte und Psychologen konzentrieren sich immer stärker auf die möglichen Zusammenhänge zwischen physischer Krankheit und innerlichen Problemen wie Bitterkeit, Zorn, Hass und Neid. Seit Jahren hören wir, dass 85 Prozent aller Krankheiten ihren Ursprung im Kopf haben. Damit meine ich nicht, dass man sie sich einbilden würde, sondern dass ihre Ursache in einem ungesunden Denken liegt. Auch wenn diese inneren Probleme nicht in den Arm gespritzt oder durch die Lunge inhaliert werden, vergiften sie das Leben von Menschen, die zu etwas Bedeutendem geschaffen wurden. Die kreativen Energien der Menschen werden darauf verschwendet, ungesunde Gedanken und Gefühlen zu kontrollieren. So bleibt ihnen nur wenig oder gar keine Kapazität, für das zu leben, wofür sie eigentlich geschaffen wurden.

Inzwischen gehört es zum Beispiel auch unter weltlichen Therapeuten fast zum Allgemeinwissen, dass Menschen anderen vergeben müssen. Wenn sie nicht vergeben, zerfrisst es schlussendlich ihre Gesundheit. Schon viele Male habe ich eine Person in ein Bußgebet über mangelnde Vergebungsbereitschaft geführt und dann herausgefunden, dass ein Wunder schon die ganze Zeit *greifbar* war. Doch bevor sich das Wunder an ihrem Körper ereignen konnte, musste auch das Herz dieser Person dazu bereit sein. Ich weise die Leute an, ihre Sünden detailliert zu bekennen, nicht allgemein – damit meine ich, dass sie Gott genau sagen müssen, wem gegenüber sie Bitterkeit empfinden, und bekennen, dass sie diese Person nicht länger verurteilen. Ich führe sie auch dahin, dass sie ein Segensgebet über dieser Person sprechen, sofern diese noch lebt.

Ich glaube, dass mangelnde Vergebungsbereitschaft für Gläubige die größte Ursache für Krankheiten und Gebrechen ist. Dies sollte nicht so sein. Die Bibel sagt sehr eindeutig dazu: *„Wenn ihr aber den Menschen nicht vergebt, so wird euer Vater eure Vergehungen auch nicht vergeben"* (Mt 6,15). Gott hat in seiner Barmherzigkeit den menschlichen Körper so geschaffen, dass er nicht in der Lage ist, gesund in einer solchen Umgebung zu leben. Wir müssen seine Signale ernst nehmen.

Dinge wie Sorge, Reuegefühle, Zorn, Hass, Unversöhnlichkeit und Eifersucht sind bekannte Todesursachen. Sie zerfressen unser Immunsystem und machen uns für alle Arten von körperlichem Elend anfällig. In Psalm 31,10-11 heißt es: *„Sei mir gnädig, HERR, denn ich bin in Bedrängnis; vor Gram verfällt mein Auge, meine Seele und mein Leib. Denn in Kummer schwindet mein Leben dahin und meine Jahre in Seufzen; meine Kraft wankt durch meine Schuld, und es verfallen meine Gebeine."* Es ist nicht schwer zu verstehen, was die Bilder in diesem Vers versinnbildlichen. Sünde zerstört sowohl emotionale als auch physische Stärke. Das wiederum macht für viele körperliche Probleme anfällig. Ich kann mir kaum vorstellen, wie überrascht wir sein werden, wenn wir aus der Ewigkeitsperspektive sehen, wie viele Probleme des Lebens durch ein Denken, das nicht mit dem Denken Christi übereinstimmt, hervorgerufen oder zumindest mit herbeigeführt wurden.

In Jesaja 35,10 (LUT) finden wir eine Alternative dazu, dass wir mit inneren Beschwerden leben, die eine schlechte Gesundheit fördern:

Die Erlösten des HERRN werden wiederkommen
und nach Zion kommen mit Jauchzen;
ewige Freude wird über ihrem Haupte sein;
Freude und Wonne werden sie ergreifen,
und Schmerz und Seufzen wird entfliehen.

Erlöst bedeutet „errettet" oder „erkauft". Jeder Wiedergeborene wurde erlöst – *erkauft* durch das Blut Jesu. Dass wir *erlöst* sind, sollte sich auf unser Innenleben auswirken, wo Freude und Wonne Schmerz und Seufzen verjagen. Was in Psalm 31,10 Zerstörung brachte, wird in Jesaja 35,10 durch die Freude der Erlösung vertrieben. Es mag herausfordernd sein, dies umzusetzen, aber es ist nicht kompliziert.

Was der Körper enthüllt

Einmal betete ich mit einer jungen Frau um Heilung von Morbus Crohn. Diese schreckliche Krankheit zerfrisst den Dickdarm und zerstört damit alle Chancen, ein normales Leben zu führen. Sie hatte diese Krankheit bereits seit sieben Jahren gehabt. Als ich sie vor dem Gebet befragte, wollte ich von ihr wissen, ob sie selbst hart mit sich umginge, in dem Sinne, dass sie selbstkritisch, richtend und verdammend war. Ich klagte sie nicht an und stellte sicher, dass sie das auch verstand. Es kam mir nur in den Sinn und so fragte ich sie das ganz vorsichtig. Sie antwortete mit Ja.

Junge Menschen empfinden manchmal einen starken Druck, erfolgreich zu sein. Dazu neigen Collegestudenten aus bestimmten Kulturen besonders. Sie setzen sich unter einen enormen Druck, die Prüfungen zu schaffen. Erreichen sie ihr Ziel nicht, führt das zu Selbstzweifeln und Selbstkritik oder sie fügen sich sogar Strafen zu, wie nicht zu essen, nicht richtig zu schlafen oder Schlimmeres.

Ich erklärte dieser jungen Frau, dass ein sich selbst zerfressender Dickdarm ein physischer Hinweis auf das ist, was sie sich durch ihr Denken und die Schwermut in ihrem Gefühlsleben selbst zufügte. Sie hatte sich mit Selbstverdammnis gegen sich selbst gerichtet und ihr Körper demonstrierte schlicht nach außen, was im Inneren vor sich ging. Als ich ihr diese Zusammenhänge erklärte, verstand sie dies und war sofort bereit, Buße zu tun. Ich führte sie in ein Gebet, in dem sie die Sünde der Selbstzerstörung bekannte und sich von ihrer Auswirkung auf ihr Leben lossagte. Dann befahl ich dem Geist der Krankheit, ihren Körper loszulassen. Sie wurde sofort geheilt.

Es ist verrückt, aber wenn wir mit uns selbst kritisch und hart umgehen, kann dies so verheerend sein wie eine Drogenabhängigkeit. Es ist ein Schwelbrand, den ich immer wieder gesehen habe. Noch schlimmer ist, dass diese Art von Denken von vielen in der Gemeinde als Tugend angesehen wird. Sich selbst zu verurteilen und zu verdammen wird sogar als Zeichen gelobt, dass wir es ernst meinen mit unserer Nachfolge. Wir sollten jedoch an den Punkt kommen, wo wir glauben, dass wir wiedergeboren sind, und uns selbst den gleichen Respekt entgegenbringen müssen, den wir anderen Gläubigen erweisen sollen.

Die Mutter des geheilten Mädchens schrieb mir fünf Monate nachdem ich mit ihrer Tochter gebetet hatte, einen Brief. Sie beschrieb darin die Freude ihrer Tochter an Weihnachten. Sie hatte viele Geschenke von ihrer Familie bekommen und war dankbar dafür. Worüber sie jedoch sprechen wollte, war ihre Heilung. Sie erzählte davon, dass fünf Monate vorher ihr Leben praktisch vorbei war, dass es ihr aber nun gut ging. Sie war nun äußerlich und innerlich gesund. Gesundheit war ihr Erbe. Es war die ganze Zeit Gottes Wille gewesen, aber nun hatte sie mit ihm zusammengearbeitet, indem sie ihr Denken darauf gelenkt hatte, seinem Willen zu entsprechen. Die Gefühle folgten dem. Wenn unser Denken Gottes Denken folgt, ist es wahrscheinlicher, dass unsere Gefühle sein Reich durch Friede und Freude zum Ausdruck bringen (vgl. Röm 14,17).

Wenn wir etwas bekennen, bedeutet das im Grunde, dass wir mit Gott *übereinstimmen*. Tun wir so, als wäre alles in Ordnung, obwohl das nicht stimmt, hat das keine guten Folgen für unsere Gesundheit. Wie es in Psalm 32,3 heißt: *„Als ich schwieg, zerfielen meine Gebeine durch mein Gestöhn den ganzen Tag."*

Verborgene Sünden sind verheerend. Sie wirken, als würden wir Gift nah an uns heranhalten, bis alles in uns vergiftet ist. Ein tiefes und vollständiges Bekenntnis ist für einen gesunden Lebensstil unerlässlich. Wenn wir vor einem anderen Gläubigen, der reif und vertrauenswürdig ist, ein Bekenntnis ablegen, kann das manchmal dazu beitragen, dass wir die erforderliche Verantwortung an den Tag legen, damit unser Leben gelingt.

Jesus war vollkommen gesund, aber er war ohne Sünde. Seine Vergebung uns gegenüber gibt uns Zugang zu derselben Wirklichkeit, die er genoss. Wir müssen aber unsere Schuld bekennen und wirklich an seine Verheißung zu vergeben glauben.

Eine gesättigte Seele

Es gibt einen Zusammenhang zwischen der seelischen Gesundheit eines Menschen und seiner allgemeinen körperlichen Verfassung. Ich glaube zwar nicht, dass wir zu dem Schluss kommen sollten, dass jede Krankheit mit einer Erkrankung der Seele zusammenhängt. Ich glaube aber, dass unsere Gesundheit in starker Weise davon beeinflusst wird, wie wir denken, was wir fühlen und wie wir uns entscheiden, unser Leben zu führen. Dieser Bereich, den man *Seele* nennt, hat viel öfter das Sagen, als wir uns vorstellen.

Betrachten Sie 3. Johannes 2: *„Geliebter, ich wünsche, dass es dir in allem wohlgeht und du gesund bist, **wie es deiner Seele wohlgeht"*** (Hervorhebung durch den Autor). Wenn es hier heißt „wie es deiner Seele wohlgeht", bedeutet das, dass in dem gleichen Maße, wie Ihr Innenleben gedeiht und im Segen lebt, auch Ihre äußere Welt gesegnet sein sollte. Wenn wir uns nur selbst erlauben würden, in einer Liebesbeziehung mit dem liebenden Gott zu leben, und dann lernen würden, uns selbst richtig zu lieben, würden wir verstehen, warum die Bibel uns anweist, unseren Nächsten entsprechend diesem Maßstab zu lieben. Die eine Realität bereitet den Weg für die andere.

Die meisten von uns wissen, dass unsere Seele aus unseren Gedanken, Gefühlen und unserem Willen besteht. Was unser Wille wählt, hat großen Einfluss auf unser Denken und unsere Gefühlslage. Es ist eine große Sache, zu lernen, wie man diesen Teil des Lebens steuert. Dies wirkt sich auf unsere Gesundheit und sogar auf unsere finanziellen Angelegenheiten aus. Der Vers, den wir gerade betrachtet haben, ist sehr eindeutig – Wohlergehen soll in jedem Bereich des Lebens vorherrschen und entspringt einer gesunden Seele. Dies scheint mit Sprüche 4,23 übereinzustimmen: *„Mehr als alles, was man sonst bewahrt, behüte dein Herz! Denn in ihm entspringt die Quelle des Lebens."* Aus Quellen soll Leben sprudeln, das jeden Bereich erfasst.

Im Denken Christi gibt es keine Strafe. Es gibt dort auch keinen Selbsthass oder Frustration. Sein Denken ist in jeder Hinsicht schön. Wenn unser Wille den seinen widerspiegelt, ist das die beste Medizin für unsere Gefühle. Es findet eine Angleichung statt, die dem Körper ermöglicht, gesund zu sein. Ein gesunder Geist bewirkt eine gesunde Seele. Eine gesunde Seele macht es sehr viel wahrscheinlicher, dass wir uns auch körperlicher Gesundheit erfreuen.

Wir wurden geschaffen, um gesund zu leben. Unser Körper ist so konstruiert, dass er sich selbst heilt. Wenn ich mir in den Finger schneide, tritt mein Körper auf den Plan und schickt das, was nötig ist, um das wiederherzustellen, was zerstört wurde. Wir müssen jedoch verstehen, dass wir nicht dazu geschaffen sind, die Last von Sünden wie Bitterkeit und Unversöhnlichkeit zu tragen. Sie fallen nicht in die Kategorie *„meine Last ist leicht"*, die Jesus denen verheißen hat, die ihm nachfolgen (vgl. Mt 11,30). Verborgene Sünde hat verheerende Auswirkungen.

Eines der größten Geheimnisse des Reiches Gottes hat damit zu tun, wie unsere innere Welt – d. h. Gedanken, Gefühle und Ambitionen – unsere äußere Welt – d. h. Gesundheit und Wohlergehen – beeinflusst. Innere Realitäten wirken sich auf unsere äußeren Realitäten aus. Ja, in gewisser Weise schaffen sie eine äußere Realität. Jesus setzte Frieden in einem Sturm frei und der Sturm ebbte ab. Der Friede war *in* ihm, bevor er *um* ihn herum herrschte. Wir sehen dieses Phänomen, als er während dieses lebensbedrohlichen Sturms schlief. Der Friede, in dem er lebte, ließ ihn zur Antwort auf den Schrei der Jünger werden. Er schlief im Sturm, bevor die Jünger in der Lage waren, im Boot zu schlafen.

Aufgrund dessen, was in ihm war, fand jedes Mal, wenn Jesus sprach, eine Veränderung in der Atmosphäre um ihn herum statt. Die Menschen in seiner Umgebung wussten nicht, was da geschah; alles, was sie wussten, war, dass er sprach *„wie einer, der Vollmacht besaß"* (Mt 7,29). Doch Jesus sagte ihnen, durch seine Worte würden Geist und Leben freigesetzt werden (vgl. Joh 6,63). Später stellte Petrus dieses Phänomen unter Beweis. Wenn er in den Tempel ging, um dort zu beten, wurden wegen des Geistes in ihm die Menschen, auf die sein Schatten fiel, geheilt. Auch wir sind Träger des Göttlichen. Es wird in der Atmosphäre des Glaubens, in seiner bleibenden Gegenwart freigesetzt.

Krankheit kam in die Welt, als Sünde hineinkam. Für meinen Körper ist Krankheit das, was Sünde für meine Seele ist. Psalm 31,10 verbindet beides: *„Sei mir gnädig, HERR, denn ich bin in Bedrängnis; vor Gram verfällt mein Auge, meine Seele und mein Leib."* Sünde und Krankheit werden durch gleiche erlösende Berührung geheilt. Oft werden sie im selben Atemzug genannt. Hier einige Beispiele aus der Bibel:

Denn was ist leichter zu sagen: Deine Sünden sind vergeben, oder zu sagen: Steh auf und geh umher? (Mt 9,5).

Der da vergibt alle deine Sünde,
der da heilt alle deine Krankheiten (Ps 103,3).

Und kein Einwohner wird sagen: Ich bin schwach.
Dem Volk, das darin wohnt, wird die Schuld vergeben sein (Jes 33,24).

Ist jemand unter euch krank, der rufe zu sich die Ältesten der Gemeinde, dass sie über ihm beten und ihn salben mit Öl in dem Namen des Herrn. Und das Gebet des Glaubens wird dem Kranken helfen, und der Herr wird ihn aufrichten; und wenn er Sünden getan hat, wird ihm vergeben werden (Jak 5,14-15 LUT).

Doch er war verwundet um unserer Vergehen willen, er war zerschlagen für unsere Schuld und Ungerechtigkeiten; die Strafe lag auf ihm [die nötig war zur Erlangung] für unseren Frieden und unser Wohlergehen, und durch die Striemen [die ihn verwundeten] sind wir geheilt und ganz gemacht (Jes 53,5; übersetzt nach der Amplified Bible).

Von Rot zu Schwarz

Es ist ziemlich offensichtlich, dass Sünde Probleme verursacht, die physische Krankheit und Leiden mit einschließen. Das Ziel sollte jedoch nicht sein, einfach nur ihre negativen Auswirkungen auf unser Leben zu beseitigen. Das wäre, als würde man finanziell gesehen aus den roten Zahlen kommen. Wenn ich keine schwarzen Zahlen schreibe, habe ich immer noch nichts. Das Denken Christi lässt uns schwarze Zahlen schreiben, sodass wir heil und in die Lage versetzt werden, uns in die Gesellschaft einzubringen und Veränderung zu bewirken. Gott wollte, dass wir mehr erleben.

Was Gott unter Gesundheit versteht, beinhaltet mehr, als in der Lage zu sein, geheilt zu werden. Er schließt mentale und emotionale Gesundheit mit ein, was man deutlich in der Person Jesu sehen kann. Er lebte ohne Reuegefühle, Hass, egoistische Ziele, Gier, Unversöhnlichkeit, Sorge, Scham oder Schuld. Er besaß in seinem Leben die Fähigkeit, jedem irdischen Problem mit einer himmlischen Antwort zu begegnen. Wenn er sprach, veränderte sich die Atmosphäre und Realität, die seine Zuhörer umgab. Seine Wunder ließen sein Wesen und seine Absichten für die Erde erkennen. Er ist nach wie vor der Schöpfer, der weiß, wofür jede Situation gut ist und dass der Himmel in der Tat auf die Erde kommen muss. Er sorgte dafür, dass ein anderes Reich, eine andere Welt in unsere hineinkam. Was er uns vorlebte, ging weit darüber hinaus, Sünde zu vermeiden. Er offenbarte Sinn und Bestimmung. Er offenbarte die grenzenlosen Ressourcen, die jedem zur Verfügung stehen, der diesen Auftrag annimmt. Jesus allein hat das Leben im Plus verdeutlicht, denn sein großes Vorhaben war es, den Vater zu offenbaren, den Ursprung all dieser Dinge.

Es wäre ungeheuer falsch, wenn ich auch nur nahelegen würde, dass jemand, der krank ist, verborgene Sünde in seinem Leben hat. Ich glaube da überhaupt nicht dran. Es wäre jedoch genauso falsch, wenn ich den Zusammenhang dieser beiden Themen in der Schrift ignorieren würde: eine gesunde Seele und körperliche Gesundheit. Sie sind auf natürliche Weise miteinander verknüpft. Die biblische Lösung besteht zumindest teilweise darin, sich mit der Seele des Gläubigen zu befassen. Zum Beispiel würden viele

Heilung erleben, wenn sie nur anderen vergeben würden. Einige würden ihr Wunder erhalten, wenn sie nur glauben würden, dass Gott ihnen tatsächlich vergeben hat, und sich dementsprechend auch selbst vergeben würden. Dies sind reale Lösungen für reale Situationen.

Oft weigern wir uns, Menschen Fragen nach den dunklen Seiten der Seele zu stellen, weil wir Angst haben, sie zu verletzen. Besorgnis um die Gefühle von anderen ist zwar lobenswert, doch sollten wir nicht zu sehr darum besorgt sein, jemandem kein Unbehagen zu bereiten, sonst könnten wir es leicht versäumen, besser zu verstehen, wie dessen physische Gesundheit mit seiner Seele zusammenhängt. Wir sollten dies ansprechen, ohne den Kranken zu beschuldigen, in Sünde zu leben oder charakterschwach zu sein. Wir sollten jedoch auch nicht darauf warten, dass es wissenschaftlich bewiesen wird. Die Antworten finden sich im Handbuch des Eigentümers – der Bibel.

Wahrer Reichtum

Ich habe eine wunderbare Frau, die mich nun seit achtunddreißig Jahren treu liebt. Ich habe drei fantastische Kinder, die alle mit echten Glaubenshelden verheiratet sind. Sie lieben mich und hängen sehr an mir, ihrem Vater, sowohl im Natürlichen auch im Geistlichen. Von diesen drei Familien haben wir neun Enkelkinder, die mich großartig finden. Ich weiß nicht, wie ich noch reicher werden könnte. Ich denke, dass man immer noch mehr Geld brauchen kann, aber wahrer Reichtum bemisst sich nicht in Bankkonten. Sein Wert wird gemessen in Familie, Gunst bei Gott und bei Menschen und der Fähigkeit, seiner Bestimmung gemäß zu leben. Das ist wahrer Reichtum. Wenn die Seele gesund ist, werden uns all diese Dinge auf die eine oder andere Weise hinzugetan. Dies ist das „Wohlergehen in allen Dingen", von dem in 3. Johannes 2 die Rede ist.

Ich glaube, Gott möchte, dass es jedem Gläubigen gut geht. Gleichzeitig lebe ich in dem schmerzhaften Bewusstsein, wie wenige Gläubige mit dem Segen des Herrn umgehen können. Die Israeliten hatten ständig Probleme damit, die Segnungen Gottes zu „überleben". Einige Gläubige scheinen einem gesegneten Leben ebenfalls skeptisch gegenüberzustehen, da sie zu dem Schluss gekommen sind, dass Verfolgung und Widerstand die einzigen Umstände sind, in denen die Gemeinde aufblüht. Die Gnade Gottes ermöglicht, mit solchen Umständen umzugehen, doch Gott gab auch Anordnungen, wie man ein Leben in Frieden mit der Obrigkeit führt (vgl. 1 Tim 2,1-2). Ein Leben in Gesundheit und Frieden ist möglich – das ist sein Wille.

Können wir im Segen leben und tatsächlich geistlich wachsen? Ja! Wir müssen dies lernen, da eine der Endzeitoffenbarungen über Gott von seiner Güte bestimmt sein wird (vgl. Jer 33,9; Hos 3,5). Wenn wir uns auf den Zweck des Segens konzentrieren, können wir sicher durch diese kommende Zeit navigieren, in der Gott in der Tat Segen entsprechend der Gesundheit ihrer Seele über seinen Kindern ausgießt. Dieses Wohlergehen hat einen Zweck. Wenn ich mit guten Beziehungen, Finanzen, Gunst bei der Obrigkeit oder in irgendeinem anderen Bereich gesegnet bin, kann dies zur Ehre Gottes gebraucht werden. Es muss dazu benutzt werden, das Reich Gottes voranzubringen.

Um erfolgreich mit den Segnungen Gottes zu leben, ist es sehr wichtig, frei von Gebundenheit zu sein. Wenn wir das Wesen von Gebundenheit verstehen, ob es sich um Krankheit oder inneres Leiden handelt, hilft uns dies dabei, ihren Einfluss zu entschärfen. Als Jesus seinen Dienst ankündigte, sprach er über Gebundenheit, indem er ihr Wesen offenlegte:

Der Geist des Herrn, HERRN, ist auf mir;
denn der HERR hat mich gesalbt.
Er hat mich gesandt, den Elenden frohe Botschaft zu bringen,
zu verbinden, die gebrochenen Herzens sind,
*Freilassung auszurufen den **Gefangenen***
*und Öffnung des Kerkers den **Gebundenen***
(Jesaja 61,1; Hervorhebung durch den Autor).

Jesus sagte, er werde sowohl Gefangene als auch Gebundene freisetzen. Gefangene befinden sich hinter Gittern aufgrund von dem, was sie getan haben. Gebundene sind gefangen wegen dem, was ihnen angetan wurde. Der Schlüssel für den Gefangenen besteht darin, Buße zu tun und Vergebung zu empfangen. Diejenigen, die wirklich von Herzen Buße tun, erfahren viel Freisetzung.

Aber die Gebundenen stehen vor einer ganz anderen Herausforderung. Manchmal müssen Gebundene anderen vergeben, und manchmal müssen sie nur die ihnen gegebene Autorität benutzen, um sich aus der Gebundenheit zu befreien. Paulus und Silas priesen Gott im Gefängnis und die Türen öffneten sich (vgl. Apg 16,25-34). Gott zu preisen, bevor man einen Durchbruch erlebt, ist wohl eines der eindeutigsten Zeichen für eine Seele, der es gut geht.

Gesundheit ergreifen

Ich bin nicht sehr begeistert von Büchern, die christliche Formeln anpreisen, um Antworten von Gott zu erhalten. Sie neigen dazu, die Leser um das Privileg zu bringen, Gott selbst zu suchen und ihm zu begegnen. Wenn wir selbst Gott suchen, entdecken wir seinen einzigartigen Plan für unsere Situation.

Vor diesem Hintergrund möchte ich jedoch einige Prinzipien vorstellen, die mit einer Seele, der es gut geht, in Verbindung stehen. Sie werden uns zumindest dabei helfen, einen guten Grund zu legen. Wenn Sie von dort aus dann Gott selbst begegnen, wird er Ihnen immer mehr offenbaren. Doch denken Sie daran, dass dieses Thema, Gesundheit ergreifen durch eine Seele, der es gut geht, Bände füllen könnte. Ein kurzes Kapitel in einem Buch kann niemals alles umfassen, was Gott uns in diesem Bereich schenken will.

Lobpreis

Die Schrift ermahnt uns, Gott in jeder Situation zu danken (vgl. 1 Thess 5,18). Das Volk Israel sollte Juda zuerst in den Kampf schicken (vgl. Ri 1,1-2). *Juda* bedeutet „Lobpreis". Gott wohnt im Lobpreis. Die Zeit in Gottes manifester Gegenwart verändert uns mehr, als wir uns vorstellen können. Sie ist der Schlüssel zu einer Seele, der es gut geht:

Und sie werden kommen und jubeln auf der Höhe Zions
und herbeiströmen zu all dem Guten des HERRN:
zum Korn, zum Most, zum Öl
und zu den jungen Schafen und Rindern.

Und ihre Seele wird sein wie ein bewässerter Garten,
und sie werden nicht mehr länger verschmachten.
Dann wird die Jungfrau sich erfreuen am Reigen,
junge Männer und Greise miteinander.
Und ich will ihre Trauer in Freude verwandeln
und will sie trösten
und erfreuen in ihrem Kummer.
Und ich will die Seele der Priester mit Fett laben,
und mein Volk wird sich an all meinem Guten sättigen,
spricht der HERR
(Jer 31,12–14).

Dies ist eine erstaunliche Verheißung Gottes, die für jeden von uns gilt – dass unsere Seelen wie ein bewässerter Garten sein werden. Dies ist das Pendant des Alten Testaments zu 3. Johannes 2. Dass es der Seele gut geht, zeigt sich in Freude, Jubel, Trost durch seine Gegenwart und einem überwältigenden Überfluss von Gott. Das drückt sein Herz aus.

Der letzte Vers in diesem Abschnitt offenbart ein Geheimnis. Es sind die Priester, deren Seelen gesättigt sind. *Sättigen* heißt „sich in unanständiger Weise überessen". Es ist das Bild eines Menschen, der sich mehr als vollgefressen hat. Es ist das Bild eines Priesters. Der Priester dient dem Herrn mit Danksagung, Lobpreis und Anbetung. Eine gesättigte Seele ist die Folge der überwältigenden Gegenwart Gottes auf denen, die sich selbst als lebendige Opfer zu seiner Ehre hingeben. Unermesslicher Überfluss verwandelt die menschliche Seele in das von Gott vorgesehene Instrument, das dazu geschaffen ist, seine außergewöhnliche Großzügigkeit widerzuspiegeln!

Biblische Meditation

Die Menschheit soll von jedem Wort leben, das aus dem Mund Gottes hervorgeht. Jedes Wort schenkt Leben. Wir neigen dazu, die Bibel zu lesen, als wäre sie nur ein Studienbuch oder, schlimmer noch, eine Vereinbarung, die wir kennen sollten. Sie stammt aber von einem, der uns liebt und sich eine tiefe Beziehung wünscht und der beim Schreiben unsere ewige Bestimmung vor Augen hatte. Sie ist ein Liebesbrief, der mit Leidenschaft für den

Einen, der uns Leben eingehaucht hat, verschlungen werden sollte. Sie ist nicht nur ein Text, den es auswendig zu lernen gilt.

Mein Sohn, auf meine Worte achte,
meinen Reden neige dein Ohr zu!
Lass sie nicht aus deinen Augen weichen,
bewahre sie im Innern deines Herzens!
Denn Leben **sind** *sie denen, die sie finden,*
und Heilung für ihr ganzes Fleisch,
(Sprüche 4, 20-22; Hervorhebung durch den Autor)[1]

In der Bibel finden sich viele solcher Anweisungen. Ich denke,
dieser Vers wird jedoch für uns genügen. Wir sollen uns die Dinge,
die er sagt, vor Augen halten, damit wir sie in unserem Herzen
bewahren, sodass sie jedem Teil unseres Lebens Leben bringen. Im
Bereich körperlicher Gesundheit wird dies offensichtlich.

In Jesaja 26,3 (LUT) heißt es: *„Wer festen Herzens ist, dem be-
wahrst du Frieden; denn er verlässt sich auf dich."* Friede ist eines
der wunderbarsten Wörter in der Bibel. Dieses Wort bedeutet
Ganzheit, Besonnenheit, Gesundheit und Wohlergehen. Das ist die
Seele, der es gut geht, wovon 3. Johannes 2 spricht. Die Person,
die auf Gott ausgerichtet ist, ist mit *Frieden* erfüllt. Ich glaube,
dass sich dies zum Teil auf die Kunst der biblischen Meditation
bezieht. Dieses Werkzeug scheint vielen in der heutigen Armee
der Gläubigen zu fehlen. Biblische Meditation bedeutet, sein Herz
zur Ruhe zu bringen und immer wieder über das nachzusinnen,
was Gott gesagt hat, bis es ein Teil von uns wird. Es ist ein ständi-
ges Ins-Gedächtnis-Rufen der Worte des Herrn, bis das Wort tiefer
hineinsinkt als alle anderen Ideen und Gedanken, die sich gegen
die Erkenntnis Gottes erheben. Zwischen dem Wohlergehen unserer Seele und unserer Reaktion auf Gottes Wort besteht ein eindeutiger Zusammenhang.

Gute Taten

Viele von uns haben ein Stück weit erkannt, was Gott tut, indem
er Gläubige in einflussreiche Positionen versetzt. Diese Aussicht

---

[1] Dieser Hinweis fehlt im Original (trotz der Kursivsetzung)

begeistert mich, macht mich aber auch besorgt. Unsere Stärke ist nicht das Regieren. Es ist das Dienen.

Wenn wir irgendwie lernen könnten, mit dem Herz eines Dienerst zu regieren und mit dem Herz eines Königs zu dienen, dann, denke ich, könnten wir diesen kommenden Übergang siegreich bewältigen. Genauso, wie Gott Wohlergehen zu einem bestimmten Zweck schenkt, gewährt er auch eine Beförderung mit einer Absicht. Begünstigte Menschen sollen anderen dazu verhelfen, erfolgreich zu sein. Es ist so einfach. Könige in Gottes Reich regieren nicht, um ihre eigenen Reiche zu errichten. Sie regieren, damit die Bürger ihres Königreichs ihre Bestimmung im Leben erfüllen und unter ihrer Führung die Fähigkeit zu träumen entdecken. Das entspricht einem biblischen König. Und während wir im Leben viele verschiedene Rollen und Funktionen einnehmen, sind wir vor Gott Könige und Priester (vgl. Offb 1,6). Als Könige repräsentieren wir sein Reich und seine Regentschaft, um Menschen seine Gunst zu vermitteln.

Gute Taten entsprechen eigentlich einer der drei Opfergaben, die in Hebräer 13,15-16 erwähnt werden. Die anderen beiden sind Lobpreis und Gemeinschaft. Hierzu gibt es viele Bibelstellen. Das beste Beispiel ist jedoch Jesus Christus, der Diener aller (vgl. Joh 13,3-8). Er wusch die Füße seiner Jünger, und doch heißt es von ihm, dass er mehr Freude besaß als jeder andere (vgl. Hebr 1,9). Er ist das absolute Beispiel für eine Seele, der es gut geht.

Viele würden Heilung erleben, wenn sie einfach nur jemand anderem dienten. Krankheit zieht manchmal eine Aufmerksamkeit nach sich, die uns nicht guttut. Es ist wichtig, zu erkennen, dass es Leben freisetzt, wenn man andere ehrt. Indem wir anderen dienen, positioniert uns das für kaum entdeckte Freude. Dies ist der Weg zu einer Seele, der es gut geht. Ich habe unzählige Male erlebt, wie Menschen, die für die Heilung eines anderen beteten, in diesem Prozess „als Bonus" selbst geheilt wurden.

Die fröhliche Seele

Kain brachte ein Opfer dar, das Gott nicht angenehm war. Sein Bruder brachte ein Opfer, das Gott gefiel. Kain wurde eifersüchtig und dachte über Mord nach. Gottes warnende Worte an ihn sind sehr aufschlussreich: *„Ist es nicht so: Wenn du Gutes tust, so darfst du dein Haupt erheben? Wenn du aber nicht Gutes tust, so lauert die Sünde vor der Tür, und ihr Verlangen ist auf dich gerichtet; du aber sollst über sie herrschen!"* (1 Mose 4,7 SLT)

Die Sünde lauert vor der Tür, aber sie kann besiegt werden. *Gutes tun* ist die Antwort. Dies könnte man auch „gut gehen, froh sein" oder „wohlgefällig" übersetzen. Hätte Kain erkannt, dass das Ehren seines Bruders seiner Seele gutgetan hätte, hätte die Sünde den Einfluss auf sein Herz verloren.

Gott schuf uns zur Freude. Er schuf uns, damit wir mehr „Wohlstand" in unserer Seele haben, als der größte heute lebende Milliardär Geld auf der Bank hat. Und aus diesem großen Vorratshaus können wir leben und anderen helfen, in ihre Berufung in Gott hineinzugelangen. Dies ist das Privileg eines Gläubigen – aus dem Überfluss zu geben, aus einer Seele, der es gut geht.

KAPITEL 10

Worte der Erkenntnis für Heilung

Randy

Vor einigen Jahren bereitete ich mich darauf vor, auf einer großen Konferenz zu dienen. Jeremiah, mein jüngster Sohn, der damals etwa zwölf Jahre alt war, kam zu mir und sagte: „Was machst du, Papa?"

Ich antwortete: „Ich empfange Worte der Erkenntnis für später, wenn ich diene."

Dann fragte er: „Wie empfängst du sie?"

Ich erklärte ihm: „Normalerweise spüre ich sie, zum Beispiel durch einen Schmerz, der nicht von mir kommt. Manchmal kommen sie als Eindrücke. Manchmal sehe ich sie wie ein Bild im Kopf oder einen Tagtraum." Ich erzählte ihm nicht von allen Arten, nur von den gängigsten.

Einige Minuten lang stand Jeremiah vor mir. Dann sagte er: „Ich empfange eins, Papa."

Ich fragte ihn, was es wäre. Er sagte es mir und ich schrieb es zu meinen dazu. (Ich kann nicht mehr als fünf dieser Worte behalten. Wenn es mehr werden, vergesse ich einige sofort wieder.) Jeremiah stand weiter vor mir und in den nächsten paar Minuten gab er mir ein halbes Dutzend Worte der Erkenntnis weiter.

Ich schrieb sie alle auf und sagte zu ihm: „Ich habe deine Worte neben meine geschrieben. Meine stehen auf dieser Seite des Blattes und deine auf der anderen Seite. Ich werde dann auf die Bühne gehen und diese Worte der Erkenntnis weitergeben und für Heilung beten. Möchtest du mitkommen und mir helfen? Ich werde meine Worte weitergeben und für Heilung beten und danach gibst du deine Worte weiter und betest für Heilung."

„Okay", sagte er. Er gab noch ein weiteres Wort weiter, fügte dann aber hinzu: „Schreib das nicht auf – das war mein eigener Schmerz."

Ich war beeindruckt. Er wusste instinktiv, dass seine eigenen Schmerzen keine Worte der Erkenntnis waren. Und später hatte Jeremiah weder Menschenfurcht noch Lampenfieber. Er stand vor zwölfhundert Menschen, gab seine Worte weiter und betete für Menschen um Heilung. Und sie wurden geheilt!

Ich glaube, dass auch Sie anfangen werden, Worte der Erkenntnis zu empfangen, wenn ich Ihnen erkläre, wie man sie erkennt. Ich will Ihnen erzählen, wie ich dazu kam, Menschen über diese Gabe zu lehren und sie darin freizusetzen. Nachdem ich zum ersten Mal die Erfahrung gemacht hatte, ein Wort der Erkenntnis in meiner Gemeinde weiterzugeben, war ich sehr begeistert, aber auch sehr besorgt. Ich dachte: *Ich bin der Einzige in meiner ganzen Gemeinde, der weiß, wie man ein Wort der Erkenntnis erkennt. Wenn Gott also jemandem ein Wort geben möchte, muss es durch mich kommen. Das setzt mich ganz schön unter Druck! Wenn ich aber meine Gemeinde lehre, wie sie Worte der Erkenntnis erkennen können, wird jeder zu einem Kandidaten, den Gott gebrauchen kann. Das würde den Druck von mir nehmen.*

An jenem Sonntagabend lehrte ich zum ersten Mal über Worte der Erkenntnis. Ich hatte selbst nur eines empfangen und keine weitere Erfahrung. Wir sangen ein Lied, ich lehrte über Worte der Erkenntnis und dann machten wir weiter Lobpreis. Darauf folgte eine Zeit für Zeugnisse, in der Leute aufstehen und Gottes Güte in ihrem Leben bezeugen konnten.

Während dieser Zeit für Zeugnisse stand eine erst vor Kurzem zum Glauben gekommene Frau auf und sagte: „Ich glaub, ich hab da eins von den Dingen, über die Sie gesprochen haben. Mein linkes Handgelenk macht mich wahnsinnig, aber eigentlich ist alles in Ordnung damit."

Ich wartete, aber es stand niemand mit einem Problem an den Handgelenken auf. Dann setzte sich die Frau. Ich dachte, das war wohl nichts, und hatte Mitleid mit ihr. Dann, kurz vor dem Segen, stand eine Frau weinend auf. „Meinen Handgelenken geht es ganz schlecht", sagte sie. „Ich bin bereits operiert worden und mir wurden Plastikteile darin eingesetzt. Ich kann nicht arbeiten und soll noch einmal operiert werden."

Wir beteten für sie und salbten sie mit Öl. Ich rief die ganze Gemeinde nach vorn, um für sie zu beten und ihr die Hände aufzulegen. Wenn sie sie nicht berühren konnten, sollten sie ihre Hände auf die Personen vor ihnen legen, die ihr die Hände auflegten. Sie wurde völlig geheilt. Sechsundzwanzig Jahre später ist sie nach wie vor geheilt.

Dies war das zweite Mal innerhalb von zwei Wochen, dass in der Gemeinde jemand durch ein Wort der Erkenntnis geheilt wurde. Gott war mit uns in unserer Ahnungslosigkeit. Wir wussten nicht, was wir taten, aber wir waren entschlossen zu lernen, wie man effektiver für die Kranken betete.

Meine Motivation, über das Empfangen von Worten der Erkenntnis zu lehren, war nicht die Stelle aus Epheser 4,11-12: „*Und er hat die einen als Apostel gegeben und andere als Propheten, andere als Evangelisten, andere als Hirten und Lehrer, zur Ausrüstung der Heiligen für das Werk des Dienstes, für die Erbauung des Leibes Christi.*" Auch nicht, weil ich uneigennützig gewesen wäre oder weil es eine Prophetie gab, die besagte, dass ich dies tun würde. Nein – ich begann damit aus der Angst heraus, dass auf mir der ganze Druck läge. Aber ungeachtet meines anfänglichen Motivs habe ich seitdem erlebt, dass jedes Mal, wenn ich über dieses Thema lehre, die Gabe freigesetzt bzw. auf eine oder mehrere Personen übertragen wird und sie sofort nach der Lehre beginnen, diese Gabe zu gebrauchen. So war es auch bei meinem Sohn Jeremiah gewesen, und normalerweise geschieht dies bei mindestens zehn Prozent einer Versammlung, wenn ich lehre.

Drei Möglichkeiten zu empfangen

Anhand einer Begebenheit möchte ich drei Möglichkeiten, wie man Worte der Erkenntnis empfangen kann, veranschaulichen: Fühlen, Sehen und Denken. Wie Sie sehen werden, sind dies nicht die einzigen Möglichkeiten, aber die geläufigsten. Ich war in Birmingham (Alabama), wo ich für die Kranken betete und Worte der Erkenntnis gebrauchte, um Glauben aufzubauen. Ich spürte einen Schmerz in meinem unteren Rücken. Ich zählte meine Wirbel und glaubte, es sei die dritte Bandscheibe bzw. der dritte Wirbel, der Heilung benötigte. Ich gab das Wort der Erkenntnis weiter: „Hier hat jemand ein Problem mit seiner dritten Bandscheibe bzw. dem Bereich seines dritten Wirbels."

Niemand reagierte.

Dann hatte ich einen Eindruck und gab ihn weiter: „Es ist ein Mann."

Immer noch reagierte niemand.

Dann sah ich ein Bild vor meinem inneren Auge: einen Mann, der über einen grünen Schlauch stolperte. Ich sagte: „Sie haben sich verletzt, als Sie über einen grünen Gartenschlauch stolperten."

Immer noch reagierte niemand.

Mein Rücken schmerzte weiter und die Eindrücke hielten an. Noch einige weitere Male gab ich das Wort weiter. Ich gab auch andere Worte weiter, auf die die Leute reagierten und geheilt wurden. Schließlich sagte ich: „Ich verstehe das nicht. Ich *weiß*, dass jemand dieses Problem hat. Könnten Sie sich bitte melden?"

Ein Mann stand auf und sagte: „Ich habe ein Problem mit meiner dritten Bandscheibe. Ich wäre fast schon früher aufgestanden, weil ich über einen grünen Schlauch gestolpert bin, aber es war kein Gartenschlauch, es war ein grüner Schlauch, der in der Luftfahrttechnik benutzt wird. Ich arbeite am Flughafen."

Da wurde mir klar, dass ich zugelassen hatte, dass meine Interpretation des Schlauchs das Wort der Erkenntnis verunreinigt hatte. Der einzige grüne Schlauch, den ich je gesehen hatte, war ein Gartenschlauch. Gott hatte mir nicht gesagt, dass es sich speziell um einen Gartenschlauch handelte. Dies war meine Interpretation gewesen. Sie hatte den Glauben des Mannes geraubt, da es kein Gartenschlauch gewesen war, über den er gestolpert war.

Ich entschuldigte mich: „Es tut mir leid! Gott hat mir nicht gesagt, dass es ein Gartenschlauch war. Ich habe das hinzugefügt, weil das die einzige Art grünen Schlauchs ist, den ich je gesehen habe."

Wir beteten für den Mann und er wurde geheilt.

Dieses Wort der Erkenntnis war eine Kombination mehrerer Worte, die auf mehrere Arten kamen. Erstens spürte ich es in meinem Rücken. Zweitens durch einen Eindruck: Mir kam der Gedanke, dass es sich um einen Mann handelte. Drittens sah ich ein Bild vor meinem inneren Auge, in dem er über einen grünen Schlauch stolperte. Zusammengenommen war es ein Wort der Erkenntnis mit drei Informationen.

Die Lektion lautet: Achten Sie auf die verschiedenen Möglichkeiten, auf die ein Wort kommen kann, und wenn es kommt, geben Sie es so spezifisch wie möglich weiter. Je genauer Sie sind, desto mehr Glauben wird durch das Wort der Erkenntnis freigesetzt – seien Sie jedoch auf der Hut, dass Sie *keine* Informationen in das Wort der Erkenntnis einbauen, die von Ihnen und nicht von Gott kommen.

Einige andere Geschichten sollen Ihnen helfen, besser zu verstehen, wie Sie diese Lektion anwenden können. Als wir anfingen, im Bereich der Heilung und mit Worten der Erkenntnis zu dienen, empfing meine Frau ein Wort, das dazu führte, dass ein zehn Jahre altes Mädchen von einer seltenen Nierenkrankheit geheilt wurde. Ich fragte DeAnne auf dem Heimweg nach der Veranstaltung, wie sie dieses Wort der Erkenntnis empfangen hatte.

„Ich sah es", sagte sie.

Dann fragte ich: „Wie wusstest du, dass es eine Niere war? Du kennst dich doch gar nicht mit der menschlichen Anatomie aus."

Sie erwiderte: „Ich wusste nicht, was es war, also fragte ich Gott: ‚Was ist das?' Er sagte mir, es sei eine Niere."

Dies war zunächst durch einen inneren Eindruck gekommen, nicht durch eine hörbare Stimme, und DeAnne erhielt noch mehr Informationen, weil sie Gott darum bat, es näher zu erklären.

Eines Tages führte ich in Bill Johnsons Gemeinde einen Workshop zur Aktivierung der Gabe für diejenigen durch, die noch nie ein Wort der Erkenntnis gehabt hatten. Ich lud sie ein, nach vorne zu kommen und ihr erstes Wort weiterzugeben. Eine Frau kam nach vorne und sagte: „Wasserflasche." Das war es, was sie sah. Ich sagte: „Ich weiß nicht, wie ich dieses Wort interpretieren soll. Ergibt es für jemanden Sinn?"

Eine andere Frau wurde durch dieses Wort sofort geheilt. Sie hatte keine Speicheldrüsen und musste immer eine Wasserflasche mit sich herumtragen. Sie wusste, dass dieses Wort für sie war und es setzte in ihr den Glauben frei, der die Heilung bewirkte.

Auf einer Reise nach Brasilien beschrieb ein Mann das, was er gesehen hatte, mit „weißer Hengst". Dies führte dazu, dass eine Frau von etlichen Leiden geheilt wurde. Sie hatte einen weißen Hengst geritten, der sich aufgebäumt hatte, dann auf sie gefallen und über sie hinweggerollt war. Sie wusste, dass dieses Wort für sie war; es weckte Glauben und sie wurde sofort geheilt.

Ein anderes Mal war ich in Odessa in der Ukraine, wo ich in einer messianisch-jüdischen Versammlung lehrte. Ich sah für den Bruchteil einer Sekunde das Bild zweier Mädchen, die eine Straße entlang gingen. Ein Traktor kam um die Kurve, der ein Mähgerät mit einem großen Messer hinter sich herzog, mit dem man Gras mähen konnte. Der Fahrer hatte nicht gemerkt, dass sich das Messer aus der Verankerung gelöst hatte und heruntergeklappt war. Als er an den Mädchen vorbeifuhr, schnitt das Messer dem einen Mädchen fast die Beine oberhalb des Knies ab. Ich dachte: *Das ist ein irres Wort für eine Stadt. Wenn ich mich auf einer Kolchose befände, würde es mehr Sinn ergeben.* Aber ich gab es dennoch weiter.

Sofort stand eine Frau in den Sechzigern auf. Sie war das Mädchen, und ihre Verletzung war haargenau so herbeigeführt worden, wie ich es beschrieben hatte. Ihre Sehnen und Nerven waren durchtrennt worden und sie hatte fast ihre Beine verloren. Die ganzen Jahre über konnte sie ihre Knie nicht beugen und war nicht in der Lage, eine Treppe hinaufzusteigen, wenn sie sich nicht umdrehte und ihre Beine auf die nächste Stufe emporschwang, die sich nicht für die nächste Stufe beugen konnten. Sie wurde sofort völlig geheilt.

Ich habe bereits die Geschichte meines Co-Pastors Tom Simpson erzählt, der an einem Tag drei Mal eine offene Vision hatte, die dazu führte, dass ein zwölf Jahre alter Junge von einer tödlichen Krankheit geheilt wurde. Tom konnte nichts sehen außer der Vision. Es war kein inneres Bild wie ein Tagtraum; es war, als würde man sich einen Film ansehen. Tom und ich empfingen beide ein visuelles Bild, aber beachten Sie den Unterschied zwischen beiden Bildern. Toms Bild entsprach mehr einer offenen Vision, die sein ganzes Gesichtsfeld einnahm und alles andere aus seinem Blickfeld verschwinden ließ. Mein Bild war mehr wie ein inneres Bild vor Augen, ein flüchtiges, Sekunden anhaltendes Bild wie ein Tagtraum. Visuelle Worte können auf beide Weisen kommen.

Einer der begabtesten Leiter in den Anfängen der Vineyard-Bewegung war Blaine Cook. Er erzählte mir, dass er einmal in einer Vision die medizinische Akte einer Person gesehen hatte, mit dem ärztlichen Attest darin. Er konnte sogar die Leiden der Person ablesen. Er verstand nicht alles, aber er konnte die Probleme aus dem Attest ablesen.

Als ich einmal der Tochter eines Freundes diente, fragte ich sie während des Gebets nach einem Namen. Ich fragte sie, ob ihr der Name etwas bedeuten würde. Sie sagte, das sei nicht der Fall. Später sagte sie mir dann, sie habe gelogen. Der Name war der Spitzname, den ihr biologischer Vater ihr gegeben hatte. Als sie noch sehr jung war, kam es zur Scheidung und sie wurde von ihrem Stiefvater adoptiert. Sie sagte mir, sie sei noch nicht bereit gewesen, sich mit den Gefühlen auseinanderzusetzen, die mit dieser Situation zu tun hatten, und habe deshalb gelogen. Aber sie wusste, dass dieser Name von Gott kam. Ich hatte mich selbst den Namen sagen hören, ohne darüber nachzudenken. Dies ist ein Beispiel für Worte der Erkenntnis, die durch ohne vorheriges Überlegen kommen.

Ein anderes Mal veranschaulichte ich, was ein Wort der Erkenntnis ist und wie solche Worte Glauben aufbauen. Ich ging in die Menge der Anwesenden hinein, kam willkürlich auf jemanden zu und sagte: „Wenn Jesus zu Ihnen käme, vor Ihnen stünde und zu Ihnen sagte: ‚Du hast ein Problem mit Migräneanfällen' und Sie heilen würde, wie würden Sie sich dann fühlen?"

Die Person fing sofort an zu weinen. Ich erkannte, dass das, was ich für die willkürliche Wahl eines beliebigen Beispiels gehalten hatte, tatsächlich ein Wort der Erkenntnis gewesen war. Ich sagte zu der Frau: „Sie haben tatsächlich Migräneanfälle, oder?"

Sie nickte. Ich betete für sie und sie wurde geheilt.

Später probierte ich diese Sache auch in einer anderen Stadt. Die beliebige Person, die ich wählte, fing ebenfalls zu weinen an. Ich hielt inne und sagte: „Sie haben diese Leiden, nicht wahr?"

Sie bejahte. Diese Worte waren beide Male keine Unfälle oder Zufälle. Vielmehr waren sie so unscheinbar, dass ich mir nicht bewusst war, dass ich ein Wort von Gott für die Person hatte, die ich auswählte.

Träume und ungewöhnliche Erfahrungen

Während ich Leitern in Mosambik diente, die Teil des Dienstes von Rolland und Heidi Baker sind, hatte ich die Gelegenheit, mit drei Pastoren zu sprechen, die jeweils mehr als eine Person von den Toten auferweckt hatten. Nach dem Gespräch fragte ich sie, wie sie Worte der Erkenntnis empfingen. Sie erzählten mir, dass sie fast alle ihre Worte der Erkenntnis träumten.

Kurz danach war ich in Brasilien und hatte einen Traum. Ich sah deutlich zwei Hände, in denen zwei lange Splitter steckten, vom Ende des Zeigefingers im Daumenbereich bis zur Mitte der Handflächen. Die Splitter ragten etwa fünf Zentimeter über die andere Seite der Hand hinaus. Ich war mir nicht sicher, ob das von Gott war, da ich noch nie ein Wort durch einen Traum empfangen hatte. In einer Versammlung gab ich das Wort als Letztes weiter, für den Fall, dass ich falsch lag. Ein Mann, der in der letzten Reihe saß, kam schnell nach vorn. Er legte seine ausgestreckte Hand in meine eigene. Bevor ich auch nur einen Satz beten konnte, war er geheilt. Ich konnte die lange Narbe sehen – sie war genau so, wie ich sie beschrieben hatte. Er hatte seit dem Unfall Schmerzen gehabt und seine Hand war in geöffneter Stellung gelähmt gewesen. Der Schmerz und die Lähmung verschwanden ein paar Sekunden nachdem er seine Hand in meine gelegt hatte. (Ich bin mir nicht sicher, warum ich zwei Hände in dem Traum sah, obwohl der Mann nur an einer verletzt war. Ich war nur froh, ein Wort der Erkenntnis empfangen zu haben, das zu seiner Heilung führte.)

An diesem Abend hatte Annie, eine meiner Praktikantinnen, ebenfalls einen Traum. Sie sah eine große Kiste auf einen Mann fallen und hörte drei Knackgeräusche. Am nächsten Tag waren wir in einer anderen Stadt. Ein Mann stellte sich in ihrer Reihe zum Gebet um Heilung an. Sie war nicht sicher genug, um den Traum als Wort der Erkenntnis weiterzugeben. Als der Mann ihr erzählte, dass sein Rücken an drei Stellen gebrochen und an vierzehn Stellen beschädigt war, weil eine große Holzkiste bei der Arbeit auf ihn gefallen war, wurde ihr Glaube gestärkt und sie erzählte ihm von dem Traum. Auch sein Glaube wurde gestärkt und er wurde geheilt von den Schmerzen, die er seit der Operation in seinen Beinen gehabt hatte. Er konnte auch den Nacken kaum bewegen, doch auch das wurde geheilt. Sowohl in seinem Nacken als auch in seinen Beinen wurde völlige Bewegungsfreiheit wiederhergestellt.

In Uberlândia in Brasilien erzählte mir eine Frau, sie habe davon geträumt, dass sie von einer Frau eine Münze als Wechselgeld erhalten habe. Die Frau in dem Traum sagte ihr: „Wenn deine Freundin, die Heilung braucht, den Mann trifft, dessen Name auf der anderen Seite dieser Münze steht, wird sie geheilt werden." Als sie die Münze umdrehte, stand mein Name darauf. Dann war der Traum vorbei.

Einige Zeit später reiste diese Frau durch eine nahegelegene Stadt und sah ein Plakat mit meinem Namen, mit dem Werbung für eine Heilungsveranstaltung gemacht wurde. Sie brachte ihre Freundin mit, die durch Krebs in ihrem Bauch und ihren Oberschenkelknochen kurz vor dem Sterben war. Mein Glaube wurde so gestärkt durch die Geschichte von ihrem Traum, dass ich wusste, ihre Freundin würde geheilt werden. Wir beteten fast zwanzig Minuten lang, bevor es ein Zeichen dafür gab, dass die Gegenwart Gottes sie heilte. Dann kam die Kraft Gottes auf sie und blieb über anderthalb Stunden auf ihr. Sie wurde von Krebs geheilt.

Ungewöhnliche Erfahrungen sind eine weitere Art, Worte der Erkenntnis zu empfangen. In einem ungewöhnlichen Vorfall konnte meine Frau einmal am Telefon ein paar Leute nicht aus unserer Telefonleitung bekommen. Diese führten eine Unterhaltung, bei der klar war, dass Ehebruch im Spiel war. Meine Frau versuchte immer wieder, sie aus der Leitung zu bekommen, indem sie den Hörer auflegte und wieder abnahm. Es funktionierte nicht. Einige Tage später erinnerte sie der Herr sonntags an diese Erfahrung und gab ihr auch die Auslegung dazu. Sie gab das Wort weiter, dass jemand in unserer Gemeinde kurz davor stand, in Sünde zu fallen durch Telefongespräche, die zum Ehebruch führen würden. Ein Mann kam nach dem Gottesdienst nach vorn und bekannte, dass es sich dabei um ihn handelte.

Das Urteilsvermögen schärfen

Manchmal kann es verwirrend sein, Worte der Erkenntnis zu empfangen. Sie kommen auf verschiedene Arten zu verschiedenen Zeiten für unterschiedliche Menschen. Durch Ausprobieren können Sie ein größeres Urteilsvermögen darin gewinnen, wie man Worte der Erkenntnis interpretiert. Zum Beispiel könnte es sein, dass Sie mehrere Wort kurz nacheinander empfangen und Sie nicht wissen, ob sie für mehrere Personen sind oder nur für eine. Bis sich Ihr Urteilsvermögen schärft, ist es gut zu sagen: „Ich bin mir nicht sicher, ob diese Worte für eine Person oder für mehrere sind."

Bevor ich einmal in der Kirche von Bischof Joseph Garlington in Pittsburgh predigte, hatte ich dem Herrn gesagt, dass ich darin wachsen wolle, Worte der Erkenntnis als Eindrücke zu bekommen. Als ich meine ersten Worte der Erkenntnis bekommen hatte, war ich 32 Jahre alt. Normalerweise hatte ich damals keine physischen Schmerzen. Wenn ich ein Wort auf die Art bekam, dass ich Schmerzen hatte, war es zu 95 Prozent zutreffend. Wenn ich dagegen einen Eindruck hatte, war er nur zu 25 Prozent zutreffend. Statt in diesem Bereich zu wachsen, ging ich Eindrücken nicht nach und gab nur Worte weiter, die ich durch einen Schmerz spürte. Zwanzig Jahre später erkannte ich jedoch, dass meine eigenen physischen Schmerzen aufgrund des Alters dafür sorgen konnten, dass meine Trefferquote in diesem Bereich sank. So fing ich an zu beten: „Herr, ich muss in Eindrücken und anderen Möglichkeiten, Worte der Erkenntnis wahrzunehmen, wachsen. Gib mir Eindrücke."

In der Kirche von Bischof Garlington spürte ich einen Schmerz in meinem Rücken und hatte den Eindruck, dass er durch einen

Unfall verursacht wurde. Darauf folgte für den Bruchteil einer Sekunde ein inneres Bild von etwas, das ich für einen grünen Jeep Cherokee hielt. Ich war mir nicht sicher, ob es von Gott kam, also sagte ich, als ich das Wort weitergab: „Ich glaube, es ist eine Person anwesend, die ihren Rücken in einem Unfall verletzt hat." Ich sagte nicht, dass dies beim Fahren eines grünen Jeep Cherokee geschehen sei, weil ich zu viel Angst hatte, dass es sich dabei nicht wirklich um eine Wort der Erkenntnis handelte. Ich hatte es jedoch auf ein Blatt Papier in meiner Bibel geschrieben.

Ein Mann stand auf und sagte: „Das ist meine Tochter. Sie wurde in ihrem grünen Jeep Cherokee verletzt."

Ich war begeistert, dass ich richtig gehört hatte, und war doch enttäuscht, dass ich nicht das ganze Wort weitergegeben hatte. Um den Glauben des Mannes zu stärken, ging ich von der Bühne herunter und zeigte ihm die Notiz über den grünen Jeep Cherokee. Da ich so um Treffsicherheit besorgt war, war ich zu sehr auf Nummer sicher gegangen und hatte nicht gesagt, was ich gesehen hatte.

Dies veranschaulicht den Prozess, Informationen durch oft sehr feine Eindrücke oder innere Bilder zu empfangen und wie schwer es am Anfang ist, zu wissen, ob sie von Gott kommen oder nicht. Es wäre besser gewesen, wenn ich gesagt hätte: „Und ich glaube, die Person könnte einen grünen Jeep Cherokee gefahren sein, aber ich bin mir nicht sicher."

Ein anderes Mal interpretierte ich Informationen vom Herrn falsch. Ich hatte einen Schmerz im Nacken gespürt und den Herrn gefragt, um welchen Wirbel es sich handelte. Ich hatte den Eindruck, es wäre der sechste, was Sinn ergab in Bezug auf die Position des Schmerzes. Ich gab das Wort weiter und hatte dann den Eindruck, es handle sich um eine Frau. Auch dieses Wort gab ich weiter. Dann hatte ich den Eindruck, dass es drei Frauen mit diesem Problem gab, sodass ich auch dieses Wort ergänzend hinzufügte. Schließlich hatte ich stark den Eindruck „52". Also sagte ich: „Und Sie sind 52 Jahre alt."

Während der Gebetszeit kam niemand aufgrund dieses spezifischen Wortes nach vorn, obwohl es das deutlichste war, das ich empfangen hatte. Nach der Gebetszeit kam jedoch eine Frau auf mich zu und sagte: „Alles, was Sie gesagt haben, traf voll und ganz auf mich zu, aber ich bin nicht 52, ich bin 57. Ich wurde 1952 geboren."

Während sie mir das erzählte, kamen zwei weitere Frauen mit dem gleichen Anliegen auf mich zu. Ich hatte „52" als Alter interpretiert, obwohl ich hätte sagen sollen: „Ich höre die Zahl 52 – hat das irgendeine Bedeutung für die drei Frauen mit Schmerzen in ihrem sechsten Halswirbel?"

Ich hoffe, dass Sie von diesen Geschichten, in denen ich daneben lag, genauso viel lernen können wie von den Geschichten, in denen ich richtig lag! Es ist mehr eine Kunst als eine Wissenschaft zu lernen, wie man weiß, was der Vater tut, sagt und offenbart. Und wenn Sie anfangen, Worte der Erkenntnis wahrzunehmen und zu empfangen, stellt sich die Frage, wie Sie das Empfangene weitergeben.

Worte der Erkenntnis weitergeben

Ich möchte kurz ansprechen, wie man Worte der Erkenntnis weitergibt. Wenn Sie damit anfangen, wird es Zeit brauchen, um Ihr Urteilsvermögen zu schärfen. Sie müssen bestimmen können, wann es von Ihnen selbst kommt und wann vom Heiligen Geist. Geben Sie Ihre Worte der Erkenntnis demütig weiter. Seien Sie ein Beispiel an Demut. Sprechen Sie nie so, als wären Sie sicher, wenn Sie es nicht sind. Seien Sie ehrlich. Benutze Sie Sätze wie: „Ich glaube, jemand könnte Folgendes haben ..."

Wenn Worte der Erkenntnis mit der Heilung von Beziehungen oder Gefühlen zu tun haben oder damit, Lasten zu beseitigen, können sie manchmal sehr heikel sein. Ich sage in solchen Fällen: „Ich kenne Sie nicht. Ich habe einen Eindruck. Ich versuche zu lernen, von Gott zu hören. Wenn das, was ich sage, in Ihrem Herzen davon zeugt, dass es wahr ist, empfangen Sie es. Wenn dies jedoch nicht der Fall ist, nehmen Sie es wie Wasser, das von dem Rücken einer Ente abperlt – empfangen Sie es nicht. In diesem Fall habe ich Gott nicht richtig gehört."

Wenn Sie auf der anderen Seite jedoch sicher sind, tun Sie nicht so, als wären Sie es nicht. Seien Sie authentisch, ehrlich und echt. Seien Sie demütig genug, zuzugeben, wenn Sie daneben lagen. Seien Sie außerdem natürlich im Bereich des Übernatürlichen.

Verändern Sie nicht Ihre Art zu reden oder werden Sie übergeistlich. Es ist wichtig, dass wir lernen, uns natürlich im Übernatürlichen zu bewegen, ohne Tamtam, Manipulation, Vermutungen oder auf Weisen, die außerhalb der Gemeindeumgebung auf einem weltlichen Schauplatz nicht funktionieren würden. Wir möchten, dass die Gaben in einer solchen Weise vorgelebt werden, dass die Menschen sie auch mitten im Alltag in der Öffentlichkeit ausleben.

Es ist nicht nur wichtig zu wissen, wie man Worte empfängt und sie weitergibt, es ist auch wichtig, dass Sie verstehen, wie sehr sie mit den Gaben der Heilung zusammenhängen. In 1. Korinther 12,7-11 werden sowohl „Worte der Erkenntnis" als auch „Gnadengaben der Heilung" erwähnt. Diese beiden gehören zusammen. Obwohl Worte der Erkenntnis nicht nur für Heilung gelten, spielen sie bei Heilung eine große Rolle. Sie sind miteinander verknüpft, genauso wie Zungensprache und Auslegung, die Unterscheidung der Geister und Weissagung, und die Gaben des Glaubens und Wunderwirkungen. (Das Wort der Weisheit ergänzt all diese Gaben.)

Für gewöhnlich gebrauche ich die beiden folgenden Beispiele, wenn ich kurz davor stehe, mit Worten der Erkenntnis zu dienen. In Markus 10 schreit der blinde Bartimäus verzweifelt nach Jesus, er solle sich über ihn erbarmen. Jesus bleibt stehen und sagt: „Ruft ihn her." Also sagen die Jünger zu Bartimäus: „Sei guten Mutes! Steh auf, er ruft dich!" (Vers 49).

Dadurch erhielt Bartimäus großen Glauben, den er dadurch zeigte, dass er sein Gewand auf den Boden warf. Dieses Gewand war wie sein Behindertenausweis. Er wurde von den religiösen Machthabern ausgegeben, um zu zeigen, dass es sich bei ihm um einen rechtmäßigen Bettler handelte und nicht um einen Betrüger. In seinem Herzen wusste er, dass er ihn nicht mehr brauchen würde. Was brachte diese Art von Glauben hervor? Dass er die Worte hörte: „Er ruft dich!"

Das ist ein Wort der Erkenntnis. Jesus teilt durch seine Jünger mit, wer er ist und was er heilen möchte. Ich suche mir oft jemanden aus der ersten Reihe aus und frage die Person: „Wie würden Sie sich fühlen, wenn Jesus erschiene, vor Ihnen stünde und sagte:

‚Ich möchte dich heute Abend heilen'? Wären Sie aufgeregt? Warum? Wären Sie sicher, dass Sie geheilt würden? Warum?"

In den meisten Fällen sagt die Person: „Weil Jesus es gesagt hat." Das erzeugt Begeisterung. Die Menschen sind sich sicher, dass sie geheilt würden, wenn Jesus ihnen sagte, dass er sie heilen wolle. Das ist genau das, was er durch ein Wort der Erkenntnis tut. Wenn Menschen den Zweck solcher Worte wirklich verstehen und die Nutznießer eines solchen sind (damit meine ich, dass sie diejenigen sind, auf die das Wort zutrifft), weckt das Begeisterung und Zuversicht, dass sie wirklich geheilt werden – weil Jesus es durch das Wort der Erkenntnis gesagt hat.

Der verstorbene Omar Cabrera, ein berühmter Heilungsevangelist aus Argentinien, erklärte mir einmal, wie wichtig es sei, dass die Leute den Zweck von Worten der Erkenntnis verstehen. Er erklärte mir, wenn sie es nicht verstünden, weckten diese Worte nur Neugierde, wenn sie sie jedoch verstünden, erzeugten diese Worte Glauben. Ich kann das bestätigen. Vor über einem Jahrzehnt reiste ich nach Argentinien und diente für Omar Cabrera in sechs Städten. In einer Stadt sprach ich wie immer die Aufforderung aus, die Leute sollten mit den Händen winken, wenn sie zu 80 Prozent oder mehr geheilt wären. Ich gab ein Wort der Erkenntnis weiter und ein Viertel der Leute, die als Reaktion darauf aufgestanden waren, winkten sofort mit ihren Händen. Ich sagte meinem Übersetzer, er solle ihnen sagen, dass sie nicht winken sollten, wenn sie für ihre Heilung *glaubten*, sondern erst abzuwarten, bis sich die Heilung zu mindestens 80 Prozent an ihrem Körper gezeigt hätte. Ich gab ein weiteres Wort weiter und wieder geschah das Gleiche, sodass ich dem Übersetzer noch einmal dasselbe sagte. Dies geschah zwei weitere Male. Beim letzten Mal sagte ich zu ihm: „Sie verstehen mich nicht."

Mein Übersetzer erwiderte: „*Sie* verstehen dich – du bist der, der sie nicht versteht. Diese Gemeinden waren aufgrund von Heilungen, die mit Worten der Erkenntnis verknüpft waren, entstanden. Warum denkst du, dass du beten musst, bevor sie geheilt werden können? Das Wort der Erkenntnis weckt den Glauben, der sie heilt. In Omars Gemeinden werden viele geheilt, bevor man jemals mit ihnen betet."

Ich war ganz begeistert, als ich das hörte. Zurück in den USA, erzählte ich von dieser Sache und erlebte, dass auch in den USA Menschen geheilt wurden, bevor ich für Heilung betete. Was hatte sich verändert? War die Krankheit schwächer als zuvor oder Gott irgendwie stärker? Nein. Das Einzige, was sich verändert hatte, war meine Erwartung und meine Erfahrung, dass Menschen durch ein Wort der Erkenntnis und den Glauben, den es erzeugt, geheilt werden können, bevor man für sie betet.

Worte als Zahlen oder Hinweise

Manchmal deutet ein Wort der Erkenntnis auf einen Zustand hin, der Heilung benötigt. Einmal hörte ich die Nummer „9" und gab es weiter in einer Veranstaltung, in der wir für Menschen mit Metallteilen in ihrem Körper beteten. Ich sagte: „Ich höre ‚9', aber ich weiß nicht, was es bedeutet."

Später kam ein Mann nach vorn, der von Bewegungsunfähigkeit geheilt worden war. Sie wurde dadurch hervorgerufen, dass seine ganze Wirbelsäule vom Steißbein bis zum elften Brustwirbel versteift war. Er hatte neun Schrauben in seinem Rücken, doch nun war es ihm möglich, seine Beine auf eine Weise zu bewegen, wie er es seit der Zeit vor seinen fünf Operationen nicht gekonnt hatte. Er konnte sich auch vorbeugen, seine Zehen berühren und seine Arme zurückbewegen, ohne dass es ihm im Rücken zwickte.

Manchmal erfüllt sich ein Wort der Erkenntnis, das in Form einer Zahl kommt, mehrmals. Erst vor Kurzem gab ich die Zahl „7" weiter. Eine Frau wurde am Nacken geheilt; sie hatte ein Problem mit ihrem siebten Wirbel gehabt. Die Probleme einer anderen Frau begannen vor 7 Jahren mit einer misslungenen Operation. Und zwei weitere Leute, deren Probleme mit der Zahl 7 zusammenhingen, wurden auch geheilt.

Ein andermal haben Zahlen Bedeutungen, auf die man niemals kommen würde. Sie können aussagen, wann etwas passierte (ein Jahr, ein Tag oder Monat), vor wie langer Zeit es geschah oder wie alt die Person ist. Es ist am Besten, wenn man prophetisch begabte Menschen nicht darin ermutigt, selbst herauszufinden, wie man ein Wort der Erkenntnis auslegt. (Erinnern Sie sich an meine falsche Interpretation des grünen Schlauches?) Es ist das

Beste, die Offenbarung einfach auszusprechen, wie sie auch aussehen mag, ohne Interpretation. Erlauben Sie dem Heiligen Geist, sie zu interpretieren.

Manchmal zeigen Worte der Erkenntnis nicht das Problem an, sondern die Person mit dem Problem. Manchmal empfangen Sie ein Alter, einen Namen oder die Art von Arbeit, die sie tun. Ich war auf einer Reise in Brasilien und eines der Teammitglieder bekam das Wort „Zug". Ein Mann kam vor und sagte, er sei Zugführer, habe aber Probleme damit, während der Arbeit nicht einzuschlafen. Er hatte große Angst davor, er könnte einen Unfall verursachen und Menschen zu Schaden bringen. Es wurde für seine Schlafstörung gebetet und wir hörten später, dass er in der Lage war, nachts normal zu schlafen und während der Arbeit erfrischt und wachsam war.

Ein andermal können Worte anzeigen, was mit einer Person nicht stimmt oder wie eine Verletzung verursacht wurde. Ich nahm ein Team, das hauptsächlich aus Studenten unserer „Global School of Supernatural Ministry" bestand, mit mir nach Brasilien. Nur wenige Tage vor der Reise waren sie darin unterrichtet worden, wie man Worte der Erkenntnis erkennt. Fast alle von ihnen machten ihre ersten Erfahrungen damit, Worte der Erkenntnis weiterzugeben, doch ich war über ihre Treffsicherheit erstaunt. Das Wort eines Studenten war „Automechaniker / Kühler". Während der Lobpreiszeit sah er in einer Vision eine Szene mit einem Automechaniker und einem Kühler. Ich dachte, er läge falsch, aber in diesem Gottesdienst befand sich tatsächlich ein Automechaniker, vor dem an diesem Tag ein Kühler explodiert war. Er hatte seine Hände verbrannt und konnte sie nicht schließen. Er wurde sofort geheilt.

Eine andere Studentin aus dem Team sagte, sie hätte einen „Gipsverband" gesehen. Eine Frau kam nah vorn, die unter einer sehr schmerzhaften Sehnenscheidenentzündung litt. Als sie das Wort hörte, sagte sie: „Das ist mein Wort!" Sie wurde sofort von ihren Schmerzen geheilt und entfernte daraufhin ihren Gips.

Noch eine Studentin sah eine Brust auf der linken Seite, in der sich Krebs befand. Dies weckte in der jungen Frau mit diesem Krebs so viel Glauben, dass sie, als sie ihren großen Tumor berühren wollte, den sie zuvor leicht hatte spüren können, entdeckte, dass aller Schmerz und der Tumor verschwunden waren!

Nebenbei ist es mir wichtig zu erwähnen, was ich in Bezug auf Worte der Erkenntnis lehre, die sich auf sensible oder private Körperbereiche beziehen. Beten Sie mit jemand vom anderen Geschlecht, dann berühren Sie diese Person nie auf eine Weise, die unangemessen erscheinen könnte. Selbst bei Stellen, die angemessen erscheinen, rate ich dazu, lieber auf Nummer sicher zu gehen, um zu garantieren, dass nichts vom eigentlichen Dienst ablenkt. Wenn Sie zum Beispiel als Mann für eine Frau mit Schulterschmerzen beten, bitten Sie sie um Erlaubnis, sie zu berühren, selbst wenn diese Stelle als sehr angemessen erscheint. Warum? Falls sie einmal von einem Mann missbraucht worden ist, könnte sie sich sehr unwohl fühlen, wenn man sie anfasst. Punkt. Sie um Erlaubnis zu bitten, vermeidet aufgezwungenen Kontakt und drückt Respekt gegenüber ihren Grenzen aus. Wenn ihr unbehaglich dabei ist, an der Schulter berührt zu werden, können Sie fragen: „Darf ich leicht Ihre Stirn berühren oder würden Sie es vorziehen, dass ich für Sie bete, ohne Sie zu berühren?" Wenn das Gebet sich um eine ungeeignete Stelle dreht, wie zum Beispiel im Falle des Brusttumors, sollten Sie die Frau bitten, ihre eigenen Hände auf diesen Bereich zu legen. Wenn sie verheiratet ist, besteht eine weitere Möglichkeit darin, dass ihr Ehemann seine Hände auf die Hände seiner Frau legt und Sie dann Ihre Hände auf die des Ehemanns legen können.

Bedenken Sie, dass Leute sich oft wohler damit fühlen, wo Sie sie berühren, als es *Ihnen* dabei geht. Sie sollten deshalb auch niemals zulassen, dass jemand Ihre eigenen Grenzen des Angemessenen überschreitet. Sie möchten sich auf das Gebet für Heilung konzentrieren, ohne sich selbst oder Ihr Gegenüber in Versuchung oder innere Konflikte zu bringen. Zum Beispiel erzählte mir einmal ein Mann in Brasilien, er leide an schlimmen Hämorrhoiden. Ich legte meine Hände auf den Gürtelbereich seines Rückens, da dies die angemessene Stelle war, um ihn zu berühren, und begann zu beten. Zu meiner Überraschung nahm er meine Hand, legte sie auf seine Hämorrhoiden und sagte: „Nicht dort, hier!" Er versuchte, meine Hand auf der Stelle zu halten, während ich versuchte, sie wegzubewegen. Es war mir sehr peinlich. Eine weise

Reaktion in solch einer Situation sähe so aus, dass man ein kurzes, befehlendes Gebet spricht und sich dann vor die Person stellt und sie fragt, wie es ihr jetzt geht.

Die Kraft von Worten der Erkenntnis

Es wäre ungerecht, dieses Kapitel abzuschließen ohne einige Hinweise darauf zu geben, welche Kraft Worte der Erkenntnis im Leben von Menschen entfalten können. Die Worte wecken Glauben und bringen Heilung, aber Worte haben auch die Kraft, Leben zu verändern.

Tom Jones, der Geschäftsführer von „Global Awakening", meines Missionswerkes, war früher Pastor einer großen Pfingstgemeinde, bevor er zu meinem Mitarbeiterstab stieß. Als ich zum ersten Mal Toms Gemeinde besuchte, gab Gott meinem kleinen, aus vier Mitarbeitern bestehenden Team viele Worte der Erkenntnis. Ungewöhnlich dabei war, auf wie viele dieser Worte eine einzelne Frau reagierte. Sie stand bei elf Worten der Erkenntnis auf und wurde von jedem Leiden geheilt, das diese Worte beschrieben. Sie hatte einen schrecklichen Verkehrsunfall gehabt, der all ihre physischen Probleme verursacht hatte.

Als sie für ein Wort nach dem anderen aufstand, sagte ich zu ihr: „Gott muss Sie wirklich lieben."

In dieser Nacht kam ein Engel in ihr Zimmer und sagte: „Sie haben eines ausgelassen – die Netzhautablösung. Ich bin gekommen, um sie zu heilen."

Als Folge ihrer Heilungserfahrung wurden sie und ihr Ehemann, die bis dahin nur Namenschristen gewesen waren, zu einem der brennendsten Paare in Toms Gemeinde. Ihr Leben veränderte sich, und später wurden sie Vollzeitmissionare in Brasilien. Bis heute sind sie mit Leib und Seele Christen und ich habe kürzlich den Ehemann als Direktor unseres internationalen Reisedienstes eingestellt.

Als meine Frau und ich nach St. Louis zogen, um eine neue Gemeinde zu gründen, wovon ich Ihnen bereits im ersten Kapitel erzählte, kannten wir niemanden und es gab keine Gruppe, die darauf wartete, zu uns zu stoßen. Es war schwierig und es dauerte etwa zwei Jahre, bis der Kern an Leuten, die sich versammelten, groß genug war, um unseren ersten öffentlichen Gottesdienst abzuhalten. Während dieser zwei Jahre hatten wir uns im Keller eines Hauses getroffen. Wir hatten zwanzigtausend Leute angerufen, um ihnen mitzuteilen, wir würden eine neue Gemeinde für Menschen beginnen, die nicht in eine „normale" Gemeinde passten. Etwa neunzig neue Besucher kamen an diesem ersten Sonntag und etwa fünfzehn von ihnen wurden Teil unserer Gemeinde. Diese fünfzehn waren alles Leute, die an diesem Sonntagmorgen Worte der Erkenntnis über ihre Krankheit oder Worte der Erkenntnis über ihr Leben empfangen hatten.

Ich gab bei dieser ersten Versammlung viele Worte der Erkenntnis weiter, wahrscheinlich mehr als fünfundzwanzig, während ich normalerweise ein halbes Dutzend oder weniger empfange. Doch ich hatte seit Wochen für diesen Gottesdienst gebetet und es war kein herkömmlicher Gottesdienst. Für die fünfzehn, die diese Worte der Erkenntnis empfingen und langfristig bei uns blieben, war die Realität dieses Erlebnisses stärker als ihr unbehagliches Gefühl in Bezug auf unsere ungewöhnliche Art von Gottesdienst. Es ist interessant, dass die Art von Gottesdienst, die wir an diesem Tag erlebten, für Menschen, die noch nie eine Gemeinde betreten haben, weniger unangenehm ist als die „normale", herkömmliche Gemeinde!

Viele dieser fünfzehn Leute hatten auch besondere Gaben, die wir in der Gemeinde brauchten. Der Bedarf für einen dynamischen Lobpreisleiter war bei uns am größten. Eines der Worte der Erkenntnis war für eine junge Frau, die aufgrund einer Schwangerschaft an Hämorrhoiden litt. Dieses Wort hatte ich einige Tage vor dem Gottesdienst am Sonntag erhalten. Die junge Frau war dort; sie war schwanger, litt und hatte Schmerzen.

Als ich das Wort weitergab, sagte ich: „Ich möchte niemandem zu nahe treten, wenn Sie also dieses Problem haben, gehen Sie nach dem Gottesdienst zu einer der Frauen aus unserem Gebetsteam und bitten Sie sie um Gebet. Sie müssen nicht aufstehen und sich zeigen."

Sie empfing Gebet und wurde sofort geheilt. Sie und ihr Ehemann waren so begeistert, dass sie anfingen, zum Hauskreis zu kommen, der bei mir zu Hause stattfand. Sie wurden zu einem der wichtigsten Paare, mit denen wir die Gemeinde weiterbauten. Ihr

Mann war ein toller Musiker und sie hatte mit einem Gesangs-stipendium Musikwissenschaften studiert. Sie hatte für den Papst im Chor der Sixtinischen Kapelle gesungen. Mit ihrer außergewöhnlichen künstlerischen Begabung schrieb sie viele großartige Stücke und Musicals für unsere Gemeinde.

Ich will damit sagen: Gott wählte Leiter aus, die uns helfen sollten, die Gemeinde zu bauen, indem er durch Worte der Erkenntnis ihre physischen Nöte offenbarte und sie heilte. Die Folge war, dass sich Menschen veränderten.

Ich könnte noch viel mehr zu diesem Thema sagen. Ich habe mit *Words of Knowledge*[1] sogar ein kleines Buch dazu geschrieben. In diesem Kapitel habe ich jedoch versucht, die wesentlichen Aspekte dieser Lehre für Sie zusammenzufassen. Ich möchte Ihnen abschließend erzählen, wie ich zum ersten Mal von Worten der Erkenntnis erfuhr, wie ich mein erstes Wort der Erkenntnis weitergab und was passierte, als ich einen Schritt im Glauben tat.

Von Worten der Erkenntnis erfuhr ich zuerst in einem Telefongespräch mit Lance Pittluck, einem Vineyard-Leiter, als ich noch Baptistenpastor war. Er erzählte mir, dass sie durch die Befragung zahlreicher Leute, die in dieser Gabe wirkten, fünf Möglichkeiten herausgefunden hatten, wie die Worte kamen. Er erklärte sie mir folgendermaßen:

1. Man kann sie spüren. Der Schmerz ist nicht dein Schmerz; man empfindet ihn für jemand anderes.

2. Man kann sie denken. Die Gedanken kommen, wenn du versuchst, *nicht* an ein Wort der Erkenntnis zu denken – sie kommen einfach. Sie können nur Sekundenbruchteile betragen oder sich wiederholen.

3. Man kann sie sehen. Es kann wie ein Tagtraum sein oder eine offene Vision, in der man nichts anderes sieht, sondern nur etwas wie einen Breitbildfernseher direkt vor einem.

4. Man kann sie lesen. Du siehst wirklich Worte auf oder über einer Person oder die Worte sehen aus wie Schlagzeilen einer Zeitung oder Untertitel im Fernsehen.

---

[1] Randy Clark, *Words of Knowledge* (Worte der Erkenntnis), Global Awakening, 2001.

5. Man kann sie aussprechen. Es ist ähnlich wie Zungensprache, da man nicht an das denkt, was man sagt – es kommt einfach nur heraus. Es wird dich oft überraschen und dafür sorgen, dass die Menschen, denen du dienst, offen werden, als wären die Worte ein Schlüssel, um die Probleme hinter ihrer Krankheit aufzuschließen.

Innerhalb weniger Minuten vermittelte mir dieser Vineyard-Leiter Informationen von unschätzbarem Wert. Wenige Tage nach unserer Unterhaltung fing ich an, Worte der Erkenntnis zu bekommen, und bald darauf gab ich mein erstes weiter. Ich war mir nicht sicher, ob es von Gott war, deshalb gab ich es ängstlich und zitternd weiter. Ich hatte es empfangen, während ich mit einer Gruppe von Leuten in meiner Baptistengemeinde zusammen war. Als wir für jemanden beteten, der krank zu Hause war, spürte ich einen kurzen, stechenden Schmerz in meinem linken Auge. Ich fragte mich: *Ist dies ein Wort der Erkenntnis oder ist es nur mein eigener Schmerz?* Und ich dachte: *Wenn ich den Versuch wage, dieses Wort der Erkenntnis weiterzugeben und ich falsch liege, bringt mich das um den Respekt der Leiter der Gemeinde.*

Unter großen Mühen hatte ich mir im Laufe von fast sieben Jahren ihren Respekt erworben. Sie hatten Schwierigkeiten damit gehabt, zu glauben, dass ein ausgebildeter Geistlicher mit dem Heiligen Geist gesalbt sein konnte. Theologische Seminare, die Cessationismus und Liberalismus lehrten, neigten dazu, das Feuer in den Herzen vieler Absolventen zum Erlöschen zu bringen, wie ich in Kapitel 4 erwähnt habe. Ich konnte den Respekt der Gemeindeleiter wesentlich schneller verlieren, als ich gebraucht hatte, um ihn mir zu verdienen, aber ich dachte: *Wenn ich es weitergebe und falsch liege, bin ich gedemütigt, aber ich habe um Demut gebetet. Wenn ich es jedoch nicht weitergebe, wird jemand, der hätte geheilt werden können, nicht geheilt. Ich denke, es ist das Risiko wert.*

Ich ging zur Kanzel und sagte: „Ich denke – das heißt, es kann sein, dass jemand hier ist, der – vielleicht – ein Problem mit seinem linken Auge haben könnte." Ich machte mir solche Sorgen, dass ich falsch liegen könnte.

Sofort stand eine Frau namens Ruth auf und sagte: „Das ist mein Auge! Es verliert an Sehkraft, und jetzt habe ich nur einen Tunnelblick."

Ich war so begeistert, dass ich tatsächlich ein Wort der Erkenntnis empfangen hatte. Dann dämmerte mir, dass mir zwar beigebracht worden war, wie man Worte der Erkenntnis erkennt, aber dass das Vineyard-Team noch nicht gekommen war, um uns zu zeigen, wie man für die Kranken betet. Ich hatte das Pferd von hinten aufgezäumt! Ich wusste nicht, was ich tun oder wie ich beten sollte.

Ich war nervös, weil ich dachte, wenn ich bete und nichts passiert, würden die Leute mir die Schuld geben und denken, dass ich nicht gesalbt wäre. Deshalb bat ich die ganze Gemeinde, mit nach vorne zu kommen, damit wir alle für Ruth beten konnten. Mein Gebet war schwach. Es war lang. Ich hatte Angst, wenn ich aufhörte zu beten, würde ich feststellen, dass nichts passiert war. Ich betete immer weiter und in seiner Gnade heilte Gott Ruth. Doch ich erkannte auf der Stelle, dass ich nicht nur wissen musste, *wie man Worte* der der Erkenntnis *erhält;* ich musste lernen, *wie man* effektiver für Heilung *betete.* Darum geht es im nächste Kapitel.

KAPITEL 11

Der beziehungsorientierte Gebetsleitfaden in fünf Schritten

Randy

Todd White, ein guter Freund von mir und ein außergewöhnlicher Evangelist auf der persönlichen Ebene, hat ein verblüffendes Zeugnis. Seine Familie war aufgrund seiner jahrelangen Drogenabhängigkeit zerrüttet. Während er bei Teen Challenge eine Reha durchlief, hörte er die Stimme Gottes. Sie sagte ihm, er solle gehen und nach Hause zurückkehren, obwohl er das Programm noch nicht abgeschlossen hatte. Trotz der sehr hohen Rückfallrate bei denen, die das gesamte Programm nicht abschließen, ist Todd seit vielen Jahren frei von Drogen. (Dies funktionierte nur, weil Todd richtig erkannt hatte, dass dies Gottes Anweisung war, nicht sein eigener Gedanke. Hätte er falsch gelegen, wäre er sehr wahrscheinlich wieder zurück in die Abhängigkeit gerutscht.)

Todd wurde ein radikaler Jünger Jesu, der den Missionsbefehl sehr ernst nahm: *„Geht nun hin und macht alle Nationen zu Jüngern, und tauft sie auf den Namen des Vaters und des Sohnes und des Heiligen Geistes, und lehrt sie alles zu bewahren, was ich euch geboten habe! Und siehe, ich bin bei euch alle Tage bis zur Vollendung des Zeitalters"* (Mt 28,19-20). Jesu Anweisungen an die

Apostel erinnern an die Beauftragung der Zwölf und der Siebzig, die Kranken zu heilen und die Dämonisierten zu befreien. Todd las in Markus 16,18 (LUT): „... *auf Kranke werden sie die Hände legen, so wird's besser mit ihnen werden.*" Er nahm diesen Abschnitt ernst und begann für die Kranken zu beten. Jeden Tag betete er für zehn oder zwölf Leute, aber niemand wurde geheilt.

Dennoch zweifelte Todd nicht am Wort Gottes. Er fing nicht an zu sagen, die Bibel meine nicht, was sie sage. Stattdessen hinterfragte er sein eigenes Maß an Glauben. Er wusste, dass das Problem bei ihm und nicht bei Gott lag. Todd betete weiter täglich für Menschen, bis er für etwa siebenhundert Menschen gebetet hatte, ohne dass auch nur einer geheilt worden war. Dann kam eines Tages auf der Arbeit ein Mann auf ihn zu und Todd wusste sofort, was bei ihm nicht stimmte. Es war ein Wort der Erkenntnis. Todd hatte noch nie zuvor eines gehabt und war nicht darüber belehrt worden. Dennoch sagte er dem Mann, was mit seiner Wirbelsäule und seinem Bein nicht stimmte, legte ihm die Hände auf und betete – und der Mann wurde sofort geheilt. Völlig schockiert sagte der Mann unter Tränen zu Todd, er habe seit Jahren unter diesem Zustand gelitten. Seit diesem Tag erlebt Todd die Wahrheit von Markus 16,18 – er legt seine Hände auf die Kranken und viele werden gesund.

Einmal war ich mit Todd in einem Flugzeug. Ich beobachtete, wie er für jede Stewardess im Flugzeug und auch für jede Person um ihn herum betete. Einige wurden geheilt. Nach der Landung beschlossen wir, gemeinsam zu Mittag zu essen, bevor wir zu unseren jeweiligen Anschlussflügen gehen mussten. Während des Mittagessens empfing Todd eine Prophetie für die Bedienung, betete für sie und erlebte, wie sie körperlich geheilt wurde. Todd betet für fast alles, was sich bewegt. Unabhängig davon, ob er ein Wort der Erkenntnis bekommt, betet er mit allen Leuten, die ihm sagen, dass sie ein physisches Problem haben. Nicht jeder wird geheilt, aber er erlebt einen höheren Prozentsatz an Heilungen als die meisten Leute, die ich kenne.

Mit Christus beim Heilen zusammenarbeiten

Die Hauptaufgabe in der Jüngerschaft besteht darin, die Stimme des Geistes zu hören und ihr zu gehorchen. Als charismatisch begabte Menschen des Neuen Bundes sollten wir die Werke Jesu fortführen – insbesondere, was Heilung und Befreiung angeht, so wie Todd es tut. Dr. Jon Ruthven hebt in seinem Buch *What Is Wrong With Protestant Theology?*[1], das ich bereits in Kapitel 3 erwähnt habe, treffend hervor, dass die neutestamentliche Sicht von Jüngerschaft sich sehr von dem heute unter Protestanten (und wohl auch Katholiken) üblichen Verständnis von Jüngerschaft unterscheidet. Paulus schreibt in 1. Korinther 3,9: *„Denn Gottes **Mitarbeiter** sind wir"* (Hervorhebung durch den Autor). Wir sehen uns jedoch nicht immer so.

Ich möchte mit Ihnen kurz über diesen Vers nachdenken. Die deutlichste Offenbarung Gottes ist sein Sohn, Jesus. In Kolosser 2,9 schreibt Paulus: *„Denn in ihm **wohnt die ganze Fülle der Gottheit leibhaftig"*** (Hervorhebung durch den Autor). Im Hebräerbrief heißt es: *„Der Sohn spiegelt die Herrlichkeit Gottes wider, und alles an ihm ist ein Ausdruck des Wesens Gottes"* (Hebr 1,3 NL). Da der Sohn Gott auf exakte Weise repräsentiert und die Fülle der Gottheit in ihm lebte, erscheint es mir angemessen zu glauben, dass das, was wir Jesus tun sahen, der Wille Gottes war. Er offenbarte das Herz Gottes, demonstrierte Gottes Kraft und Liebe, insbesondere durch seinen Heilungs- und Befreiungsdienst. Und nicht nur die Apostel, sondern „wir" sind dazu berufen, Gottes Mitarbeiter zu sein, mit Gott zusammenzuarbeiten.

Jesus sagte: *„Wahrlich, wahrlich, ich sage euch: Wer an mich glaubt, der wird auch die Werke tun, die ich tue, und wird größere als diese tun, weil ich zum Vater gehe"* (Joh 14,12). Er wusste, dass er die „Verheißung des Vaters" schicken würde, wenn er zum Vater aufgestiegen war. Der Grund für Jesu Kommen war es, *„die Werke des Teufels zu zerstören"* (1 Joh 3,8). Apostelgeschichte 10,38 gibt uns zumindest teilweise Einblick in das, was das bedeutete: *„Jesus von Nazareth, wie Gott ihn mit Heiligem Geist und mit Kraft gesalbt hat, der umherging und wohltat und alle heilte,*

---

[1] Dr. Jon Ruthven, *What Is Wrong With Protestant Theology?* (Was stimmt nicht mit der protestantischen Theologie?), Word & Spirit Press, 2011.

die von dem Teufel überwältigt waren, denn Gott war mit ihm."
Also sehen wir, dass Heilung zu den elementarsten Dingen gehörte, die Jesus in seinem Dienst tat, und einer der hauptsächlichen Wege, durch die er die Werke des Teufels zerstörte.

Paulus sah Jesus nicht nur als Fülle der Gottheit, sondern er sah auch die Gemeinde als Fülle Jesu: *„Und alles hat er [Gott] seinen Füßen unterworfen und ihn als Haupt über alles der Gemeinde gegeben, die sein Leib ist, die Fülle dessen, der alles in allen erfüllt"* (Eph 1,22-23). Dieser Satz steht am Ende von Paulus' Gebet für die Epheser, das in Vers 18 beginnt:

> *Er erleuchte die Augen eures Herzens, damit ihr wisst, was die Hoffnung seiner Berufung, was der Reichtum der Herrlichkeit seines Erbes in den Heiligen und was die überragende Größe seiner Kraft an uns, den Glaubenden, ist, nach der Wirksamkeit der Macht seiner Stärke. Die hat er in Christus wirksam werden lassen, indem er ihn aus den Toten auferweckt und zu seiner Rechten in der Himmelswelt gesetzt hat, hoch über jede Gewalt und Macht und Kraft und Herrschaft und jeden Namen, der nicht nur in diesem Zeitalter, sondern auch in dem zukünftigen genannt werden wird.*

Wenn die Gemeinde die Fülle Jesu ist, ergibt es dann nicht Sinn, dass die Jünger, die die Gemeinde bilden und Mitarbeiter Christi sind, die Dinge tun sollten, die er tat? Wenn Sie daran glauben, wird Ihnen das Folgende dabei helfen, „es einfach zu tun".

Anfangen, für Heilung zu beten

Am Ende des letzten Kapitels hatte ich von Ruth erzählt. Mitten im Gebet für sie erkannte ich, dass ich mehr darüber wissen musste, wie man für die Kranken betet. Mir war erklärt worden, wie man Worte der Erkenntnis bekommt, aber mir war noch nicht erklärt worden, wie man für die Kranken betet. Der „Gebetsleitfaden in fünf Schritten", den ich Ihnen jetzt vorstellen möchte, empfinde ich als sehr hilfreich, wenn man anfängt, für die Kranken zu beten. Nachdem ich ihn von John Wimber und seinen Mitarbeitern gelernt hatte, erlebte ich, dass viel mehr Leute geheilt wurden als zuvor.

Dieser Leitfaden in fünf Schritten sollte nicht als etwas Statisches angesehen werden. Sehen Sie ihn vielmehr als einen natürlichen Dialog zwischen Ihnen und der Person, mit der Sie beten, und mit Gott. Es ist ein Ablauf, der von Beziehung geprägt ist, keine mechanische Formel. Und es ist eine sehr gut geeignete Vorgehensweise, wenn man für Einzelne in einem seelsorgerlichen Rahmen betet. Ein größerer Rahmen wie Heilungsveranstaltungen oder evangelistische Einsätze erfordern einen anderen Ansatz, weil sich dieser Leitfaden nur schwer in einem solchen Kontext anwenden lässt. Würden wir zum Beispiel diesen Leitfaden in Indien anwenden, wo wir mit bis zu hunderttausend Menschen beten, könnte das dazu führen, dass die Menschen, für die wir beten, von den Menschen hinter ihnen zerquetscht werden. In einem solchen Rahmen werden kaum die Gaben der Heilung eingesetzt, sondern hier kommt die uns gegebene Autorität, den Missionsbefehl auszuführen, zum Tragen.

Beachten Sie auch, dass dieser Gebetsleitfaden nicht der einzige Weg ist, um mit Kranken zu beten. Ich gebe zu, dass es in der Bibel keinen besonderen „Leitfaden" gibt. Jesus heilte auf viele verschiedene Arten. Manchmal berührte er Menschen, manchmal sprach er ihre Heilung aus, manchmal bezog er sie in den Prozess mit ein, indem er ein Zeichen des Gehorsams verlangte, bevor die Heilung kam. Manchmal tat er merkwürdige Dinge wie auf seine Hand zu spucken und dann eine Zunge zu berühren oder einen Teig aus Erde zu machen und ihn dann auf Augen zu streichen.

Nur ein Prinzip trifft auf Jesu Modell für Heilung zu. Seine Mutter Maria offenbart es. Bevor Jesus das Wunder tat, Wasser in Wein zu verwandeln, sagte Maria zu den anwesenden Dienern: *„Was er euch sagt, das tut"* (Joh 2,5). Befolgen Sie beim Beten für Heilung dieses Prinzip und Sie werden erstaunliche Dinge sehen. Eines meiner wichtigsten Anliegen in diesem Kapitel besteht darin, Ihnen zu helfen, wie Sie hören können, was Gott Ihnen sagt bzw. wie Sie sehen können, *„was der Vater tut"*, und zwar genau in Ihrer Situation (vgl. Joh 5,19). Das grundlegende Prinzip von Jüngerschaft folgt dem Vorbild der Beziehung Jesu zu seinem Vater. Jesus erkannte, was der Vater tat. Er hörte es oder sah es und gehorchte dann. Es ist das gleiche Prinzip, an das sich Maria hielt, als sie die Diener anwies, das zu tun, was Jesus ihnen sagte.

Hierin unterscheidet sich christliche Heilung deutlich von Reiki oder TT[2]. Wir lernen nicht, wie man eine unpersönliche Kraft lenkt. Das wäre Zauberei. Wir lernen auch nicht, wie man eine unpersönliche Kraft dazu benutzt, die Energie von jemandem zu harmonisieren. Wir sind keine unabhängigen Medien. Vielmehr stehen wir in einer abhängigen Beziehung zu Gott. Wir machen ihn nicht zu unserem Diener – im Gegenteil. Wir geben unser Leben hin, um seine Diener zu werden. Wenn wir durch den Heiligen Geist in Beziehung zu Jesus und dem Vater stehen, treten wir in einen Krieg gegen die Werke des Teufels ein. Krankheit, Leiden, Schmerz, Dämonisierung und Verdammnis werden zerstört. Wir arbeiten *mit* dem Heiligen Geist zusammen. Das ist der Unterschied zwischen einer theistischen Religion wie dem Christentum und pantheistischen Religionen wie dem Buddhismus, Hinduismus und New-Age-Philosophien.

Die Etikette des Heiligen Geistes

Mit diesem Verständnis, dass wir Mitarbeiter Gottes und von dessen Kraft und Energie abhängig sind, sollten wir über etwas nachdenken, das ich die Etikette des Heiligen Geistes nenne. Wenn wir zum Beispiel Gott bitten, etwas zu tun, und er es tut, sind wir natürlich begeistert und auch dankbar. Wir sollten ihm sofort danken, dass er uns mit seiner Gegenwart beehrt und getan hat, was er getan hat. So sollte es sein, unabhängig davon, ob unser Gebet einer Bitte oder einem Befehl entsprach. (Mit Bitten meine ich Gebete, die sich an Gott richten; mit Befehlen meine ich Gebete, die sich an ein Körperteil, einen Dämon oder einen Geist, der Krankheit hervorruft, richten.)

Da ich das Innenleben unseres dreieinigen Gottes nicht fassen kann, sage ich oft: „Danke, Jesus! Danke, Heiliger Geist! Danke,

---

[2] Therapeutic Touch (TT) (englisch für *Therapeutische Berührung*) ist eine in den USA verbreitete alternativmedizinische, so genannte bio-energetische Behandlungsmethode, eine Variante des Handauflegens, bei der der Behandler den Patienten allerdings nicht berührt. Sie basiert auf der im Bereich der Esoterik verbreiteten These, dass der Mensch ein eigenes "Energiefeld" (in der Originalpublikation Prana genannt, heute auch Aura, Qi usw.) hat, das mit den Energiefeldern seiner Umwelt ständig in Kontakt steht (Quelle: Wikipedia).

Vater!" Ich bete nicht so, um formal alles richtig zu machen, sondern aus einer Beziehung mit unserem dreieinigen Gott heraus. Dem einen zu danken, aber den anderen nicht, bedeutet, das Werk von allen Dreien nicht in vollem Umfang wertzuschätzen. Wenn man beziehungsbezogen denkt und es nicht nur theologisch sieht, macht es Sinn, der Fülle der Gottheit zu danken. Auch Paulus richtete seinen Lobpreis an den dreieinigen Gott und wir singen diese Doxologie sonntags in vielen Gemeinden und Kirchen. Aus dem gleichen Grund, warum wir die Doxologie singen, danke ich jedem Teil der Dreieinigkeit.

Die Bibel finden wir nicht nur *einen* immer anwendbaren und richtigen Weg, um für die Kranken zu beten. Sie zeigt jedoch einige Prinzipien, die man benutzen kann, wie zum Beispiel die Person zu befragen, um herauszufinden, was das Problem ist. Jesus hat das getan. Er zeigte auch beispielhaft, wie man Offenbarung vom Vater empfängt, was man tun soll. Jesus diente auf unterschiedliche Weise, und an ihm sehen wir auch, wie er abhängig von dem jeweiligen Problem die entsprechende Art von Gebet wählte. Er diente den Dämonisierten nicht auf die gleiche Weise, wie er den Kranken oder Menschen mit einem gebrochenen Herzen diente. Er zeigte auch beispielhaft, was man tut, wenn die Heilung nicht sofort geschieht – er befragte die Person erneut und betete nochmals. Wir sehen bei ihm, was man tut, wenn ein böser Geist nicht bei der ersten Aufforderung herauskommt – er fuhr fort, ihm zu befehlen, herauszukommen. Auch durch das, was er lehrte und tat, war er uns ein Vorbild, wie wichtig der Glaube ist. Und gelegentlich gab er ein Beispiel dafür, wie man Menschen Anweisungen gibt, die sie einhalten sollten, nachdem sie Gebet empfangen hatten.

Auch Paulus ließ uns wissen, wie man betet und wie Gebet und Glaube zusammenhängen. Zum einen offenbart Paulus, wie wir bereits gesehen haben, das wichtige Prinzip, dass wir mit Gott zusammenarbeiten, als er sagte: *„Denn wir sind Gottes Mitarbeiter"* (1 Kor 3,9 LUT). Zum anderen zeigt Paulus, dass der Zusammenhang zwischen unserem Glauben und unseren Worten große Bedeutung hat. In 2. Korinther 1,20 (LUT) schreibt er: *„Denn auf alle Gottesverheißungen ist in ihm das Ja; darum sprechen wir auch durch ihn das Amen, Gott zum Lobe."* Und in 2. Korinther

4,13 sagt er: *„Da wir aber denselben Geist des Glaubens haben –
nach dem, was geschrieben steht: ‚Ich habe geglaubt, darum habe
ich geredet', so glauben auch wir, darum reden wir auch."* Beide
Abschnitte zeigen die enge Verbindung zwischen unserem Glauben und unserem Reden.

Der Gebetsleitfaden in fünf Schritten

Vor Kurzem war ich zusammen mit Chad Chromer, meinem persönlichen Assistenten, in der Flughafenlounge in São Paulo in
Brasilien. Er bemerkte eine ältere Frau, die Schmerzen zu haben
schien. Er benutzte den Gebetsleitfaden in fünf Schritten, um mit
ihr zu beten, und sie wurde von den Rückenschmerzen geheilt,
unter denen sie seit fünfzig Jahren litt. Auch Ihnen wird dieser
Leitfaden in vielen Situationen helfen. Wir wollen uns nun die
einzelnen Schritte näher ansehen:

1. Befragung
2. Diagnose und Gebetsauswahl
3. Gebetsdienst: Beten für konkrete Auswirkungen
4. Innehalten und noch einmal befragen
5. Empfehlungen im Anschluss an das Gebet

1. Befragung

In Markus 9,21 stellt Jesus dem Vater eines Jungen, der Heilung
benötigte, einige Fragen. Jesus fragte den Vater des Jungen: „Wie
lange hat er das schon?" Der Vater antwortete: „Von klein auf."
Jesus zeigte dadurch beispielhaft, wie man nach sachdienlichen
Informationen zum Zustand einer Person und ihrer Heilung fragt.
Wenn Sie Menschen befragen, möchten Sie Informationen sammeln, die Ihren Gebetsdienst natürlicher, liebevoller und effektiver werden lassen. Ich beginne mit Fragen wie: „Wie heißen Sie?",
„Wie kann ich für Sie beten?", „Wie lange haben Sie das schon?",
„Kennen Sie die Ursache?", „Was denken Sie, warum haben Sie
dieses Problem?"

Der Zweck dieser Fragen besteht darin, die Grundursache für ein Gebrechen oder eine Krankheit zu bestimmen. Mögliche Ursachen können ein Krankheit hervorrufender Geist sein, ein seelisches Problem (psychosomatisch) oder eine natürliche Ursache wie ein Unfall, eine Verletzung, der Lebensstil oder eine Erkrankung. Stellen Sie auch ein paar tiefer gehende Fragen, wie: „Wurde diese Krankheit von einem Arzt diagnostiziert?", „Hat jemand anderes diesen Zustand herbeigeführt?", „Haben Sie dieser Person vergeben?" (Fehlende Vergebungsbereitschaft kann ein großes Hindernis für Heilung sein.), „Haben Sie sechs Monate oder ein Jahr bevor diese Krankheit begann, etwas Bedeutendes oder Traumatisches erlebt?" Diese Fragen zu stellen, bevor Sie für Heilung beten, ist hilfreich, denn es kann sein, dass Sie der Person evtl. in Bezug auf Vergebung oder emotionale Wunden wie Angst, Scham oder Ablehnung helfen müssen.

Verlassen Sie sich während dieser Befragung auf den Heiligen Geist. Fragen Sie ihn still, ob er Ihnen etwas über den Zustand der Person oder ihre Ursache zeigen möchte. *Hören Sie zu!* Es könnte sein, dass er Ihnen ein Wort der Erkenntnis oder ein prophetisches Wort gibt, das die Hauptursache der Krankheit aufdeckt.

Während dieses ersten Schrittes sollten Sie auch versuchen, den Glauben und das Verständnis der Person zu stärken, mit der Sie beten. Ich sage normalerweise Folgendes:

Etwa 50 Prozent der Menschen, die geheilt werden, spüren etwas, während ich bete – Wärme, Elektrizität, ein Kitzeln, Kälte, oder dass der Schmerz verschwindet oder sich verschlimmert. Seien Sie nicht entmutigt, wenn der Schmerz schlimmer wird. Das bedeutet, dass die Ursache dafür ein böser Geist ist. Der verstärkte Schmerz ist ein Hinweis darauf. Wenn das jedoch der Fall ist, machen Sie sich keine Sorgen – hat man einen solchen Geist erst mal entdeckt, kann man ihn leicht vertreiben! Die anderen 50 Prozent der Menschen, die geheilt werden, Spüren gar nichts, es geht ihnen nur besser. Mein Glaube richtet sich nicht nach dem, was Sie fühlen. Aber wenn Sie etwas spüren, sagen Sie es mir bitte, weil es mir dabei helfen kann, zu wissen, wie ich besser für Sie beten kann. Außerdem werden etwa 15 Prozent nicht geheilt, während ich bete, aber innerhalb einiger Tage danach. Noch einmal, mein Glaube richtet sich nicht nach dem, was Sie fühlen, sondern nach dem Wort Gottes. Es ist jedoch wichtig, dass Sie mir sagen, was Sie spüren; warten Sie nicht darauf, dass ich innehalte und Sie frage. Sagen Sie es sofort, wenn Sie anfangen, etwas zu spüren. Sagen Sie mir, wenn sich das Gefühl verstärkt, abnimmt, verändert oder sonst etwas passiert. War das für Sie verständlich?

Während dieses Schrittes sammeln Sie Informationen, die Ihnen dabei helfen, die Ursache des Problems einer Person zu bestimmen, sodass Sie auf die beste Art Heilung vermitteln können. Sie müssen der Person auch sagen, was sie tun kann, um Sie zu unterstützen, damit sich das Ergebnis verbessert. Bitten Sie die Person, nicht zu beten, sondern ihre Augen zu schließen und sich auf ihren Körper zu konzentrieren. Für diese Person ist es jetzt an der Zeit, einfach nur zu empfangen. Ich bitte die Person auch, nichts zu proklamieren oder zu bekennen, während ich ihr diene, sondern sich zu entspannen und auf ihren Körper zu achten. Ich erwähne nochmals vor dem Gebet, dass sie mir sofort mitteilen soll, wenn der Schmerz sich verstärkt, verringert, verändert oder sich an eine andere Stelle im Körper verschiebt. Wenn Ich den Eindruck habe, dass die Person schwach ist oder ich ihr aus irgendeinem Grund besser dienen kann, wenn sie sitzt, hole ich zwei Stühle, damit wir uns setzen können.

2. Diagnose und Gebetsauswahl

Im nächsten Schritt dieses Gebetsleitfadens geht es darum, basierend auf den Informationen, die Sie durch Ihre Fragen und eine mögliche Offenbarung von Gott erhalten haben, eine Diagnose über die eigentliche Ursache des Problems der Person zu stellen. Entsprechend der Ursache betet man unterschiedlich für unterschiedliche Dinge, wie es auch Jesus getan hat. Die Art, wie wir beten, ist daher abhängig von der Ursache.

Jesus sagte nicht, wir sollten für die Kranken beten, er sagte, wir sollten sie *heilen*. Wenn Sie die Berichte in den Evangelien über Heilungen lesen, wird Ihnen auffallen, dass Jesus und seine Jünger nie Bittgebete für Heilung sprachen. Stattdessen sprachen sie im Gebet jedes Mal Befehle aus. Diese Gebetsbefehle waren nicht an Gott gerichtet, sondern an den Zustand der Menschen. Hier nun einige Beispiele für Befehle, die ich im Gebet bereits gebraucht habe:

Im Namen Jesu befehle ich der Entzündung in Joes Knie, geheilt zu sein, und jeder Schwellung und jedem Schmerz, zu verschwinden. Schwellung, Schmerz, verschwindet jetzt!

Ich befehle diesem hohen Blutdruck, sich auf Normalniveau zu senken!

Ich befehle diesem Tumor zu schrumpfen! Schrumpfe! Verschwinde! Ich verfluche ihn!

Ich befehle der DNA, sich neu zu formieren und dem Körper eine neue Botschaft zu vermitteln, die Botschaft, die Gott vorgesehen und gewollt hat [dies gebrauche ich, wenn ich für eine genetische Störung bete]. Ich befehle der DNA, sich zu verändern und normal zu werden.

Sie sollten in den meisten Fällen Befehle gebrauchen, besonders aber in folgenden Fällen:

- Wenn Sie einen Fluch oder Schwur brechen
- Wenn Sie einen Geist, der Krankheit hervorruft oder einen anderen bösen Geist austreiben
- Wenn Sie Bittgebete verwendet haben und die Heilung nicht weiter voranschreitet
- Wenn der Heiligen Geist Sie führt, befehlende Gebete zu verwenden
- Wenn Sie bei Evangelisationen dienen, die auch Heilung beinhalten (in dieser Situation sind insbesondere gebieterische befehlende Gebete angebracht)

Es ist wichtig, den Zusammenhang zwischen Offenbarung und dem gebieterischen Gebrauch von Befehlen im Gebet zu verstehen. Wenn ich zum Beispiel sagen würde: „Herr XY, ich möchte Ihnen fünfzig Dollar geben, damit Sie Benzin kaufen können", und Herr XY antworten würde: „Randy, werden Sie mir Benzingeld geben?", wäre dies von seiner Seite eine unangemessene Reaktion. Anstatt die fünfzig Dollar anzunehmen, mir zu danken und Benzin zu kaufen, bittet er mich, ihm zu geben, was ich ihm *bereits* zugesagt habe. Dies erweckt den Anschein, dass Herr XY mir oder meiner Aussage nicht glaubt.

Auf diese Weise betete ich einmal für ein paar Leute und gebrauchte dabei Worte der Erkenntnis, um ihren Glauben zu stärken. Ich empfing ein klares, starkes Wort der Erkenntnis für eine Person und betete: „Gott, ich bitte dich …" Plötzlich erkannte ich, wie unangebracht mein Gebet war, daher hielt ich inne. Ich sagte: „Gott, es tut mir leid, dass ich dich gerade gebeten habe, etwas zu tun, von dem du mir gesagt hast, dass es einfach getan werden soll." Dann befahl ich in der Autorität des Namens Jesu der Krankheit, geheilt zu sein – und es geschah.

Ein Beispiel für ein Bittgebet wäre: „Vater, in Jesu Namen bitte ich dich, die Entzündung in Joes Knie zu heilen und die Schwellung und den Schmerz wegzunehmen." Ich glaube nicht, dass dies so vollmächtig ist wie ein befehlendes Gebet, in dem Sie sagen: „Im Namen Jesu befehle ich der Entzündung in Joes Knie, geheilt zu sein, und der Schwellung und dem Schmerz zu verschwinden!"

Das Bittgebet gehört eher in den Kontext von Lobpreis als in den Kontext von Evangelisationen, in denen man für Heilung betet. Bittgebete richten sich mehr an Gott und sind auf der Beziehungsebene angesiedelt. Sie drücken aus, dass wir von ihm abhängig sind. Befehlende Gebete richten sich an das Problem, nicht an Gott. Sie bringen zum Ausdruck, dass wir unsere gottgegebene Autorität für Heilung und das, was er tun will, verstanden haben – sowohl im Allgemeinen als auch bezogen auf eine spezifische Situation. Dass wir klar verstehen, was Gott in einer bestimmten Situation tun möchte, geschieht durch die Gaben des Heiligen Geistes, insbesondere das Wort der Erkenntnis.

Manchmal macht es auch Sinn, diese beiden Gebetsformen zu vermischen, besonders wenn man für andere Gläubige in einer Gemeinde betet – weniger für Ungläubige in großen Versammlungen. Ich bete zum Beispiel oft Bittgebete wie: „Komm und hilf mir, Heiliger Geist. Zeig mir, was hier nicht stimmt, und lehre mich, wie ich in dieser Situation beten soll." Ich bete diese Bittgebete oft sehr leise. Sie richten sich an Gott, nicht an die Person, für die ich bete. Wenn ich den Eindruck habe, dass ich mich im geistlichen Kampf befinde, beruhige ich meinen Geist und rede nur zu Gott: „Vater, hilf mir. Schick deine Engel, um mich zu stärken und für mich zu kämpfen." Ich bitte Gott um Offenbarung, um Einsicht und um Versorgung im Natürlichen, aber ich bitte Gott nicht, zu heilen. Er hat die Autorität dazu auf seine Jünger übertragen.

Jesus hat oft vorbildhaft gezeigt, wann ein Bittgebet angemessen ist. Seine Gleichnisse vom ungerechten Richter und der Witwe und dem Freund, der um Mitternacht an die Tür klopft, sind zwei Beispiele (vgl. Lk 18; Lk 11,5-13). Weitere Beispiele sind seine Lehre in Johannes 14, wo er betont, wir sollten den Vater in seinem Namen bitten, sowie sein eigenes hohepriesterliches Gebet in Johannes 17 und auch im Garten Gethsemane. Allerdings haben weder Jesus noch seine Jünger noch andere im Neuen Testament Bittgebete für Heilung gebetet.

Diese beiden Arten von Gebet können folgendermaßen zusammenwirken: Sie bitten Gott, bis Glaube da ist und die Absicht Gottes klar ist, und befehlen dann einem Leiden, geheilt zu sein. Darin zeigt sich wohl Abhängigkeit von Gott als auch Autorität in ihm. Oder anders ausgedrückt: Die Verbindung beider Gebetsarten zeigt, dass es eine Zeit gibt, in der man auf Gott wartet, und dann eine Zeit, um als sein Mitarbeiter in seinem Auftrag zu sprechen. Elia gab uns hierfür ein Beispiel, wie man von Bitten zu Befehlen wechselt, als er zuerst Gott bat und dann dem Wetter befahl zu tun, was er sagte. Das Gebet des Gerechten ist kraftvoll und wirksam (vgl. Jak 5,13-18)!

In Abhängigkeit vom ersten Schritt der Befragung entscheiden Sie, ob Sie einem Krankheit verursachenden Geist befehlen, die Person zu verlassen, einem Tumor befehlen zu verschwinden, einem verkürzten Bein befehlen zu wachsen, oder Schmerz befehlen, einen Bereich zu verlassen. Wenn Sie jedoch erkennen, dass ein Leiden psychosomatisch bedingt ist, sollten Sie nicht zuerst Befehle aussprechen. Führen Sie die Person zunächst dazu, jedem zu vergeben, gegen den sie einen Groll hegt und dem sie noch nicht vergeben hat. Die Weigerung zu vergeben ist unsere unangebrachte Reaktion auf Kränkungen, die sich in zwischenmenschlichen Beziehungen ereignen. Sie kann eine geistliche Blockade darstellen, weshalb Sie die Person auffordern sollten, gezielt zu vergeben, was auch immer ihr von einer anderen Person angetan wurde. Danach können Sie ihrem Leiden befehlen zu verschwinden.

Es ist ein wichtiger Aspekt des Heilungsdienstes, sich mit den psychosomatischen Wurzeln einer Krankheit zu beschäftigen. Vor über siebzig Jahren verstand der englische Methodistenpastor Dr. Leslie Weatherhead die Theorie, dass viele Beschwerden psychosomatische Wurzeln hatten. Er sagte voraus, dass das, was zu jenem Zeitpunkt nur Theorie war, eines Tages von der Medizin bewiesen werden würde, womit er recht hatte. Das medizinische Forschungsgebiet, das sich mit diesem Bereich befasst, wird heute Psychoneuroimmunologie genannt. Ich habe in einschlägigen Quellen gelesen, dass 80 Prozent oder mehr aller Krankheiten psychosomatisch bedingt sind. In seinem Buch über rheumatische Arthritis schrieb ein Arzt, wenn er Leute dazu bringen konnte, gezielt den Menschen zu vergeben, die sie verletzt hatten – nicht nur allgemein, sondern sehr gezielt –, habe dies in vielen Fällen das Fortschreiten ihrer Krankheit aufgehalten. Wenn sie jedoch nur allgemein vergaben, habe sich ihre Krankheit dagegen nicht verändert oder sich weiter verschlechtert.

Die Ursache für einige Krankheiten und Schmerzen sind Geister, die Krankheit hervorrufen. Wenn eine Person Ihnen sagt, dass ihr Schmerz sich verschlimmert, wenn für sie gebetet wird, oder wenn Sie dies selbst erleben, während Sie für jemanden beten, seien Sie nicht entmutigt. Dies ist fast immer ein Zeichen dafür, dass die Ursache ein Krankheit verursachender Geist oder ein dämonischer Geist ist. Wenn der Schmerz eine Stelle des Körpers verlässt, dann aber an einer anderen Stelle wieder auftaucht, ist das ebenfalls ein Zeichen für die Gegenwart eines Krankheit verursachenden Geistes.

Ich fasse zusammen: Damit langfristig Heilung geschehen kann, muss man sich mit der Wurzel einer Krankheit befassen. Die häufigsten Wurzeln sind folgende:

- psychosomatische Probleme – die Hauptursache für viele Krankheiten

- natürliche Ursachen – unfallbedingte Verletzungen oder Karzinogene (Krebs auslösende Stoffe)

- genetische Ursachen – Generationenflüche
- Geister, die Krankheiten und Gebrechen hervorrufen
- durch den Lebensstil bedingte Probleme – Folgen des Vernachlässigens biblischer Prinzipien im Hinblick auf Ruhe, Ernährung, Bewegung, Stress

Diese Dinge schwächen unser Immunsystem. Sie erfordern auch andere Gebetsmethoden. Ist die Ursache einer Krankheit psychosomatisch, wird es fast immer ein Teil Ihres Dienstes sein, mit der Person über Vergebung zu sprechen. Wenn Sie es geschafft haben, dass die Person damit durch ist, können Sie der Krankheit befehlen zu verschwinden und dem Körper befehlen, in Übereinstimmung mit dem himmlischen Plan und dem Willen Gottes zu kommen, gemäß Matthäus 6,10: *„Dein Reich komme; dein Wille geschehe, wie im Himmel, so auch auf Erden!"*

Wenn ein Krankheit hervorrufender Geist Ursache für die Krankheit ist, befehlen Sie ihm, im Namen Jesu zu verschwinden. Es kann sein, dass Sie diesen Befehl viele Male wiederholen müssen. Sind natürliche Ursachen der Grund für eine Krankheit, befehlen Sie auch hier dem Problem zu verschwinden und befehlen Sie allem, was repariert oder neu erschaffen werden muss, dass es geschieht. Zum Beispiel wäre „Ich befehle in Jesu Namen, dass sich ein neues Trommelfell bildet!" ein Gebet für die Heilung von Taubheit oder einem Hörschaden. Oder im Fall von genetischen Ursachen: „Ich befehle der DNA, sich neu zu formieren, in Übereinstimmung mit der himmlischen Vorlage zu kommen und normal zu werden! Ich befehle den Chromosomen sich zu verändern und vollkommen zu werden, in Jesu Namen."

Im Dezember 2010 diente ich in Brasilien. Ich betete in einer großen Gemeinde für zwei Leute gleichzeitig. Ich hatte begonnen, für einen Mann zu beten, als ein anderer dazu kam, der aussah, als hätte er schreckliche Schmerzen. Ich hielt meine Hand weiterhin auf den ersten Mann und befragte den zweiten. (Es benötigten so viele Menschen Gebet, dass mein Gebetsteam überfordert wurde. So sagte ich ihnen, Gott habe uns zwei Hände gegeben, damit wir für zwei Leute auf einmal beten könnten.) Während ich dem zweiten Mann Fragen stellte, hatte er solche Schmerzen, dass er kaum stehen konnte. Er benutzte einen Stock, weil er vor fünf

Jahren einen Unfall gehabt hatte, der sechs Operationen am Rücken nach sich gezogen hatte. In seine Wirbelsäule waren verschiedene Metallstäbe und zehn Schrauben eingesetzt. Ich legte meine Hand auf seine Wirbelsäule, und da ich wusste, dass sein Leiden unfallbedingt war, richtete ich nur ein paar kurze Befehle an ihn und setzte mein Gebet für die erste Person fort. Ich war überrascht, als er auf die Knie ging, die Stirn auf den Boden legte und sich eine Zeit lang nach vorne beugte. Ich ließ meine Hand auf seinem Rücken und betete weiter für die erste Person. Irgendwann stand er auf und sagte voll Freude: „Mein ganzer Schmerz ist weg!"

Als ich erfasste, was geschehen war, hörte ich auf, für die erste Person zu beten und befragte die zweite. Er war geheilt worden. Ich hatte nur wenige Worte gesprochen, aber es waren Befehle gewesen. Ich weiß, dass manchmal Heilungskraft in den Körper der Menschen fließt, und ich sage ihnen oft, dass ich für sie bete, so lange meine Hand sie berührt. Selbst wenn ich nicht rede, bete ich – Gebet ist nicht nur Reden mit Gott, sondern auch auf Gott zu hören und in seinem Auftrag Befehle auszusprechen. Ich war überrascht, wie schnell der Mann geheilt worden war.

3. Gebetsdienst: Beten für konkrete Auswirkungen

Nach der Befragung, der Diagnose und Gebetsauswahl besteht der dritte Schritt unseres Gebetsleitfadens darin, anzufangen, der Person zu dienen, indem man für konkrete Auswirkungen betet. Sie beten nicht, um die Person zu trösten, und sprechen kein Gebet für ihre Ohren, um sie psychisch aufzubauen. Vielmehr beten Sie, dass etwas Konkretes geschieht. Seien Sie sich dabei bewusst, dass die Leute manchmal etwas spüren, ohne dass Sie selbst etwas spüren. Dies ist besonders wichtig, wenn bei einer Person viele Dinge nicht in Ordnung sind und Sie von Gott keine Führung erhalten haben, wo Sie anfangen sollen.

In diesem Fall beginne ich oft mit der einfachen Bitte: „Komm, Heiliger Geist, und zeig uns, was du tust." Ich erwarte damit, dass er entweder durch Offenbarungsgaben wie das Wort der Erkenntnis, das Wort der Weisheit oder Weissagung spricht oder dadurch, dass die Person die Gegenwart des Heiligen Geistes spürt. Ich bete auch: „Komm, Heiliger Geist, und berühre Person XY. Zeig uns, wo wir mit dem Gebet um Heilung beginnen sollen. Komm und berühre ihren Körper." Dann warte ich.

Die meiste Zeit halte ich meine Augen offen, sodass ich sehen kann, wenn der Geist beginnt, die Menschen zu berühren. Sie können zittern oder schwitzen, ihre Haut kann fleckig werden, die Tränen können ihnen in die Augen steigen oder die Wangen herunterlaufen. Oder ich nehme während des Gebets wahr, dass etwas, was ich sage, einen gequälten Blick oder eine gerunzelte Stirn zur Folge hat. Doch oft beginnen die Menschen etwas zu spüren, lange bevor man es sehen kann. Deshalb ist es so wichtig, dass sie Ihnen in dem Moment Bescheid geben, in dem sie etwas fühlen.

Denken Sie daran, in der Bibel hat niemals jemand für Heilung mit den Worten „wenn es dein Wille ist" gebetet. Ebenso wenig sehen wir irgendwo im Neuen Testament ein Beispiel dafür, dass jemand mit Bittgebeten um Heilung betet statt mit Befehlen. Wir sollten Gott nicht um Heilungen anbetteln, ihn an den Wert einer Person erinnern (als würde ihn das mehr bewegen als das, was sein Sohn tat, um die Heilung der Person zu ermöglichen) oder lange, wortreiche Gebete sprechen, die nicht auf den Punkt des Befehlens kommen. Denken Sie daran, Sie befehlen nicht Gott, das zu tun, was Sie sagen. Sie befehlen dem Körper zu reagieren, weil Sie ein Botschafter sind – ein Repräsentant von Gottes Reich mit der Autorität und Vollmacht, die Kranken zu heilen und böse Geister auszutreiben. Wenn sich nach einer Weile herausstellt, dass die Art, wie Sie beten, ineffektiv ist, verändern Sie sie. Vielleicht war Ihre Diagnose der Ursache falsch und das erforderliche Gebet ist aufgrund einer anderen Ursache anders.

An einem Abend in Brasilien betete eine Frau aus unserem Team mehr als fünf Stunden lang für einen Mann, der seit seiner Kindheit blind war. Während der Befragung kam sie auf eine natürliche Ursache. Er hatte sich, als er jung war, Säure in die Augen geschüttet. Statt großer, brauner hispanischer Augen hatte er nun nichts außer weißem Narbengewebe, wo die Hornhaut und die Pupille hätten sein sollen. Er spürte nichts während ihres Gebets – keine Wärme, keine Elektrizität, kein Kitzeln, keine schrittweise Verbesserung. Nichts. Dennoch spürte die Frau einen starken

Drang von Gott, mit dem Gebet fortzufahren. Sie gehorchte und betete, bis wir etwa fünf Stunden später gehen mussten.

Am nächsten Tag flog die Frau zurück in die USA. Ich reiste in eine andere Stadt in Brasilien und traf dort mit einem anderen Team aus den USA zusammen. Dort angekommen, erhielt ich einen Anruf von der Gemeinde mit dreißigtausend Mitgliedern, in der die Frau mit dem blinden Mann gebetet hatte. Es war Pastor Aluisio Antonio Silva der Videira-Gemeinde in Goiânia, Brasilien.

Pastor Aluisio erzählte mir voller Begeisterung: „Es ist das größte Wunder in der Geschichte unserer Stadt! Eine Frau aus deinem Team betete fünf Stunden lang für diesen blinden Mann, aber es ging ihm nicht besser. Zwei weitere Tage lang geschah nichts, aber als er am dritten Morgen aufwachte, hatte er neue Augen und ein perfektes Sehvermögen. Er ist jetzt gerade im Krankenhaus. Es ist schon das dritte Mal. Sie stellen ihm immer wieder die gleiche Frage: ‚Sagen Sie es uns noch mal, warum können Sie sehen?' Es ist ein Wunder!"

Die Frau, die gebetet hatte, hatte nichts gespürt, ebenso wenig wie der blinde Mann. Sie war jedoch ihrem Eindruck gehorsam. Sie war hartnäckig. Dies führt uns wieder zum entscheidenden Faktor des Heilungsdienstes – den Worten von Maria über Jesus, als sie den Umstehenden sagte: „Was er euch sagt, das tut." Heute redet Jesus als Haupt seiner Gemeinde zu uns durch den Heiligen Geist. Es ist der Heilige Geist, der die Gabe des Glaubens für Wunder schenkt, der Offenbarung über den Willen des Vaters und des Sohns durch Worte der Erkenntnis und andere Gaben des Geistes schenkt. Er ist auch der, der uns die Vollmacht gibt, um die Wunder und Heilungen zu wirken.

Vergessen Sie auch nicht, dass das Gebet für Heilung nicht der Zeitpunkt ist, Ratschläge zu erteilen oder der Person zu predigen. Es ist die Zeit, in der Sie erwarten, dass die Heilung geschieht, und aussprechen – verkünden – befehlen, was geschehen muss. Wenn ein spezielles Gebet Verbesserung bewirkt, gebrauchen Sie es weiter in der Situation. Einige Leute möchten ihre Heilung schon nach Ihrem ersten Gebet annehmen, auch wenn es ihnen nur etwas besser geht. Ich sage ihnen immer, dass wir weiter beten müssten. Wir wollten jetzt die völlige Manifestation der Heilung.

So lange Gott sie berührt, sollten wir darin fortfahren, mit ihm zusammenzuarbeiten.

Ich habe weiter oben schon die „Etikette des Heiligen Geistes" erwähnt. Ich bringe den Leuten bei, sie einzuüben. Nirgendwo ist sie angemessener als in der tatsächlichen Gebetszeit. Wenn das, was wir erbitten oder in Jesu Namen befehlen, zu passieren beginnt, sollten wir danken. Da alle drei in die Verwirklichung der Heilung involviert sind, sage ich: „Danke, Heiliger Geist. Danke, Jesus. Danke, Vater." Danksagung und Lobpreis sind so wichtig während des Heilungsprozesses. Ich bin der Überzeugung, dass wir selbstredend mit Freude und Begeisterung darauf reagieren sollten, wenn der dreieinige Gott, der unser Universum geschaffen hat und es erhält, sich um unsere persönliche Situation kümmert. Und wenn *meine* eigene Begeisterung durchscheint, weckt dies Glauben bei der Person, der ich diene. Daher drücke ich öffentlich meinen Dank, Lobpreis und meine Begeisterung aus – laut genug, damit die Person mich hören kann.

Ich habe auch bereits über das Beten von Bittgebeten und Befehlen gesprochen bzw. über die Kombination beider. Beten Sie „im Namen Jesu". Aber denken Sie daran, wir glauben nicht an diesen Gebetsleitfaden in fünf Schritten, sondern an Gott. Dieser Leitfaden stellt nur einen Versuch dar, Menschen dabei zu helfen, sich auf wichtige Prinzipien in Bezug auf Heilung zu konzentrieren. Er soll sie lehren, diese Prinzipien zu befolgen, während sie für die Kranken beten.

Einige Geschichten sollen das unterstreichen, was ich hier erläutere. Vor einigen Jahren war ich in Indien, wo ich tagsüber Schulungen durchführte. An den Abenden fanden Open-Air-Heilungsveranstaltungen mit evangelistischer Ausrichtung statt. Vor der evangelistischen Predigt wurde große Betonung auf Heilung durch das Wort der Erkenntnis gelegt. Mein Team und ich schlossen die Veranstaltungen ab, indem wir für die Kranken beteten und ihnen die Hände auflegten.

Während einer Gebetszeit wurde ein älterer Mann zu mir gebracht, der nicht gehen konnte. Er war auf dem Rücken eines Freundes zu der Veranstaltung getragen worden. Es schmerzte ihn sogar, wenn seine Füße den Boden berührten. Als ich für ihn betete, merkte er durch den Übersetzer an, dass der Schmerz seine

Hüften verließ und in seinen Knien zunahm. Ich wusste, dass dies oft ein Zeichen für einen Geist ist, der Krankheit hervorruft. Ich ging dazu über, nicht mehr den Schmerz anzusprechen und den Körperteilen zu befehlen, sich zu erneuern, sondern dem Krankheit hervorrufenden Geist zu befehlen, seinen Körper zu verlassen. Er sagte mir, der Schmerz verließe nun seine Knie, gehe aber in seine Füße. Ich fuhr fort zu beten und befahl dem Geist, seinen Körper in Jesu Namen zu verlassen. Er sagte mir, der Schmerz wäre aus einem Bein völlig verschwunden, aber nun schlimmer im anderen. Ein letztes befehlendes Gebet führte dazu, dass jeglicher Schmerz seinen Körper verließ.

Ich sagte zu dem Mann: „Ihr Schmerz wurde durch einen bösen Geist verursacht. Ich habe den Geist durch die Autorität des Namens Jesu ausgetrieben. Ohne Jesus in Ihrem Leben werden Sie nicht die Autorität haben, den Geist fernzuhalten, aber mit Jesus in Ihrem Leben haben Sie die Autorität, dem Geist, der die Krankheit hervorruft, zu befehlen, zu gehen, wenn er versucht zurückzukehren." Dann führte ich ihn zu Christus. Der Mann, der auf dem Rücken seines Freundes in die Veranstaltung getragen worden war, ging nun ohne jegliche Art von Schmerzen nach Hause – mit Jesus in seinem Herzen.

Wir verstehen nicht immer, was Gott tut. Das zeigt auch die nächste Geschichte. In einer Veranstaltung, die Bill Johnson und ich in den USA durchführten, wurden ein Freund von mir und seine Ehefrau mächtig vom Heiligen Geist berührt. Diese Erfahrung veränderte ihr Leben radikal. Ich nenne sie mal Mike und Cindy. Ihre echten Namen müssen aus Sicherheitsgründen geheim gehalten werden. Sie leben in einem islamischen Land und evangelisieren in diesem Land unter Muslimen, was dort illegal ist. In einem Dorf im Landesinneren, wo sie seit einiger Zeit dienten und sich den Respekt der dort ansässigen Menschen erworben hatten, geschah etwas, das sie verwirrte. Sie hatten sich mit der gebildetesten Person des Dorfes angefreundet, die dafür verantwortlich war, jeden anzuzeigen, der vom Islam konvertierte. Diese islamische Leiterin hatte gesehen, dass sich viele Heilungen ereigneten, wenn Mike und Cindy beteten. Eines Nachts klingelte ihr Telefon. Es war die islamische Leiterin, die sie anrief. Sie sagte, ihre Mutter sei sehr krank, sodass Mike anbot, sie zu besuchen. Die Leiterin war zurückhaltend. Mike sagte zu ihr: „Es geht nicht um Theologie und darum, wessen Religion die richtige ist – es geht um das Leben deiner Mutter."

Die Leiterin war einverstanden, dass sie kamen. Als sie ankamen, waren etliche andere Familienmitglieder anwesend. Mike dachte: *Herr, was für eine großartige Gelegenheit für dich, dich dieser muslimischen Familie zu offenbaren.* Mike und Cindy traten ein, legten der Mutter die Hände auf und beteten in Jesu Namen, doch nichts geschah. Sie verließen das Dorf am nächsten Tag, um etwa acht Stunden in eine größere Stadt zu fahren. Unterwegs klingelte ihr Handy.

„Mike, nachdem ihr gegangen seid, hat sich der Zustand meiner Mutter stark verschlechtert. Wir mussten sie in die Stadt bringen, ins Krankenhaus. Meine Familie ist wütend, weil ich Atheisten erlaubt habe, für sie zu beten." (Muslime betrachten Christen entweder als Atheisten oder als Polytheisten.)

Mike verstand nicht, warum die Mutter nicht geheilt worden war. Er war verwirrt, denn anstatt dass diese Familie dadurch zu Christus geführt worden war, schien der Vorfall sie gegenüber dem Evangelium verhärtet zu haben. Dann sagte ihm der Heilige Geist, er solle in die Stadt fahren, in das Krankenhaus gehen und noch einmal für die Mutter beten. Er gehorchte. Diesmal war die ganze erweiterte Verwandtschaft anwesend, mehr als vierzig Leute im Zimmer und auf dem Flur. Die Mutter befand sich nun in einer kritischen Situation und es wurde nicht damit gerechnet, dass sie noch lange leben würde. Mike legte ihr die Hände auf und betete nochmals in Jesu Namen. Er weiß immer noch nicht, warum ihm die Familie das erlaubte. Diesmal heilte Gott sie nahezu im selben Moment!

Als Mike auf dem Nachhauseweg war, sagte ihm der Heilige Geist, dadurch, dass er sie nicht beim ersten Mal geheilt hatte, sahen beim zweiten Mal mehr Angehörige der Familie die Kraft Gottes im Namen Jesus. Und in der erweiterten Familie im Krankenhaus waren mehr strategisch wichtige Menschen anwesend, die das Wunder sehen sollten.

4. Innehalten und noch einmal befragen

In Markus 8,22-25 (NGÜ) finden wir das einzige Beispiel in der Bibel, in dem Jesus jemanden nicht sofort und vollständig geheilt hat, als er der Person zum ersten Mal diente:

> Sie kamen nach Betsaida. Dort brachte man einen Blinden zu Jesus und bat ihn, den Mann anzurühren. Jesus nahm den Blinden bei der Hand und führte ihn aus dem Ort hinaus. Er benetzte ihm die Augen mit Speichel, legte ihm die Hände auf und fragte ihn: „Siehst du etwas?"
> Der Mann blickte auf und erwiderte: „Ich sehe Menschen; sie gehen umher, aber sie sehen aus wie Bäume."
> Da legte Jesus ihm noch einmal die Hände auf die Augen; nun konnte er deutlich sehen. Er war geheilt und konnte alles klar erkennen.

Ich bin Gott dankbar, dass dieser Vorfall in der Bibel festgehalten ist, da er zeigt, wie Jesus diente, wenn Heilung nicht beim ersten Mal geschah. Was tat er? Nahm er an, dass Heilung nicht der Wille des Vaters war? Nein. Dachte er, dass der Mann aufgrund der Souveränität Gottes nicht geheilt werden würde? Nein. Nachdem er den Mann befragt und herausgefunden hatte, dass die Heilung nur teilweise und unvollständig erfolgt war, diente Jesus einfach erneut. Diesmal war die Heilung vollständig.

Dieser Abschnitt vermittelt uns einige Dinge. Erstens ist es gut, wenn wir nach einer gewissen Zeit des Dienens innehalten und der Person erneut Fragen stellen. Zweitens sollten wir, wenn die Heilung nur teilweise erfolgt ist, fortfahren zu dienen. Ich habe häufig gesehen, dass jemand für eine Person um Heilung betete, diese aber nie fragte, ob es ihr besser gehe. Vielleicht haben sie Angst, dass die Person nicht geheilt ist und sie dann nicht wissen, was sie als Nächstes tun sollen. Einige Leute glauben, es wäre falsch, ein zweites Mal zu beten, weil dies zeigen würde, dass es beim ersten Mal an Glauben gemangelt habe. Doch wir sehen, dass Jesus genau das tat – er diente ein zweites Mal, als das erste Mal nicht das gewünschte Ergebnis brachte.

Wir sollten die ganze Zeit auf den Heiligen Geist hören und so oft wie nötig innehalten, um die Person erneut zu befragen, damit wir erfassen können, was geschieht. Besonders wenn sich nichts zu tun scheint, bietet sich das an. Ich frage in regelmäßigen Abständen: „Was passiert gerade?" Dies ist eine Art, „zu sehen", was der Vater tut.

Weitere Fragen, die Sie stellen können, sind: „Können Sie noch einmal versuchen, sich an ein besonderes Ereignis zu erinnern?", „Gibt es andere in Ihrer Familie, die diese Krankheit gehabt haben oder haben?", „Haben Sie vor etwas besonders starke Angst?", „Hat einmal jemand einen Fluch über Ihnen oder Ihrer Familie ausgesprochen?", „Kennen Sie jemanden, der wütend auf Sie ist?", „Haben Sie jemals an irgendwelchen satanistischen oder okkulten Handlungen teilgenommen?", „Gehörte jemand in Ihrer Familie zu den Freimaurern[3]?", „Hatten Sie weitere Unfälle?" (Die Person kann zu Unfällen neigen, was wiederum durch einen inneren Schwur oder eine Verurteilung, die aus einer Wurzel der Bitterkeit kommt, oder durch einen Krankheit hervorrufenden Geist verursacht werden kann. Weitere Informationen dazu erhalten Sie in dem Buch *Umgestaltung des inneren Menschen*[4] von John und Paula Sandford.)

Woher wissen Sie, dass es an der Zeit ist, mit dem Beten aufzuhören? Sie können aufhören, wenn die Person geheilt ist, wenn sie möchte, dass Sie aufhören, wenn der Heilige Geist Sie anweist, aufzuhören, oder wenn Sie nicht an Boden gewinnen und keine andere Art zu beten empfangen. An diesem Punkt erkennen Sie, dass Sie keine Erwartung mehr haben, mit der Sie beten könnten. Es bedeutet nicht, dass sich aufgrund Ihres Gebets nichts getan hat – denken Sie an die Geschichte von Mike und Cindy. Sie wissen nur noch nicht, was Gott tut.

Ein Erlebnis meines Dienstes in Goiânia, Brasilien, veranschaulicht den Schritt der erneuten Befragung. Ich betete für eine blinde Frau und fragte sie, ob sie irgendein Trauma erlitten habe, aber sie sagte mir, das sei nicht der Fall gewesen. Das einzige schlimme Ereignis war der Tod ihres Vaters gewesen, aber der lag

---

[3] Eine sehr synkretistische (religionsvermischende) Gruppierung, die einen Schwur leistet, dem Körper zu schaden, wenn Geheimnisse enthüllt werden. Viele im Befreiungsdienst sagen, es sei unklug, ihnen beizutreten.

[4] John und Paula Sandford, *Umgestaltung des inneren Menschen*, Asaph, 2008.

bereits einige Jahre zurück. Ich betete, befahl ihren Augen zu sehen, allen Teilen des Auges, die nicht richtig funktionierten, zu funktionieren, jedem Teil des Auges, der verkümmert war, sich neu zu bilden. Nichts geschah. Ich hielte inne und befragte sie erneut. Ich hatte nicht den Eindruck, dass ihr Zustand psychosomatische Ursachen hatte. Es gab auch keine Anzeichen dafür, dass sie irgendwo stärkeren Schmerz empfand, sodass ich auch nicht glaubte, dass es sich um einen Krankheit hervorrufenden Geist handelte. Niemand war auf sie oder ihre Familie wütend, sodass ich nicht glaubte, es handle sich um einen Fluch. Ich stellte ihr weitere Fragen, aber es kamen keine weiteren Hinweise. Dann hatte ich einen Eindruck und der Heilige Geist inspirierte meine nächste Frage: „Wie bald, nachdem Ihr Vater gestorben war, begann die Blindheit?"

Sie sagte zu mir: „Sie begann sofort."

Ich fragte sie: „Waren Sie bei Ihrem Vater, als er starb?"

Sie antwortete: „Ja."

Ich fragte: „Berührten Sie ihn, als er starb?"

Wieder sagte sie: „Ja."

In diesem Augenblick gab mir der Heilige Geist eine Gabe des Glaubens. Ich war mir hundertprozentig sicher, dass diese Blindheit keine natürliche oder psychosomatische Ursache hatte, sondern tatsächlich durch einen Krankheit verursachenden Geist hervorgerufen wurde, der etwas mit dem Tod des Vaters zu tun hatte. Ich wusste nicht einmal, warum ich die Ursache kannte – ich wusste es einfach. Die Gabe des Glaubens ist manchmal nicht einfach zu verstehen, weil sie ein Geschenk ist und nicht auf rationalen Schlussfolgerungen oder Denkprozessen beruht.

Ich sagte zu ihr: „Ich werde noch einmal mit Ihnen beten. Danach werden Sie sehen können." (Ich möchte keinem empfehlen, eine solche Aussage zu machen, wenn sie nicht auf der Gabe des Glaubens beruht.) Ich betete und sie konnte sehen. Hätte ich nicht darauf zurückgegriffen, die Frau erneut zu befragen, hätte ich die eigentliche Ursache ihrer Blindheit nicht entdeckt. Dieses Ereignis fand an einem Abend in Brasilien statt, an dem fünf weitere blinde Menschen geheilt wurden. Ihre Heilung war jedoch ungewöhnlich, da sie fast in einem Augenblick geschah. Es kommt viel häufiger vor, dass Sehvermögen schrittweise über einen gewissen

Zeitraum wiederhergestellt wird. Manchmal dauert es eine halbe Stunde oder länger.

Wenn Sie glauben, dass Sie in der Gabe des Glaubens dienen, macht es keinen Unterschied, wie viel Glauben die andere Person hat. Wenn es wirklich eine Gabe des Glaubens ist, geschieht, was immer Sie befehlen. Wenn nichts geschieht, waren Sie nicht wirklich der Empfänger einer Gabe des Glaubens.

Abschließend noch eine Bemerkung zum effektiven Gebetsdienst: Wir müssen sehr darauf achten, dass wir uns nicht hinter die Werke des Teufels stellen oder mit ihnen zusammenarbeiten, statt den Dienst des Heiligen Geistes auszuüben. Als Jesus in Johannes 16,7 über den Heiligen Geist sprach, benutzte er das Wort *parakletos*. Dies kann mit Beistand, Tröster, Helfer, Anwalt, Fürsprecher, Fürbitter, Mittler oder Ratgeber übersetzt werden.[5] Das griechische Wort bedeutet wörtlich: „der Eine, der dazu berufen ist, dir beizustehen und dir in deiner Not zu helfen". Wenn wir also Trost brauchen, ist er der Tröster. Wenn wir Hilfe brauchen, der Helfer usw.

Demgegenüber bedeutet *Satan* „Verkläger der Brüder". Wir müssen darauf achten, mit Menschen nicht wie der Ankläger umzugehen, sondern wie der „Paraklet". Der Heilige Geist kommt, um uns zu helfen, nicht um uns zu verdammen. Als ich in Brasilien war, war ich jedoch schockiert von der Haltung, die ein Pastor einer Person, die im Rollstuhl saß, entgegenbrachte. Dieser Pastor hatte gerade für den Mann gebetet und versuchte nun, ihn aus dem Rollstuhl zu ziehen, aber der Mann wollte nicht herausgezogen werden. Vielleicht hatte er diese Erfahrung schon zu viele Male gemacht. Als die Freunde des Mannes mich baten, für ihn zu beten, sagte der Pastor zu mir: „Bete nicht für ihn; er hat keinen Glauben." Der Pastor sagte dies mehr als laut genug, sodass der Mann im Rollstuhl ihn hören konnte. Ich diente dem Mann trotz der Einwände des Pastors. Dieser Pastor diente eher im Geist des Anklägers als im Geist des Trösters/Helfers.

---

[5] Quelle: *Elberfelder Studienbibel mit Sprachschlüssel,* R. Brockhaus, 2005.

5. Empfehlungen im Anschluss an das Gebet

Wenn Sie die Zeit des Gebets abgeschlossen haben, ist es nützlich, wenn Sie anschließend hilfreiche Anweisungen oder Ratschläge aussprechen. Wenn Sie das Gefühl haben, dass die Person keinen Glauben hatte, sollten Sie – statt sie zu verdammen – ihr helfen, im Glauben zu wachsen. Wenn jemand nicht oder nur teilweise geheilt wurde, beschuldigen Sie die Person *nicht,* zu wenig Glauben bzw. Sünde im Leben zu haben. Ermutigen Sie die Person vielmehr mit einem Bibelvers oder geben Sie ihr einen Tipp für eine gute Predigtreihe oder ein Buch über Heilung für das Selbststudium. Ich sage den Leuten oft, dass viele, die anfangs nicht geheilt wurden, später für weiteres Gebet zurückkommen und geheilt *werden.* Ich ermutige die Menschen, nicht aufzugeben, sondern weiter Gebet für Heilung zu empfangen.

Wenn Menschen geheilt worden sind, ermutige ich sie durch zwei Dinge. Ich sage ihnen, sie sollen Gott danken für das Maß der Heilung, das sie empfangen haben, und ihn um den Rest bitten, falls sie noch nicht vollständig ist. Darüber hinaus schlage ich ihnen vor, dass sie ihrer Familie und ihren Freunden von ihrer Heilung erzählen.

Es ist abhängig von der Ursache eines Leidens, ob ich andere Empfehlungen im Anschluss an das Gebets hinzufüge. Wurde eine Person von ihrem Leiden geheilt und die Ursache hing mit ihrem Lebensstil zusammen, der zu einer schlechten körperlichen Verfassung führte, ermutige ich die Person, die notwendigen Veränderungen herbeizuführen, damit das Problem nicht erneut auftritt.

War die Ursache ein Krankheit hervorrufender Geist, erwähne ich, dass die Symptome wahrscheinlich wiederkehren werden. Dies bedeutet nicht, dass die Person ihre Heilung verloren hat, sondern dass dieser Geist versucht, zurückzukommen. Der Geist kann mehrere Male versuchen, die Krankheit oder den Schmerz erneut hervorzurufen. Dem muss jedoch immer mit Glauben begegnet werden und dem Befehl, zu verschwinden. Ich sage der Person: „Wenn Sie auf die ersten Anzeichen von Symptomen mit Zweifel und Angst reagieren und denken, dass Sie Ihre Heilung verloren haben, werden Sie sie verlieren. Wenn Sie jedoch mit Einsicht reagieren, den

Geist zurechtweisen und ihm befehlen, zu verschwinden, werden Sie Ihre Heilung behalten."

In Jesu Namen

Ich möchte dieses Kapitel abschließen mit einem Erlebnis, das ich im Haus von John und Carol, beide Pastoren in Toronto, machte. Es war während der ersten Zeit der Ausgießung des Heiligen Geistes Mitte der neunziger Jahre, die später als „Toronto-Segen" bekannt wurde, die John jedoch lieber „Der Segen des Vaters" nannte. Ich befand mich in ihrem Gästezimmer, wo ich mich ausruhte und über das nachdachte, was Gott tat, wie zum Beispiel einige der Heilungen, die begonnen hatten. Mitten in meine Gedanken hinein hatte ich den starken inneren Eindruck, Gott sage zu mir: „Ich mag deinen Gebetsleitfaden in fünf Schritten nicht."

Ich war bestürzt. Ich dachte, der Leitfaden wäre biblisch und würde unsere Abhängigkeit von Gott widerspiegeln. Ich fragte: „Was magst du daran nicht, Gott?"

Darauf antwortete er: „Es geht nicht um das, was du tust – sondern es ist das, was du nicht tust, was mir nicht gefällt."

Ich fragte: „Was meinst du?"

Wieder kam eine schnelle Antwort von ihm: „Du legst keine Betonung darauf, im Namen meines Sohnes zu beten."

Als ich an diesem Abend wieder diente, betete ich dann, wenn ich sonst nur einmal „im Namen Jesu" gebetet hätte, es mindestens hundertmal!

Lassen Sie mich noch einmal festhalten, dass dies kein mechanischer Leitfaden für Gebet sein soll. Ich mag das Wort *Leitfaden* noch nicht einmal. Ich glaube nicht, dass es die einzige Art ist, wie man für Heilung beten kann, und es gibt Zeiten, bei denen der Leitfaden nicht effektiv gebraucht werden kann, zum Beispiel bei großen Evangelisationen. Es ist aber ein Leitfaden, der darauf beruht, den Dienst sehr personenbezogen und in Abhängigkeit von Gott zu sehen – und alles geschieht „im Namen Jesu".

Mein Schlusswort zu diesem Gebetsleitfaden: Als wir davon zum ersten Mal in meiner Baptistengemeinde hörten, sagte der Leiter des Teams, das gekommen war, um uns zu schulen: „Geht nicht raus und betet für ein paar Leute und kommt dann wieder und sagt: ‚Das funktioniert nicht.' Nein! Geht raus und betet für zweihundert Leute. Wenn ihr das macht, werdet ihr genug Leute geheilt sehen, um euer Leben lang süchtig danach zu werden."

Ich hoffe, der Gebetsleitfaden in fünf Schritten, den ich Ihnen vorgestellt habe, gibt Ihnen ein paar Anhaltspunkte, wie Sie anfangen können, mit Christus zusammenzuarbeiten und dem Missionsbefehl zu gehorchen. Doch nun ist es an der Zeit, aufzuhören, darüber zu lesen, und anzufangen, *es zu tun*. Im Namen Jesu, gehen Sie und tun Sie es. Heilen Sie die Kranken und treiben Sie Dämonen aus. (Vielleicht werden wir demnächst in einem Buch erläutern, wie wir mit Dämonen belasteten Menschen dienen.) Wenn Sie Gottes Mitarbeiter werden und sehen, wie Menschen geheilt und freigesetzt werden, wird Sie das Ihr Leben lang süchtig danach machen.

Vater, ich bitte dich, dass du denjenigen, die dieses Buch lesen, eine Salbung für Heilung gibst. Ich bitte dich, dass du Worte der Erkenntnis für sie freisetzt und sie für Heilung zurüstest. Lass die Kraft deines Heiligen Geistes auf sie kommen, in sie hineinfließen und dann aus ihnen herausfließen in die Menschen hinein, für die sie zukünftig beten werden. In Jesu Namen. Amen.

Hinweis zu Band 2:

Für den zweiten Band der Serie über Heilung hatten Bill Johnson und Randy Clark die Idee, sich gegenseitig zu interviewen, um möglichst persönlich und ungeschminkt über ihren Weg in den Heilungsdienst und ihre dabei gewonnenen Erfahrungen und Erkenntnisse zu berichten.

Siehe Werbungsseiten am Ende des Buches.

ÜBER DIE AUTOREN

Bill Johnson ist Pastor in der fünften Generation mit einem reichen Erbe im Heiligen Geist. Bill und seine Ehefrau Beni dienen gemeinsam als Hauptpastoren der Bethel-Gemeinde in Redding, Kalifornien. Außerdem dienen sie einer wachsenden Anzahl von Gemeinden, die zu Teilhabern der Erweckung geworden sind. Dieses Leiternetzwerk geht über konfessionelle Grenzen hinaus und stellt Beziehungen her, die es Gemeindeleitern ermöglichen, erfolgreich in Reinheit und Vollmacht zu wandeln.

Die aktuelle Bewegung Gottes hat Bill zu einem tieferen Verständnis des Satzes „wie im Himmel so auf Erden" verholfen. Jesus hat dieses Prinzip vorgelebt, indem er nur das tat, was er seinen Vater tun sah. Der Himmel war das Vorbild für das Leben und den Dienst Jesu – und auch Bill macht ihn zu seinem Vorbild. Bill zeigt, wie wir durch das Erkennen der Gegenwart des Heiligen Geistes und dem Folgen seiner Leitung in die Lage versetzt werden, die Werke Christi zu tun und damit die Werke des Teufels zu zerstören.

Bill und seine Gemeinde erleben regelmäßig Heilungen, die von Krebs über gebrochene Knochen und Lernschwächen bis zu emotionalen Traumata reichen. Diese Werke Gottes sind nicht auf Erweckungsveranstaltungen oder Gottesdienste beschränkt. Bill lehrt, dass Gläubige diese Salbung mit in Schulen, auf die Arbeit und in ihre Nachbarschaft mit den gleichen Ergebnissen hineinnehmen sollen. Wir schulden der Welt eine Begegnung mit Gott, sagt er, und ein Evangelium ohne Vollmacht ist nicht das Evangelium, das Jesus gepredigt hat. Bill glaubt, dass Heilung und Befreiung wieder die gängigen Ausdrucksformen des vollmächtigen Evangeliums werden müssen.

Bill und Beni haben drei Kinder und neun wunderbare Enkelkinder. Ihre drei Kinder sind inzwischen alle verheiratet und dienen vollzeitlich mit ihren Ehepartnern. Wenn Sie mehr über Bill Johnson, seinen Dienst und seine Studienmaterialien wissen möchten, besuchen Sie www.ibethel.org und www.bjm.org.

Randy Clark ist dafür bekannt, dass er die Bewegung Gottes entfachen half, die heute liebevoll „der Toronto-Segen" genannt wird. Seitdem hat sein Einfluss als internationaler Gastredner zugenommen. Mit großer Beharrlichkeit demonstriert er weiterhin die Kraft des Herrn, die Kranken zu heilen.

Randy hat einen Master of Divinity des Theologischen Seminars der Südbaptisten und arbeitet zur Zeit an seinem Doctor of Ministry des „United Theological Seminary" (Dayton, Ohio). Seine Botschaft ist schlicht: „Gott möchte dich gebrauchen." Er hat insgesamt sieben Bücher geschrieben oder zusammengestellt, einschließlich *There is More* (Es gibt mehr).

Der wichtigste Aspekt seines Dienstes ist die Art, wie Gott ihn für Gabenübertragungen gebraucht. Die ersten beiden Male, als John Wimber Randy traf, vernahm er Gottes hörbare Stimme. Er sagte, Randy werde eines Tages um die Welt reisen, um seine Hände für eine Gabenübertragung und eine Anfachung der Gaben des Heiligen Geistes auf Pastoren und Leiter zu legen. Im Januar 1994, während der ersten Zeit der Ausgießung des Geistes in Toronto, rief John Randy an und sagte ihm, dass das, was Gott ihm über Randy gezeigt hatte, nun beginnen würde. Es hat sich seitdem fortgesetzt.

Randy hat die einzigartige Fähigkeit, vielen Konfessionen und apostolischen Netzwerken zu dienen. Dazu gehören römisch-katholische, messianisch-jüdische, methodistische, viele pfingstliche und charismatische Gemeinden und Kirchen und die größten Baptistengemeinden in Argentinien, Brasilien und Südafrika. Darüber hinaus hat er mehrere Tausend Menschen in internationalen Teams mit auf seine Dienstreisen genommen. Sein Mitautor Bill Johnson sagt, dass der schnellste Weg, im Übernatürlichen zu wachsen, darin besteht, Randy auf einer Reise ins Ausland zu begleiten. Randy hat mehr als 36 Länder besucht und reist weiterhin viel, damit sich Gottes Auftrag für sein Leben erfüllt.

Randy und seine Frau DeAnne leben in Mechanicsburg, Pennsylvania. Sie haben vier erwachsene Kinder, von denen drei verheiratet sind, und zwei Enkelkinder. Mehr über Randy Clark, seinen Dienst und seine Studienmaterialien finden Sie unter www.globalawakening.com und RandyClarkMinistry.com.

Weitere Bücher aus der Bethel Church

Bill Johnson / Randy Clark, Berufen zu heilen II

Die Autoren im Gespräch über ihre Erfahrungen und Erkenntnisse aus der Praxis; 180 S., Pb.

Für den zweiten Band der Serie über Heilung hatten Bill Johnson und Randy Clark die Idee, sich gegenseitig zu interviewen, um möglichst persönlich und ungeschminkt über ihren Weg in den Heilungsdienst und ihre dabei gewonnenen Erfahrungen und Erkenntnisse zu berichten.

Dieses inspirierende, informative, einzigartige und sehr ehrliche Buch enthält viele Geschichten, praktische Erfahrungen und Erkenntnisse, über die die Autoren bisher noch nicht gesprochen oder gelehrt haben.

Barry & Lori Byrne, Liebe in der Ehe

Eine tiefere geistliche, emotionale und körperliche Einheit erleben; Vorwort von Bill Johnson; 334 S., Klappenbroschur

Gott möchte, dass die Ehe ein Ort echter Liebe und Vertrautheit ist. Dafür brauchen wir die Hilfe des Heiligen Geistes. Mit ihm können wir die Ursachen unserer Konflikte erkennen und überwinden. Unsere Ehe kann Heilung und Wiederherstellung erfahren, egal, wie der momentane Zustand ist.

Mit klarer biblischer Lehre und vielen praktischen Hilfen packen die Autoren die wichtigsten heißen Eisen an. Viele ermutigende Erfahrungsberichte verdeutlichen die dramatische Heilung und Intimität, die mit Gottes Hilfe möglich ist.

Beni Johnson, Der glückliche Fürbitter

Mit Gott die Welt bewegen, ohne die Freude zu verlieren

Vorwort von Bill Johnson; 180 S., Paperback

Beni Johnson (die Frau von Bill Johnson) nimmt uns mit auf ihre Reise von einer schüchternen Person zu einer kühnen, aber glücklichen Fürbitterin. Gott offenbarte ihr einen Weg, wie sie aus seiner Gegenwart und seiner Liebe heraus in Einklang mit seinem Herzen effektiv beten kann.

Dieser Weg steht jedem Menschen offen. Fürbitte muss nicht dazu führen, dass uns die Anliegen und Probleme, für die wir eine Last haben, unter Druck bringen oder emotional beeinträchtigen. Den Himmel auf die Erde zu holen, kann sogar regelrecht Spaß machen. Unmögliches wird plötzlich möglich – ob es dabei um „kleine" Dinge in unserem persönlichen Umfeld geht oder um die Veränderung des geistlichen Klimas über unseren Städten und Nationen.

Danny Silk, Erziehung mit Liebe und Vision

Herzensbeziehungen eingehen statt Machtkämpfe austragen
170 S., Pb.

Danny Silk fordert uns in unserem bisherigen Denken über Liebe, Disziplin und Respekt, ja in unserer generellen Vorstellung von Kindererziehung heraus. Er stellt eine Denk- und Lebensweise vor, die eine Leichtigkeit und Frieden in unsere familiären und sonstigen Beziehungen bringt.

Unser Herz spielt dabei die zentrale Rolle. Das Herz der Eltern und das Herz der Kinder. Wenn beide Seiten verstehen, wie sich ihr jeweiliges Verhalten auf das Herz des anderen auswirkt, werden die Herzen geschützt und Beziehungen können gedeihen.

Heidi Gneiting, Ich mache dir eine Tür auf

Unterwegs zu den Quellen Gottes. Mein Jahr in der Bethel Church in Redding; 160 S.; Paperback

Wie die Sicht der Autorin von Gott und seinem Reich in einem Umfeld von Erweckung entscheidend verändert wurde und was es bedeutet, „vom Himmel her zu leben", wird dem Leser in Form eines sehr persönlichen Reiseberichts vermittelt.

Viele Wunder begleiten die Autorin auf ihrem Weg zu den Quellen Gottes und malen dem Leser die Größe und Genialität Gottes vor Augen. Leben in einer „Kultur der Ehre", der Wertschätzung und Ermutigung, wie es in der Bethel-Gemeinde Lebensstil ist, rückt plötzlich in greifbare Nähe. Das ermutigende Fazit: Das alles kann man auch in Europa (er)leben. Gott hat schon alles vorbereitet.

Cal Pierce, Eine Vision für Heilungsräume

Wenn Heilung durch Gebet so normal wird wie ein Arztbesuch
120 S.; Paperback

Welche Antworten hat die christliche Gemeinde auf die zunehmenden „unheilbaren" Krankheiten? 80 Jahre, nachdem John G. Lake damit begonnen hatte, in Spokane sogenannte Heilungsräume („healing rooms") einzurichten, wurde Cal Pierce von Gott geführt, diese Räume wiederzueröffnen. Viele Tausende haben dort inzwischen eine heilende Begegnung mit Gott erlebt. Er erzählt die packende Geschichte, wie es dazu kam, und vermittelt gleichzeitig die Vision für solche Heilungsräume weltweit.

In Vorbereitung:

Judy Franklin / Beni Johnson, Den Himmel erleben (Mai 2013)

Chris Overstreet, Übernatürlich evangelisieren (Mai 2013)

Weitere Produkte von GloryWorld-Medien

„Kirche nach dem Herzen Gottes"

Michele Perry, Liebe hat ein Gesicht

Abenteuer mit Jesus im Krisengebiet des Sudan – auf einem Bein!
Vorwort von Heidi Baker; 220 S., Paperback

Ohne linke Hüfte und linkes Bein geboren, ist es für Michele Perry „normal", das Unmögliche zu erleben. Als Gott ihr den Auftrag gab, in den vom Krieg verwüsteten südlichen Sudan zu gehen und dort ein Waisenhaus zu eröffnen, hielten sie alle für verrückt. Aber sie erlebte Gottes Treue wie nie zuvor: Er führte sie in einen entspannten Lebensstil des Geliebtseins hinein, in dem alles möglich wird und Wunder zum Alltag gehören, ob es um seelische oder körperliche Krankheiten, mangelnde Ressourcen, Bedrohungen durch Kriminelle oder ihre eigenen Unzulänglichkeiten geht.

Wayne Jacobsen, Geliebt!

Tag für Tag in der Zuneigung des himmlischen Vaters leben
240 S., Paperback

Jeden Tag ein Leben zu führen, in dem wir völlig sicher sind, dass wir bedingungslos von Gott geliebt sind – ist das wirklich möglich, und wie sieht das konkret aus?

Wayne Jacobsen bringt uns Schritt für Schritt nahe, wie tief die Liebe Gottes zu uns tatsächlich ist. Wir entdecken dabei, dass wir nicht zu Sklaven, sondern zu Söhnen und Töchtern berufen sind. Die liebevolle Zuneigung unseres Vaters im Himmel gilt uns in allen Umständen. Wir erfahren eine lebendige Beziehung zu ihm, die uns von der Qual der Scham befreit und uns so verändert, dass wir als seine Kinder leben können.

Frank Krause, Die Armee

Impulse zur aktuellen geistlichen Revolution; 300 S., Pb.

Die Zukunft hat begonnen. Das Verlangen nach Wahrheit, Orientierung und positiven Visionen schwillt an wie eine Flut. Menschen wollen definitiv wissen, wie sie vom Heiligen Geist verwandelt werden können, um in die Dimension der Herrlichkeit Gottes und der engen Beziehung mit Jesus, genannt „Jüngerschaft", eintreten zu können.

Sie sind bereit, dafür zu kämpfen und alle Hindernisse zu überwinden. Sie haben das Spiel religiöser Nichtigkeit und frommen Missbrauchs satt und wollen zu Jesus selbst finden und mit ihm gehen – in Liebe und Wahrheit.

Don Atkin, Söhne des Königreichs

Unsere wahre Bestimmung als Kinder Gottes; 120 S., Pb.

Viel zu lange haben sich religiöse Leiter auf besondere Orte, besondere Zeiten und besondere Personen konzentriert, statt gezielt und strategisch die Heiligen für das Leben selbst zuzurüsten. Es ist das Praktizieren dieses Reich-Gottes-Lebens, das andere von unserer Authentizität in Christus überzeugen wird.

Gott bringt Söhne (und Töchter) hervor, die sein Reich etablieren, „wie im Himmel, so auf Erden". Dabei handelt es sich nicht um einen Elite-Überrest, sondern um die tatsächliche Gemeinde auf der Erde.

Marco Gmür, Väter und Mütter, die die Welt prägen

Reihe: Ein apostolisches Volk steht auf; 208 S., Pb.

Wie kann Gemeinde zu einem Ort werden, an dem Menschen die Liebe des Vaters wirklich erleben und ganzheitlich heil und in ihre Berufung freigesetzt werden? Vaterlosigkeit ist heute nicht nur ein Thema in der Gesellschaft, sondern oft auch in den Gemeinden. Es gibt viele „geistliche Waisen" – Menschen, die sich irgendwann bekehrt haben und jahrelang dabei sind, ohne wirklich geistlich zu wachsen und in ihre Berufung hineinzufinden.

Gott, der Vater aller Vaterschaft, sucht geistliche Väter und Mütter, die bereit sind, sich an Einzelne hinzugeben, bis diese selbst fähig sind, geistliche Familien zu gründen. In der Folge entstehen apostolische Großfamilien, die durch Herzensbeziehungen miteinander verbunden sind und in denen sich das Vaterherz Gottes fortpflanzen kann. Das Buch ist direkt aus der Praxis entstanden und ein Meilenstein hin zum Verständnis, was Gemeinde wirklich ist.

Larry Crabb, Orte der Geborgenheit und Heilung

Auf dem Weg zu authentischen geistlichen Gemeinschaften

280 S.; Paperback

In diesem bahnbrechenden Buch stellt uns Larry Crabb ein inspirierendes Bild vor Augen, was Kirche bzw. Gemeinde, ja auch jede Ehe, Familie und Kleingruppe eigentlich sein könnte: eine echte geistliche Gemeinschaft – ein Ort, an dem nicht erwartet wird, dass man schon eine gewisse Perfektion erreicht hat, sondern an dem Menschen sich miteinander auf den Weg zu Gott machen, ein Ort, an dem Gott Menschen heilen kann und an dem sie wieder miteinander in Verbindung kommen und letztlich auch mit ihm.

Bestellen Sie im Buchhandel oder direkt beim Verlag:

GloryWorld-Medien | Postfach 4170 | D-76625 Bruchsal
Fon: 07257-903396 | Fax: 07257-903398 | info@gloryworld.de

Aktuelles, Leseproben, Downloads & Shop: **www.gloryworld.de**